U0738160

季风◎著

北大

国学课

中国出版集团

现代出版社

图书在版编目(CIP)数据

北大国学课 / 季风著 . —北京：现代出版社，2016.3（2023.9重印）
ISBN 978-7-5143-4629-9

Ⅰ.①北⋯　　Ⅱ.①季⋯　　Ⅲ.①国学－基本知识
Ⅳ.①Z126

中国版本图书馆CIP数据核字(2016)第 028390 号

作　　者　季　风
责任编辑　张桂玲
出版发行　现代出版社
通讯地址　北京市安定门外安华里 504 号
邮政编码　100011
电　　话　010-64267325　64245264（传真）
网　　址　www.xdcbs.com
印　　刷　河北鑫玉鸿程印刷有限公司
开　　本　787mm×1092mm　1/16
印　　张　17.5
版　　次　2016 年 7 月第 1 版　2023 年 9 月第 2 次印刷
书　　号　ISBN 978-7-5143-4629-9
定　　价　55.00元

版权所有，翻印必究；未经许可，不得转载

前言 PREFACE

　　国学本身所涵盖的内容是复杂而又多样的，它不仅包括在古代中国长期占据正统地位的儒家学说，还包括很多其他相关的学说派系。对于一个民族而言，国学就是这个国家最核心且传统的文化与学术，是了解一个民族集体价值观的最佳工具。

　　虽然经典国粹对于炎黄子孙有着非同小可的影响和意义，但是随着时代的发展，一代大师逝去之后，世人对于国学的研究热情却日益冷淡。1927年，王国维在颐和园昆明湖自沉，这不仅标志着一代宗师仙逝，也宣告了近现代国学研究走向式微。同时，随着时代的发展，经济利用价值更高的理工类学术研究成了大众的宠儿，于是，国学的生存空间遭到了进一步的挤压。

　　然而，不论经典国学在现阶段的生存状况有多难，都不能抹杀传统国粹对于一个国家的深远意义。已故国学大师、北京大学副校长季羡林曾经说过这样一段引人深思的话："中国可以是一个经济大国，同时也可以是一个科技大国，但最根本的，中国还是一个文化大国。"在他看来，传统文化是一个民族能够发展壮大的根基，任何抛开经典国学搞研究的做法，都偏离了应有的轨道。而旅居台湾、与大陆隔水相望的乡愁诗人余光中也感慨道："国学是一座山，我等只不过是蚍蜉尔。"

可以说，在国学大师看来，不管生存环境多么恶劣，弘扬国学精神、钻研国学精华，本身就是一件意义非凡的事情。因为这不仅仅是传统文明的继承与发展，同时也是一个民族长远发展的必要条件。

就目前而言，作为我国文史类科研成果最为显著的学府，北京大学对于国学典籍的研究探索处于领跑地位。在过去的一百多年中，这里相继走出了季羡林、钱穆、翟鸿燊等国学巨匠。可以说，炎黄子孙的文化根基就隐藏在国学典范当中，而国学典范的精华部分，是经由历代大师们苦心积淀下来的；而那些孜孜不倦弘扬国粹的大师，又大多和北大有着千丝万缕的联系。在这些大师级人物的鼎力支持之下，逐渐暗淡的国学研究又重新回到了星光璀璨的年代，国学复兴的迹象越来越明显。

《北大国学课》收集、整理了历代大师们的经典研究成果，以一种通俗易懂的语言来剖析、解读传统国粹。在这里，我们将全书划分成10章，分别是"史""儒""禅""道""法""兵""医""易""礼""食"，希望通过上述10个方面深入浅出的解读，能够帮助大家系统化地认识国学。

在行文布局方面，本书立意明确，用典生动有趣，适于各个年龄、各个阶层的人士阅读。当然，华夏文明源远流长，我们在谋篇布局方面也无法做到面面俱到，想要真正将自己培养成一个大师级人物，凭借某一本著作是远远不够的。在这里，我们也真心希望每一位翻阅过本书的读者，能够在自己喜欢的方向有所建树，成就自己的梦想。最后，衷心祝愿每一位读者都能够从这本书中汲取到宝贵的知识，并日益精进，学有所成。

目 录 CONTENTS

前言 \ 001

·················第一章·················

史 ——以史为鉴，可以知兴替

1. "三皇五帝"真有其人吗？ \ 002

2. 将皇帝称为"万岁"是从什么时候开始的？ \ 003

3. 为什么汉朝分为"西汉""东汉"，宋朝却叫"北宋"
   "南宋"？ \ 005

4. 皇帝的坟墓从什么时候开始叫"陵"？ \ 006

5. "二十四史"指的是哪二十四部史书？ \ 007

6. "三通四史"从何而来？ \ 010

7. 何谓"正史"与"野史"？ \ 012

8. 什么是编年体史书？ \ 013

9. 什么是纪传体史书？ \ 014

10. 纪事本末体及其代表作 \ 015

11. 国别体史书及其代表作 \ 017

12. 《周书》是记载周朝的史书吗？\018

13. 改元和改朝换代的区别 \019

14. 我国历史上一共有多少位皇帝？\020

15. 汉字是如何演化过来的？\022

16. 中国历史中朝代的排序 \023

17. 我国历史上在位时间最短和最长的皇帝 \027

18. 中华民族姓氏的起源 \028

19. 《史记》为什么是"二十四史"之首？\029

20. 为什么说"司马昭之心，路人皆知"？\030

第二章

儒 ——"内圣外王、知行合一"的儒家思想

1. 儒家学说的三种主张——礼治、德治与人治 \034

2. 什么是四书？什么是五经？\035

3. 什么是"内圣外王"学说？\037

4. 什么是"中庸之道"？\038

5. 儒家思想中"德"和"智"是什么样的关系？\039

6. "孝"和"悌"在儒家思想中的解读 \040

7. 儒家的"忠君"思想是如何成为统治工具的？\041

8. 儒家关于"三戒"的智慧 \043

9. 我国历史上对孔子的尊称 \044

10. 古代的科举考试有没有年龄限制？\046

11. 国子监是什么样的办学机构？\047

12. "孔门四科"包括哪四科？\049

13. "孔门十哲"指的是哪10位贤哲？\050

14．儒家的"孔门六艺"是哪六艺？＼053

15．儒家的自我修身方法是什么？＼054

16．汉武帝为什么"罢黜百家，独尊儒术"？＼057

17．历代君王为什么要到泰山进行"封禅大典"？＼058

18．儒家为什么提倡"知行合一"？＼060

·········· 第三章 ··········

禅——佛法要义、释义人生的佛学思想

1．"佛教四谛"指的是什么？＼064

2．佛教中的"大乘"与"小乘"有什么不同之处？＼066

3．"阿弥陀佛"的由来＼068

4．佛家有哪"三宝"？＼071

5．如何理解"无事不登三宝殿"？＼073

6．佛家为什么把世界分为大千世界和红尘世界？＼074

7．药师佛是何许"佛"也？＼075

8．什么是佛家的"十二因缘"？＼077

9．佛教中的"六道轮回"是哪"六道"？＼079

10．"八戒"是如何成为"佛教巨星"的？＼081

11．出家人剃成光头的缘由是什么？＼083

12．为什么和尚头上会有戒疤？＼084

13．佛家弟子为什么"化缘"？＼086

14．和尚手里的念珠有何玄机？＼087

15．佛门中的"敲木鱼"是怎么来的？＼090

16．什么是佛学中的八正道？＼091

17．"五蕴皆空"是什么意思？＼093

18. 什么是"三法印"？ \095

19. 佛教中为什么称死亡为"涅槃"？ \096

20. 佛教的"三无漏学"指的是什么？ \097

第四章

道 ——道法自然、无为而治的道家要义

1. "道"在中国古代到底是什么意思？ \102

2. 道家的"天人合一"传递出了哪些哲学含义？ \104

3. "庄周梦蝶"讲述了什么样的道家理论？ \105

4. 道家为什么要讲"朝三暮四"？ \106

5. "祸福相倚" 是道家的智慧传承吗？ \107

6. 道家"无为之治"到底有什么寓意？ \109

7. 道教的戒律有哪些？ \111

8. 道教为什么提出"我命在我，不在于天"？ \113

9. 道家修行真的能够长生不老吗？ \114

10. 什么是"黄老之学"？ \116

11. 道教的"洞天福地"都有哪些？ \117

12. 道教是如何定义"道士"的？ \118

13. 古代的道士真的会 "炼丹术"吗？ \120

14. 为什么道教把死亡称为"羽化"？ \121

第五章

法 ——以法为教的法家思想

1. 我国历史上第一部刑法出自哪部著作？ ＼124

2. 禹刑为什么被称为"五刑之始"？ ＼125

3. "刑""罚"分别是什么意思？＼127

4. 我国古代对抢劫犯有怎样的惩罚？ ＼128

5. 谁是我国古代受刑最为残酷的人？ ＼130

6. 古代行刑为什么要在秋后，并且是在午时三刻？＼131

7. 历史上真有丹书铁券和免死金牌吗？ ＼132

8. 王安石变法为什么会失败？ ＼134

9. 古人也有维权意识吗？ ＼136

10. 什么是"五听"断案法？ ＼138

11. "监"和"狱"有什么不同？ ＼139

12. "监狱"是怎样产生的？ ＼140

13. 中国古代有哪些残酷刑罚？ ＼141

14. 杖刑的演变过程是怎样的？ ＼144

15. 古代有哪些刑罚专门针对女性？ ＼145

16. "浸猪笼"用于惩罚什么罪行？ ＼147

17. "一条鞭法"对社会进程的推进＼148

18. 《天朝田亩制度》有哪些积极的法学思想？ ＼150

19. 最早学习西方体制的《资政新篇》＼151

20. 结束君主集权统治的"三民主义"＼153

.... 第六章 ....

兵 ——上兵伐谋、居安思危的兵家谋略

1. 《孙子兵法》是怎样成书的？ ＼156

2. 《孙膑兵法》与《孙子兵法》有哪些区别？ ＼159

3. 《孙子兵法》为什么会被尊为"兵经"？ ＼161

4. 古代的"三军"都指哪些军队？ ＼162

5. 军机处为何被称为清王朝的"内阁"？ ＼164

6. "杯酒释兵权"是怎么回事？ ＼165

7. 古人都有"重文轻武"的思想吗？ ＼166

8. 军鸽的使用在我国历史上有怎样的记载？ ＼168

9. 我国历史上有哪些著名的娘子军？ ＼170

10. 古代骑兵是怎样发展过来的？ ＼171

.... 第七章 ....

医 ——从生命真谛中看中医的高度

1. 中医为什么讲阴阳五行？ ＼176

2. 中医为什么被称为"岐黄之术"？ ＼178

3. 古人为什么用"大夫""郎中"来称呼医生？ ＼179

4. 古代的药铺是什么样子的？ ＼180

5. 什么是"四诊八纲"？ ＼181

6. 中医七大流派都有哪些？ ＼183

7. 什么是"奇经八脉"？ ＼185

8．什么是脉象学？＼187

9．什么是藏象学说？＼189

10．什么是经络学说？＼190

11．什么是运气学说？＼191

12．"四诊法"是谁总结出来的？＼193

13．《金匮要略方论》为什么被医家誉为"方书之祖"？＼194

14．乾隆钦定的《医宗金鉴》是部什么样的著作？＼196

15．古人为什么要把行医说成是"悬壶济世"？＼197

·············第八章·············

易——大易思维中的周易智慧

1．易学的卦象是怎样产生的？＼200

2．什么是"六十四卦"？＼201

3．《易经》有哪"十翼"之说？＼203

4．什么是先天八卦与后天八卦？＼205

5．什么是"河图""洛书"？＼207

6．何为"九宫"？＼208

7．何为"三易"？＼209

8．奇门遁甲有什么奥秘？＼210

9．古人为什么重视《易经》中的筮法？＼212

10．古代人是如何用《易经》来预测吉凶的？＼213

·········第九章·········

礼 ——仁义礼智信背后的国学含义

1. 古代官场中的"丁忧"和"夺情"制度 \218
2. "君君，臣臣；父父，子子"指的是什么？\219
3. "礼"是古人安身立命和齐家治国的根本吗？\221
4. 为什么说"孝"是传统文化之根？\223
5. "三纲五常"对我国古代专制社会的影响 \224
6. 为什么说"三从四德"是对妇女的压制？\225
7. 古人讲的五礼是什么？\226
8. "长跪"为什么不是长时间地跪？\228
9. 古人是如何尊称别人、谦称自己的？\229
10. 避讳有什么样的渊源？\230
11. 为什么说谥号是对死者的"盖棺定论"？\232
12. 端午节是怎样驱除"五毒"的？\233
13. 中元节为何被称为"鬼节"？\235
14. 古人为何称妻子的父亲为"泰山"？\236

·········第十章·········

食 ——饮食文化中蕴含的国学智慧

1. 古人饮食文化中有哪八个境界？\240
2. 中国饮食有哪八大菜系？\241
3. 为什么人们在寒食节这一天都不生火做饭？\243

4．"满汉全席"都有哪些讲究？＼245

5．茶叶有哪些种类？＼246

6．古人饮茶文化的发展历程＼248

7．中国十大名茶指哪些茶？＼250

8．火锅在历朝历代是怎样演变的？＼252

9．古人都吃哪些蔬菜？＼253

10．我国传统的农作物有哪些？＼254

11．古人吃饭也奉行一日三餐原则吗？＼256

12．古人是怎样清洁口腔的？＼257

13．古人都用什么样的食器？＼258

14．《食经》是怎样成书的？＼261

第一章

史

——以史为鉴，可以知兴替

　　史官们笔下的"正史"可靠吗？当权者会不会利用自己的职权来篡改历史？稗官野史中，到底哪些是真实的，哪些又是戏说呢？事实上，古代史官编撰史书的时候，是需要向最高统治者保密的。虽然天子可以看以前的史书，却不能查阅有关自己的记录。只是随着时间的推移，这一规定逐渐有所松动，史官们在记录当代帝王的事迹时，也带上了几分顾虑，这就造成了部分历史记载的失实。但是不管怎么说，每个人都要了解历史。以史为鉴，可以知兴替。我们了解了前人起落兴衰的过程，当能有所感悟。当然，要想真正了解历史，最好的方法是阅读史书本身。在这里，我们将简要地介绍一些基本的史学知识，如正史和野史的区别、编年体史书和断代体史书的异同点等。

1. "三皇五帝"真有其人吗?

北京大学历史系教授岳庆平先生认为,三皇五帝的观念来源于我们的先祖对宇宙系统的认识。古人认为,宇宙是由静态的天、地、人和动态的木、火、土、金、水组成的。在此基础之上,古人发展出了三皇五帝的观念,即天皇、地皇、人皇和木帝、火帝、土帝、金帝、水帝。

三皇五帝具体是指哪些人,史学界至今没有统一的说法。关于三皇,主要有这么几种说法:伏羲、神农、女娲;伏羲、神农、皇帝;伏羲、神农、燧人;伏羲、神农、祝融;伏羲、神农、共工。关于五帝也有好几种说法:黄帝、颛顼、帝喾、尧、舜;少昊、颛顼、帝喾、尧、舜;黄帝、伏羲、神农、尧、舜;黄帝、颛顼、伏羲、少昊、炎帝;黄帝、颛顼、帝喾、尧、少昊。

三皇五帝的具体人物之所以如此纷乱,是因为上古之时并无文字,而在人们能用文字记载历史的时候,因为时间久远,关于三皇五帝就只剩下了一些口耳相传的故事。由于故事在流传过程中会产生变异,所以就出现了不同的说法。

实际上,在以部落为单位群居的上古社会,这些人物都是一些部落首领,后来才被逐渐神化,成为传说中的"三皇五帝"。在这段历史时期,部族之间时常发生征战,部族也在不断地兼并和融合。一些部落在战争中获胜,其首领就会被推举为部落联盟的首领,势力也越来越大,而那些战败的部落,则会被兼并或吞掉。比如,黄帝打败炎帝,他们这两个部落就融合成当时最强大的部落,也就是中华民族的始祖。后来,炎黄部落不断发展壮大,又打败了新崛起的蚩尤部落,从此成为天下的主宰。

事实上,三皇五帝代表了我国远古社会的两个时代。三皇时期代表着从母系氏族转向父系氏族的时代,伏羲和神农是父系氏族的代表,女娲的存在,则说明当时仍有一些部落以女性为首领,即母系氏族仍未完全解体。伏羲和神农作为三皇中的人物,得到了大多数说法的认可。有些史学家认为，伏羲就是具有开天辟地之功的盘古大神。但神农却并不是指后来的炎帝，可以说他是神农氏的远祖，黄帝和炎帝都是他的后代。神农氏族分化为黄帝、炎帝两个部落，后来又融合为炎黄部落，这个过程也体现了当时社会的状况，即一些大的部落有可能会分化，分化之后也有可能再次融合。

五帝代表的时代则在三皇之后，即夏朝之前的时期。舜帝是公认的五帝之一，而夏朝的始祖大禹，就是从他那儿获得部落联盟领袖地位的。《史记》的作者司马迁认为，五帝以及之后的夏朝、商朝、周朝、东周（春秋战国）的统治者，都是黄帝的后裔。黄帝是神农氏的后裔，生于姬水，居于轩辕山，山中有熊，因此为姬姓，称轩辕氏或有熊氏。

三皇五帝之后就是夏朝，在中国历史上，夏朝的建立是一个非常重要的转变。从夏朝开始，统治者从人民的服务者变为人民的压榨者，帝位的继承由禅让制变为世袭制，由此开启了中国历史的新阶段。

此外，三皇中的燧人和祝融被称为火神，炎帝被誉为太阳神，这些都说明他们对用火做出过贡献。而根据传说，结网捕鱼和驯养牲畜的技术则是伏羲发明的。

2. 将皇帝称为"万岁"是从什么时候开始的？

在我国古代，最大的数字单位就是"万"，但它是虚指，表示"多"和"长"的意思，比如万寿无疆、万国来朝等。古代最大的时间单位则是"岁"，因此，"万岁"就成了当时人们能够想到的最长的时间单位，它同样是虚指，表示"永恒"的意思。据北京大学历史系教授阎步克先生介绍，我国古人见面时说的"万福""万安"等，其中的"万"就是这个意思。

起初，"万岁"仅仅是人们见面时相互使用的问候语，就好像现代人说"你好"。有时候，为了表现对美好时刻的留恋和对亲人朋友的祝福，人们也会呼喊"万岁"。那时候，即使是最普通的百姓之间，也可以互祝

"万岁"。《诗经》中也有关于"万寿"的记载,描写了丰收的农民在庆祝仪式上相互祝酒,高呼"万寿无疆",希望每年都可以有同样的好收成。

战国时期,"万岁"是一种敬称。当时,齐国的孟尝君广招天下贤士,一个叫冯谖的穷苦人前来投奔。此人虽然家贫,但胸怀丘壑,因孟尝君对自己有收留之恩,就巧妙地宣扬了孟尝君的爱才美名,使天下贤士悉数来归。有一次,孟尝君派冯谖到薛地收租,没想到冯谖不但没有收齐地租,反而将欠租者的账目一笔勾销。孟尝君非常气愤,认为冯谖既不忠又无能,对他越来越冷淡。后来,孟尝君被贬谪,只有薛地百姓要求孟尝君到当地为官。孟尝君来到薛地后,没想到薛地百姓空巷来拜,山呼"万岁",以感谢孟尝君的免租之恩。孟尝君这才知道冯谖的深谋远略,后来对他甚为倚重,最终成就了一番伟业。

秦汉时期,"万岁"也被用作死亡的讳称。《战国策·楚策篇》中有文载:"楚王游云梦,仰天而笑曰:'寡人万岁千秋后,谁与乐此矣?'"意思是说,楚王到一个叫作云梦的地方游玩,很高兴,仰天大笑道:"我死后,谁还能领略这里的情趣啊?"汉高祖刘邦也曾用过相同意思的"万岁"——据《史记·高祖本纪》记载,刘邦曾对自己的儿子说:"吾虽都关中,万岁后吾魂魄犹乐思沛。"将此句话翻译过来就是,我虽然把长安定为国都,但始终惦记着老家沛地,死后还要魂归故土。从以上内容可以看出,直到汉初,"万岁"一词仍然没有成为皇帝的专属用语。

把"万岁"一词作为皇帝的专属用语的首个垄断者是汉武帝。据说有一次汉武帝到登封嵩山,听到风过空谷的声音好像万人齐呼"万岁"。汉武帝认为是神灵显现,从此便将"万岁"作为自己的专属称谓。汉武帝之后,各朝代帝王沿袭下来,纷纷以"万岁"自居。唐朝时,武则天封自己为"天策万岁";明朝天启年间的魏忠贤权倾朝野,曾被称为"九千岁",比皇帝的"万岁"只少一千岁;清朝时,君主专制达到顶峰,"万岁"之后又加了一个"爷"字,合称"万岁爷"。清朝的最后一个集权统治者慈禧,封号已经像裹脚布一样又臭又长,谄媚的官员仍然上疏请她加上"万岁"二字,以讨好献媚。

3. 为什么汉朝分为"西汉""东汉"，宋朝却叫"北宋""南宋"？

　　北京大学历史系教授荣新江先生表示，从历史本身来看，当朝人并没有西汉、东汉和北宋、南宋的概念划分，汉朝人认为从头到尾只有一个汉朝，宋朝也同样如此。所谓的东南西北，只不过是后世史学界公认的一种划分——为了方便史学的研究和学习。从史实角度来看，其中主要是因为地域变迁，或者说是地理位置的不同。

　　秦朝末年，天下大乱，群雄逐鹿。公元前202年，刘邦最终战胜其他霸主，鼎定汉室江山。到了公元8年，西汉社会矛盾凸显，王莽作为挽救危局的不二人选，忽然改朝换代，成立新朝，并自命为皇帝。虽然王莽的改革措施有效缓解了社会矛盾，但当时汉室正统思想风行，故王莽篡汉的形象被确立。而新朝末年，西汉皇族刘秀借助农民起义之风，聚集汉朝残余势力，最终恢复了汉室江山。恢复汉室江山后，刘秀以汉朝后裔自居，追封西汉的最后一位皇帝宣帝为中宗，并迁都洛阳。史学界称刘邦建立的汉朝为西汉，刘秀建立的汉朝为东汉。因为洛阳在地理上处于长安以东，所以刘秀迁都后的汉朝，被称为东汉。

　　五代十国末期，赵匡胤陈桥兵变，开创了宋室江山。北宋刚刚建立，即面临着多股势力的威胁，先后有辽、西夏、金、蒙元，甚至还有云南的大理国。公元1120年，北宋和金联合灭辽，之后双方的矛盾开始凸显；公元1127年，金兵攻破北宋都城汴梁（今河南开封），宋钦宗亲往敌营和谈，被拘，北宋灭亡。为保国脉，皇室成员赵构在应天府（今河南商丘）即位，开始了南宋时期的统治，后来又在战乱中将国都迁到临安（今浙江杭州），偏安一隅。从地理上看，汴梁在北，临安在南，故此有南宋、北宋之别。

　　此外，朝代的命名除了在地理上加以区分外，也会用时间前后加以区分，比如五代十国的后梁、后唐、后汉等。最明显的是清朝初期的后金政权，他们和宋朝时期的金国同属女真后裔，属于一脉相承，后来才因为种种原因改为大清。但在历史上，仍然用"金"和"后金"对它们加以区分。实际上，无论是哪个朝代，都视自己为正统，并不会加上一个"后"字，这和西汉、东汉以及北宋、南宋是一样的。

4. 皇帝的坟墓从什么时候开始叫"陵"？

陵的本义为山，古代君王为了显示自己的崇高地位，墓葬也要修得像山一样。据北京大学历史系教授王天有先生介绍，我国最早的君王墓葬都是统称为墓的，陵作为君王墓葬的专用称谓，起源于战国时期。《史记·世家》有载："赵肃侯十五年经营寿陵。"这说明当时已经出现了以陵为名的君王墓葬。到了战国末期，陵被用来指称君王墓葬已经司空见惯，如《史记·始皇本纪》记载："秦惠文王葬公陵，悼武王葬永陵，孝文王葬寿陵。"

生死之事在我国古人看来意义甚大，因此我国自古就有"厚葬以明孝"和"事死如事生"的传统思想。意思就是，厚葬先人可以表现后人的孝义，死后也要和生前一样。所以很多君王从登基开始，就着手修建自己的陵寝。明朝的万历皇帝，还曾在自己陵寝竣工仪式上，于墓穴内大宴群臣。虽然这听起来让人毛骨悚然，但其地宫的宏大规模，由此可见一斑。

唐朝开始，各代君王不再堆土成陵，而是直接依山建陵，也就是把山掏空，然后在里面修建陵寝。由于我国多山地，可以选取的奇山峻岭多不胜数，因此各代帝王陵寝都修建得气势宏大、磅礴威严，每一座都堪称建筑艺术佳品。如秦始皇陵、明十三陵、清西陵和定东陵等。这些陵寝的建筑，不仅包括地下部分（寝），地上部分（陵）也建造得奢华异常，其中尤其以慈禧的定东陵规模最为宏大，修葺也最为奢华。

最早时候的陵是为了纪念功德伟大的先贤，如黄帝陵和炎帝陵等，在他们建立功勋或者死亡的地方修建宫殿。这些宫殿的主要用途是后人对先贤进行祭奠，并不具备墓葬的功用，而且不会由生者进行修建。墓葬制度逐渐形成后，所有规格和名称有了具体规定，比如：只有皇族的墓葬可以称为陵；文臣武将的墓葬称为冢；不为官的知识分子的墓葬可以称为墓；农民、乞丐和奴隶等底层人民的墓葬，则只能称为坟。

此外，墓葬的规定也存在一定的例外现象。比如，我国特有的两位圣人，即文圣孔子和武圣关羽，他们的墓葬被称为"林"。所以，山东曲阜有孔林，河南洛阳有关林，分别是用来纪念孔子和关羽的。当然，这里所说的林，只是一种纪念仪式，其中并不一定有死者的遗体，有的只是塑像、画像、衣冠和遗物等。

5. "二十四史"指的是哪二十四部史书？

北京大学历史系教授阎步克先生指出，二十四史是我国历史上各朝代由官方编撰或认可的史书，内容多采用正史资料，从传说中的三皇五帝开始，到明朝崇祯皇帝为止，共计二十四部，故称"二十四史"。1921年，时任中华民国总统的徐世昌将《新元史》列为国学正史，从此二十四史变成二十五史，但这一做法并没有得到全国人的认可，于是有人把《清史稿》作为第二十五史。但也有史学家编纂史书的时候将《新元史》和《清史稿》都列入了国学正史，故而又有二十六史的说法。下面是这些史书的介绍。

《史记》，作者是西汉时的司马迁，其内容涉及我国远古到汉武帝元年的历史，时间范围约在三千年上下，现存《史记》为残卷。司马迁继承父亲遗志编成此书，开始将书命名为《太史公记》或《太史公书》。《史记》一名起源于三国时期，一直沿用至今。

《汉书》，作者是东汉时的班固。《汉书》涉及历史时间从汉高祖刘邦元年到王莽的新朝结束，原型是班固之父班彪所著的《史记》后传六十五篇。后来，班固入罪，死于狱中，《汉书》并没有完成。当时的汉和帝令班固的妹妹班昭续补《汉书》，她就成了《汉书》中"天文志"的作者，而班昭也因此成为二十四史作者中唯一的女性。

《后汉书》，作者为南朝宋（东晋灭亡后，南方建立的四个朝代宋、齐、梁、陈之一）时的范晔，其所涉及的历史时间从汉光帝刘秀建立东汉开始，到汉献帝禅位于曹丕，前后共一百九十五年。《后汉书》内容为本纪和列传。后来范晔又与谢严合著《礼乐志》《舆服志》《五行志》《天文志》和《州郡志》。可惜后来范晔被控谋反，谢严害怕受到牵连，将五志手稿全部烧毁，现存《后汉书》也就只有本纪和列传部分。

《三国志》，作者陈寿（三国时蜀国人，蜀亡入西晋），其内容主要为三国时期的历史。《三国志》包括魏、蜀、吴三国，其中魏国和吴国已经有一些史料可供陈寿参考，但蜀汉政权没有设置史官一职，因此蜀国部分的内容由陈寿亲自采集编写而成。夏侯湛欲编写《魏书》，看到陈寿的《三国志》后，自愧不如，将稿件全部销毁，同时代史学家受其影响，将《三国志》推为正史，流传至今。

《晋书》，由唐朝的房玄龄主持编纂，内容从司马懿开始，一直记录到晋恭帝，涉及整个晋朝，包括西晋和东晋的历史过程。由于受政府资助，相关史料又比较丰富，所以《晋书》的成书过程仅用了三年。由于编著者多为文学家，因而《晋书》在史学界有"辞藻华丽，内容不实"的评价。

《宋书》，作者是南朝梁朝的沈约，内容涉及南朝宋六十年历史，成书基于何承天、徐爰等史学家的著作。需要注意的是，这里的《宋书》指的并不是我国历史上的宋朝历史，而是在东晋灭亡后，南方建立起四个小朝代之一的宋朝，国姓为刘，开国者是刘裕，亡国者为刘准。

《南齐书》，作者是南朝梁朝的萧子显，内容记录了南朝齐二十三年短暂历史。梁朝国姓为萧，开国者是萧道成，亡国者是萧宝融，而本书作者萧子显就是萧道成的皇孙。

《梁书》，作者为唐代的姚思廉（实际上《梁书》是他与父姚察两代人共同的劳动成果），内容从南朝梁开国皇帝萧衍到亡国皇帝萧方智，前后共五十六年。

《陈书》，同样是姚思廉和其父姚察两代人共同完成的著作，内容从开国皇帝陈霸先到亡国皇帝陈叔宝，前后共三十三年。

《魏书》，作者是北齐的魏收。《魏书》并非曹丕建立的魏，而是我国北方少数民族鲜卑族拓跋氏（后改为元氏）建立的朝代，史学界称为"北魏"。内容从鲜卑族的起源开始，截止到公元550年，东魏（魏后来分化为东、西两魏）被北齐所取代。

《北齐书》，作者是唐朝的李百药。北齐是北魏后我国北方建立起来的王朝，南朝的宋、齐、梁、陈四朝史书中，之所以要称齐朝史书为《南齐书》，就是为了区别这个北齐。本书记载了北齐前后二十七年国运。北齐由武将高欢奠定国基，其子高洋立国，统治中国北方的东部。

《周书》，作者是唐朝的令狐德棻（"棻"音同"分"）。北周是北魏之后建立起的朝代，前后二十四年国运，由武将宇文泰奠定国基，其子宇文觉立国，史称北周。

《隋书》，由唐朝的魏徵主持编修，内容涉及隋朝三十一年历史。公元581年，杨坚接受北周禅让，建立隋朝，但隋朝很快就消亡了。

《南史》，作者是唐朝的李延寿，内容涉及南朝宋、齐、梁、陈四个小朝代的历史。

《北史》，是由李大师及其子李延寿两代人编撰而成，内容涉及北朝魏、齐、周和隋朝四个朝代的历史。

《旧唐书》，由后晋刘昫主持编修，内容记录了唐朝的兴衰史，是我国现存最早系统记录唐朝历史的典籍，为后晋皇帝石敬瑭下令编修。

《新唐书》，由北宋欧阳修、宋祁等编纂。《新唐书》和《旧唐书》相比，更加完善，尤其是在典籍律法方面下了很大功夫。

《旧五代史》，由宋朝的薛居正等编著，记录了唐朝之后的五个小朝代历史，分别为后梁、后唐、后晋、后汉、后周。唐宋之间的五十三年中，中原地区相继出现了上述五个朝代；这五个朝代之后，我国内地还有吴、南唐、吴越、楚、闽、南汉、前蜀、后蜀、南平、北汉十个小国，它们的历史也是《旧五代史》的主要内容。而这段历史被称为五代十国，是我国历史上最后一次大规模的割据自治。

《新五代史》，原名《五代史记》，属于欧阳修私人编写的正史。与《旧五代史》相比，《新五代史》打破了一国一记、一朝一史的格局，改为采用南北两条线索，全面系统地总结了历史发展的过程。

《宋史》，由元朝宰相脱脱主持编修，内容为宋朝的整个发展历史。本书是在宋朝《国史》的基础上编撰而成的。

《辽史》，也是脱脱主持编修，内容为我国北方少数民族契丹族耶律氏建立的辽国的兴衰过程，其中包括耶律大石建立的西辽。辽国前后有二百年的国运。

《金史》，还是脱脱主持编修，内容为我国北方少数民族女真族建立的金国的兴衰过程。金国前后有一百一十九年国运。

《元史》，是宋濂根据明太祖朱元璋的命令主持编修的，内容为元朝的兴衰灭亡史，是我国现存最早和最系统地记录元朝历史的典籍。

《明史》，由清朝的张廷玉主持编写，内容记录了朱元璋到朱由检的二百七十六年明朝历史。该书编纂从顺治年间一直延续到乾隆年间，前后超过九十年，其工程之浩瀚、内容之繁杂，由此可见一斑。然而，由于清朝实行极端的专制统治，编纂者无法完全按照史学家的观点和思想编写《明史》，很大程度上受到了政治的影响。但是，《明史》虽然有很多不足，仍不失为史学巨著。

《新元史》，作者为民国的柯劭忞（"忞"音同"民"），主要记述的是元朝历史，但比《元史》要丰富很多。比如，《新元史》加了成吉思汗之前的部分蒙古历史，以及元顺帝后人的部分历史。此外，《元史》中的一些错误内容和观点，在《新元史》中也有所改正。

《清史稿》，北洋政府设立专门的编修部门，由赵尔巽主持编修的史书。本书记载了1616年努尔哈赤建立后金到1911年清朝覆灭，前后共二百九十六年的历史。《清史稿》是未定稿，由于当时局势不稳定，赵尔巽先生又年迈多病，所以匆忙刊印了此书。

6. "三通四史"从何而来？

据北京大学历史系教授荣新江先生介绍，"三通四史"是从七部史学著作的名字而来，其中"三通"指的是唐朝杜佑撰写的《通典》、宋朝郑樵撰写的《通志》和元朝马端临撰写的《文献通考》；"四史"指的是西汉司马迁撰写的《史记》、东汉班固撰写的《汉书》、宋朝范晔撰写的《后汉书》和西晋陈寿撰写的《三国志》。

《通典》，成书于唐朝贞元十七年，作者杜佑，其内容起于三皇五帝时期，终于天宝末年。它是我国首部最具价值的典章制度专著，其中对政治、经济、军事和历法等方面都有详尽记载，为后世史学界提供了系统全面的史料。

《通志》，作者郑樵，记载的历史起于三皇五帝时期，截至隋朝。它是我国优秀的以人物为线索的史学著作，尽管史学界将其列入典章制度政治书籍，这一光辉仍无法掩盖。《通志》一书内容达二百卷之多，历时五十年完成，耗尽了作者毕生心血，也是中国史学宝贵的财富。

《文献通考》，记载范围从上古时期一直到宋朝嘉定末年，是我国历史上继《通典》和《通志》之后，又一部典章制度方面的集大成之作。《文献通考》以《通典》和《通志》为基础编纂而成，内容更加完善和严谨，对于很多史学事件、人物和观点都有更加深刻的阐述，因此史学界很多人都认为《文献通考》是《通典》和《通志》的续作。

《史记》，纪传体史书的开山之作，作者司马迁，记载了从上古时期到汉武元年前后三千多年的历史，包括政治、经济、军事和哲学等各个方面。鲁迅先生对它的评价是"史家之绝唱，无韵之离骚"，后人认为只有司马光的《资治通鉴》可与之媲美，这两本书也因此被誉为"史学双璧"。

《汉书》，我国第一部纪传体断代史著作，也就是说其内容记载起于西汉初年，截至新朝末年。《汉书》内容言辞工整，多用排比句式叙述，和《史记》平铺直叙的风格完全不同。此书编修过程一波三折，由班固和其父亲班彪及妹妹班昭三人完成。全书一百二十卷，八十余万字。

《后汉书》，也是一部纪传体断代史著作，内容为东汉一朝的兴衰灭亡，从王莽的新朝后期开始，一直到东汉末年三国初期，前后共一百九十六年的历史。它基本沿袭了《史记》和《汉书》的体例，但内容上又有了改动，比如加入了皇后纪，这是因为东汉一朝外戚摄政严重，前后共有六个太后听政。此外，范晔还在书中编入了"列女传"，记录了十七位女性豪杰。

《三国志》，是记录了我国魏、蜀、吴三国历史的纪传体国别史，内容起自魏文帝元年，终于晋武帝元年，前后共六十年。受罗贯中先生的著名历史小说《三国演义》影响，《三国志》在广大人民群众中知名度较高，同时也是影响比较深远的史学著作之一。

7. 何谓"正史"与"野史"？

正史是指由官方修订，至少是得到官方认可的纪传体史学著作，一般都是由学识渊博的史学大家主持编修，如"二十四史"就都属于正史。北京大学历史系教授王天有先生表示，史官在我国古代是比较独立的官职体系，一般不受当朝统治者的管束，而且一般情况下史官记录下来的史料是不对当朝开放的，因此大多数史官能够做到公平公正，对统治者及其官员的言行都有比较客观和准确的记述。而在一个朝代灭亡后，这些史料通常就会流入下一个朝代的统治者手中，因此，我国历史上每个朝代都有编写上个朝代国史的习惯。

"正史"一词最早见于《正史削繁》，著者是南朝时梁朝的阮孝绪。"正史"的基本释义为：以帝王传记为主体，配以宫廷和国家大事，主要由朝廷史官完成的史学著作。《隋书·经籍志》将《史记》和《汉书》列为正史之首；后世的《明史·艺文志》又将纪传和编年作为正史的标准；清朝编纂的《四库全书》，以"二十四史"为正史，并规定日后正史须经皇帝御批才能生效，而此后的《新元史》和《清史稿》也被认为是正史。

野史是相对于正史而言的，内容多为私人编著。主要是不满于正史编修受到当时的政治影响，一些有责任感的史学家便会选择以私人名义甚至是冒名编修一些史学著作，用来补充正史的空白或者理顺被正史扭曲的事实。所以，先期的野史比较可信，从史学家的角度来看，也比较可贵。但是由于这种做法缺少监督，后来野史的质量总体上处于下降趋势。由此，野史在后世学者眼中成为可信度较低的史学资料，加上戏说和文学作品等的影响，史学家想从野史中获得有价值史料的难度越来越大。

此外，史学界也有"稗官野史"的说法。据《汉书·艺文志》记载，民间街头巷尾的议论，内容极其琐碎，但统治者为了了解民间舆论，还是设立了专门的采听人员，称为稗官，而由稗官记录民间言论、事件所成的史料，被称为"稗史"。由于稗是一种野草，稗史也被称为"野史"，有一定的史学价值。例如，鲁迅先生就对《明季稗史汇编》有较高评价。这部作品记录了清军入关后在扬州和嘉定屠城的野蛮行径，而清廷作为《明史》的修订者，自然不会将此内容编入。而如果不是因为有野史的存在，今天人们很可能就不知道清军的残暴，反而被他们粉饰的仁慈假象所欺骗。

综合来讲，野史有两个方面的主要特征：其一，编著者多为在野人士，或者是退隐的史官，或是被排挤下台的政客；内容多为正史的补充，甚至是对正史的驳斥。这些史料不可能得到官方认可，甚至有些根本就是当朝禁书，更不可能被当朝定为正史，只能在民间流传，因此在传承上存在较大风险。当然，因改朝换代而政治影响减小后，野史也会被正史重新吸收或者部分吸收。其二，从内容量的大小和编修水平来看，野史要比正史略逊一筹。当然，这也是由于条件所限，毕竟，朝廷不会出资给那些反对者去著书立说，因此野史在当朝的影响力必然不及正史。

8. 什么是编年体史书？

编年体是我国正史编纂的一种形式，书中内容主要以年、月、日为线索，沿着时间顺序展开历史事件和历史人物，是一种与纪传体很不相同的正史编写形式。如我国第一部编年体史书《左传》（《左氏春秋》）和具有史学双璧美誉之一的《资治通鉴》，都是用编年体形式写成的正史著作。

据北京大学历史系教授岳庆平先生介绍，编年体史书这种体例在我国始于周朝，是最古老的史书编写体例。它的成型是在公元前841年左右，由当时的周朝史官发明使用。《左传》是这一体例的集大成者，编年体史书的各种要素几乎全都涵盖在内，成为后世编写此类历史著作的范例。《隋书·经籍志》更是将编年体史书誉为"古史"。东汉末年的荀悦在编年体史书的基础上，还首创了断代编年体，就是选取一段历史，然后用编年体的形式进行编修。他的《汉纪》一书，也因此名声大噪，成为断代编年体史书的典范。

此外，编年体史书还包括纲目体、起居注、时政记、日历、实录、东华录等。其中，纲目体以时间为线索；将历史时间单提出来，并分为大字、小字（大字为纲，记录事件的索引；小字为目，详细说明历史事件），然后进行系统的叙述和分析总结。起居注是记录帝王言论、行为、居住、旅行的专著，属于皇家内著，周朝的时候就已经出现；时政记是记录以宰相为首的权臣的言论，武则天时开始出现；日历是在起居注和时政记的基础上，通过史学家的再编排，按照编年体体例编成的史书；实录一般由皇帝授命，在国史馆的主持下，通过对先皇时起居注、时政记和日历的内容，以编年体形式编写的先皇时期的历史；东华录是清乾隆朝蒋良骐所创，基本综合以上所有的史料进行再编修。

9. 什么是纪传体史书？

纪传体是一种编写史书的形式，通常正史都会采用这种体例。纪传体史书以人物传记为中心，进行基本的史实叙述。纪传体史书的最大特点是记叙了大量人物传记，并以此为主线，展开历史的演变过程和重要事件。北京大学历史系教授王天有先生表示，纪传体著作基本包括本纪、世家、列传、书、志、表几个部分。

本纪，是一种专门用来记录帝王人物的传记称谓，最早出现于司马迁的《史记》，其中所有帝王的传记都被称为本纪。但也有例外，一些人由于创建了一番霸业，比如楚霸王项羽，其传记称为《项羽本纪》。由于本纪中记载的各代帝王都是继承的关系，因此本纪都是按照时间顺序编排的，反映了历史的演进和历史人物的命运及所处环境。这样一来，本纪作为纪传体史书中的编年要素，就起到了贯穿全书的作用，因此，它在纪传体史书中的地位非常重要。

世家，是专门用来记述诸侯的传记称谓。由于这些诸侯虽然有别于帝王，但同样是世代相传，所以取名为世家。"世家"一词最早应用于司马迁的《史记》，如《陈涉世家》《留侯世家》和《晋世家》等。

列传，由司马迁在《史记》中首先使用。在《史记》中，除了帝王和诸侯的传记之外，其他人物的传记统称为列传。但是在司马迁之后，大多数史学家将诸侯的世家称谓取消，一并加入列传的行列。所以，在《史记》之后，列传也成为诸侯传记的称谓。此外，列传还用来记录少数民族及国外的历史，如《明史》中就有《四川土司列传》《外国·日本列传》等。

书，主要记录各朝代典章制度。古人有训，"没有规矩，不成方圆"，因此历朝历代都非常重视自己的法律建设（用于规范政府和人民的行为，其作用相当于我们今天的宪法）。《史记》将记录各朝政治法律规定和建设的这部分内容的记载统称为"书"，后世的史学著作中称为"志"或"录"。

表，首见于司马迁的《史记》，是作者为了方便读者查阅、记忆和理解，用列表的形式对历史时间和事件进行归纳总结。后世在编修正史著作时，多有选用这种形式的。

纪传体史书的优点是，可以集中叙述某个历史事件和这个历史事件中的主要人物，可以让读者更全面和轻松地了解一个历史事件的发生、发展过程，以便于总结历史教训，获得经验和智慧。但缺点是历史事件和人物的叙述过于集中，往往出现同一个历史事件出现在不同人物传记中的情况。比如一个历史事件的参与者少则几人，多则几十人，如果其中每个人物都需要立传，无疑会造成大量的内容重复。

10. 纪事本末体及其代表作

纪事本末体是以历史事件为记述线索，并辅以时间和人物的史学著作。首先使用这种形式进行史书编著的人是南宋袁枢，其《通鉴纪事本末》也在后世成为该体裁的优秀模本，开创了史书撰写的新篇章。据北京大学历史系教授荣新江先生介绍，纪事本末史书和纪传体史书、编年体史书都不相同——纪传体史书是以人物传记为记述线索，辅以历史时间和重大事件；编年体史书是以历史时间为记述线索，辅以人物传记和重大事件；而纪事本末体史书则是以重大事件为记述线索，辅以人物传记和历史时间。荣新江先生还表示，相比于纪传体史书和编年体史书，纪事本末体史书具有一定的先进性，它能将历史事件比较全面和深刻地叙述清楚，角度比较客观和翔实，摆脱了编年体史书的零散性和纪传体史书的主观性。

纪事本末体的代表作是作于南宋时期的《通鉴纪事本末》，其内容涉及春秋末期的三家分晋，截至后周世宗柴荣，前后历时一千三百多年，是一部跨度较大、篇幅较长的历史巨著。该书内容大多取自司马光的《资治通鉴》，在撰写手法和表述方面都趋于纪事，这种形式是被后世学者所喜闻乐见的。为了方便读者查阅，该书作者袁枢将全书内容分为战国到秦统一天下部分、东西两汉部分、魏晋南北朝部分和隋唐五代部分。其中，每个历史事件都有从头到尾的详尽描述，为史学界开创了"纪事本末体史书"的先河。

此外在后世中，明朝冯琦、陈邦瞻所撰写的《宋史纪事本末》，清朝谷应泰的《明史纪事本末》和李有棠的《金史纪事本末》等，都是纪事本末体的优秀典范。其中，《宋史纪事本末》记述了北南两宋三百多年的历史，内容兼及辽金两国；《明史纪事本末》成书于《明史稿》和《明史》之前，在当时有较大影响，内容为从朱元璋起兵到李自成攻入北京，前后共二百九十二年的历史，选取整整八十个历史事件编为专题，并在其后注有作者的历史观点；《金史纪事本末》在清朝光绪年间与《辽史纪事本末》同时刊印，内容涉及辽国和金国的大小国事。尤为难得的是，作者将各家观点统一列在历史事件后，工程量非常浩大，涉及的观点也非常广。

当然，纪事本末体史书也存在一定的缺点。由于它是以重大事件为记述线索的，就难免使各个事件相对独立，而缺少了事件与事件之间的有机结合，尤其是同一历史时期发生的重大事件，其间必然存在着某些联系，这就给读者造成了不小的困扰。史学界认为，纪事本末体虽然存在缺点，但它却可以很好地补充编年体史书和纪传体史书的不足，对展现完整的历史画卷作用十分重大。尤其是对于那些初学历史的人来说，从纪事本末体开始学习会比较容易上手，然后研读纪传体或编年体史书，就能更容易、更全面地了解历史。因此，史学界将纪传体、编年体和纪事本末体史书，合称为我国古代史书撰写的"三大史体"。

11．国别体史书及其代表作

国别体是以国家为单位进行史书编著的形式，最早见于战国时左丘明编著的《国语》。书中记录了周穆王十二年至周贞定王十六年间的历史，内容分为周语、鲁语、齐语、晋语、郑语、楚语、吴语、越语八个部分，即八国国史。据北京大学历史系教授阎步克先生介绍，《国语》一书据传是春秋时期的左丘明所著，基本参考《左氏春秋》而成，因此在史学界也被称为《春秋外传》。后来，西汉刘向将这一时期的史学著作进行整理，共编修了东周、西周、秦、齐、楚、燕、赵、魏、韩、宋、卫、中山共十二国国史，取名《战国策》，被视为国别史著作的典范。在后世中，晋朝陈寿所编写的《三国志》，同样也属于国别体史学著作的范畴。

《国语》一书所阐述的思想比较繁杂，由于作者注重事实，所以书中思想都是人物自己的思想。比如，书中的"鲁语"部分，主要阐述孔子的儒家思想；"齐语"部分，主要阐述管仲的法家思想；到了"越语"，又改为阐述范蠡的道家思想。从文学角度来看，《国语》一书在《左传》之下，但比起《尚书》和《吕氏春秋》，又具有一定的优势。其中最明显的特点是，作者能够巧妙地借人物言行反映史实。比如，著名的历史论断"防民之口，甚于防川"，就是作者在"周语"中借召公之口说出的。

就文笔而言，《国语》也是非常讲究的。如"晋语"部分，描写优施鼓动骊姬陷害申生一节，声情并茂，文笔优美。此外，作者在描写朝会、宴席、辩论等大型活动时，甚至加以对话描写，使读者在阅读史籍时好似身临其境。

《战国策》一书是国别体史书的集大成者，记载了公元前490年到公元前221年间的历史，前后共计二百六十九年，被史学界认为是先秦时期成就最高的历史散文。这本书主要描写了战国时期各国之间的斗争和各国国内人与人之间的斗争，对于后世学者研究战国历史具有重要价值。此外，这本史学著作言辞优美，所记史实具有很强的寓言性，如我们熟知的"画蛇添足""亡羊补牢"和"狡兔三窟"等寓言故事，都出自该书。因此，《战国策》在集国别史之大成的同时，也具备一定的文学价值，被很多古典文学爱好者所推崇。

《战国策》成书过程比较坎坷，各朝代均有修补，但也多有遗失。北宋时期，《战国策》的内容已经严重遗失。于是，在唐宋八大家之一曾巩先生的主持下，对《战国策》进行了史无前例的大补修，使其中遗失的内容多有恢复。而1973年长沙马王堆出土的《战国策》帛书，也对《战国策》的内容修复提供了重要依据。

《三国志》一书分别以魏、蜀、吴三国为体系进行历史记述，属于典型的国别体史学著作，关于此书，在"二十四史"一节中已有详细介绍，在此不加赘述。

12. 《周书》是记载周朝的史书吗？

二十四史中的《周书》，主要记载的是北周的历史，前溯至北魏。北魏是三国魏晋之后，我国北方第一个建立起来的朝代（春秋和战国只能称为时期，不能称为朝代），为北方少数民族鲜卑族拓跋氏所建，于公元439年统一我国北方。公元534年，统一的北魏政权分裂为东西两魏。其中，西魏政权建都于长安（今陕西西安），后来被宇文氏所取代，并于公元557年建立周朝，史称北周。据北京大学历史系教授阎步克先生介绍，二十四史中的《周书》所记载的内容，就是北魏分裂后的西魏和后继的北周这两个时代的历史。

主编《周书》的人是唐初才子令狐德棻，他向唐高祖李渊提出修史的重要性，因为隋朝建立的时间较短，唐朝有义务修订北周和隋朝的历史。李渊听取了他的意见。直到贞观十年，在唐太宗李世民的命令下，《周书》的编纂才得以完成。在《周书》之后，令狐德棻还分别主持编修了《晋书》《南史》和《北史》等重量级史书。

此外，《周书》的体例比较特别，其中最大的特点是着眼于全局。《周书》不仅记录了与之相邻的北齐政权的历史，还记录了南方的梁朝和陈朝。因为这一点，《周书》的史学价值要高于《北齐书》《梁书》和《陈书》。之所以出现这种情况，是因为编者令狐德棻具有很丰富的史书编写经验，甚至可以将其称为职业史书编著者。

13. 改元和改朝换代的区别

改元和改朝换代是不同的。北京大学历史系教授荣新江先生表示，想要理清改元和改朝换代的概念，就必须知道我国古代的纪年方法。我国古代最早也是使用范围最广的纪年方法是干支纪年法，以十天干配以十二地支，六十年为一个循环，即一甲子。这一纪年法再配以二十四节气，就可以准确地预测出适宜农耕的时间，后来人们还以此决定出行、婚嫁、破土等的时间。而官方实行的则是另一套纪年法，就是帝号纪年法，即每个皇帝都有自己的称号，登基第一年称元年，第二年称二年，以此类推，比如明崇祯皇帝登基第一年称为崇祯元年，第二年就称为崇祯二年。也有的皇帝会在自己统治期间更换年号。而改元，就是皇帝登基或在位期间更改年号。

改朝换代是指推翻一个朝代。由于中国古代施行的是皇权世袭制，所以改朝换代最明显的标志就是更换国姓。比如唐朝的国姓是李，因此被称为李氏王朝或李氏江山、李唐等；而到了宋朝，国姓就变成了赵，就称为赵氏王朝或赵氏江山、赵宋等。

我国最早的皇帝年号使用者是汉武帝，他在公元前141年即位，即位的第二年即公元前140年，称为建元元年，而没有采用干支纪年法或公元纪年法。汉武帝在位的五十四年间，共用了十一个年号，可见在当时，皇帝年号的使用还没有得到规范。同时，我国周边的朝鲜、日本和越南等国，也都相继学习使用皇帝年号纪年法。

我国历史上纪年的帝号通常由两个字组成，也有少数是四个字，而三个字则更为少见。武则天作为我国历史上唯一的女性皇帝，也是使用年号最多的人。据史学家统计，她在位二十一年间，共使用年号十八个，几乎是一年一换。由于年号基本相当于用一个名字作为纪年，所以不可能永远不变，所以我国历史上的皇帝年号可谓五花八门、繁乱不已。

综合来讲，皇帝更换年号，无非有以下几种原因：其一，不满意自己正在使用的年号；其二，新皇帝登基；其三，原来的朝代被推翻；其四，皇帝逐渐成为傀儡。其中，推翻前朝是更换年号最彻底的原因，那些改天换日的开国者，自然没有道理继续使用前朝皇帝的年号，因此建国时就会更换新的年号。

改元一般是在一个朝代内进行，最常见的就是老皇帝驾崩，新皇帝即位。而为了表现对老皇帝的怀念，显示新皇帝的孝义，一般新皇帝年号的元年，都要等到老皇帝死后的第二年才开始。

由于年号的混乱为社会带来了很多不便，故明清以后，各朝代的皇帝无论在位多少年，都使用一个年号，终始相接，非常有序，而且帝号纪年也在这段历史时期内得到了规范。比如，清朝的爱新觉罗·玄烨，居皇帝位六十一年，也只用了康熙一个年号。年号最终成为一种帝制政体的象征，比如后来倒行逆施的袁世凯，在恢复帝制时不忘年号，定年号为"洪宪"。

14. 我国历史上一共有多少位皇帝？

北京大学历史系教授王天有先生表示，由于数据不统一，史学界对于我国历史上共有多少位皇帝的说法也不确定。从公元221年秦始皇称始皇帝开始，到1912年清帝溥仪下诏退位，我国君主专制政体一共延续了两千一百三十二年。其中皇帝人数可以确定的是：秦朝两位，汉朝三十一位，三国十一位，晋朝十六位，五胡十六国七十八位，南北朝五十九位，隋朝三位，唐朝二十二位，五代十国五十五位，宋朝十八位，金、辽、西夏三十五位，元朝十八位，明朝十六位，清朝十二位，共计四百零八位。

　　另据统计，历史上还有未在位的皇帝七十三位，这是他们的后世成为皇帝后追封的。比如明太祖朱元璋，出身十分寒微，父母、亲人大多是病饿而死，但是他称帝后，还是将自己的父亲和祖父追封为皇帝，也都记入了史料；再如，三国时期的曹操和司马懿，在世时都是权倾天下的大臣，他们的后世称帝后，也都将他们追封为皇帝。边疆少数民族建立的政权，出现的皇帝共二百五十一人；农民起义领袖自封为帝王的有一百一十三人；武装割据政权称帝的有六十二人；还有在民国时期称帝的袁世凯。如此统计下来，我国历史上出现的皇帝大约在五百人以上。

　　同时我们还要注意，这还仅仅是秦始皇统一天下之后的统计数据。如果再算上之前的三皇五帝、夏朝、商朝、周朝，皇帝的数量还要多出很多。由于这一时期主要实行分封制，名义上大一统的国家实际上是由若干个小国组成的，每个小国的统治者都相当于皇帝，按照属国和爵位的不同，史料上共计有帝六十位，王一百二十一位，公二百一十七位，侯二百三十三位，再加上秦始皇之后的皇帝，总计要超过一千位。

　　造成这种纷乱现象的主要原因，是各种史料的口径不一。比如，秦朝史料记载，秦二世胡亥死后，他的儿子子婴即位，即为秦三世，但其他各方史料的记载却只将子婴称为王，而非皇帝；再如，汉少帝刘恭在位期间，实际上由吕后操控朝政，皇后成为国家实际的最高统治者，年号改为高后纪元；即使到了共和国之后的1982年，四川巴中地区还有一位叫作张清安的人，忽然称帝，建号"正坤元年"，但很快被公安机关擒获。

　　1996年，国防大学整理出版了《中国皇帝史》。其内容包括秦始皇之后到清末的历朝皇帝，共计三百五十二位，其中包括大一统时期的皇帝一百四十六位，以及武装割据政体下的皇帝二百零六位。割据状态下的皇帝主要出现在汉末的三国、晋末的南北朝和唐末的五代十国。现今的史学界基本采用这种观点，各类史学著作也多承认其统计数据。

15. 汉字是如何演化过来的？

汉字是世界上使用时间最长、使用人数最多的文字。当然，汉字也有它不断变化的历史。从整个过程来讲，汉字的发展共分为前后七个阶段，分别为甲骨文、金文、篆书、隶书、楷书、草书、行书。据北京大学历史系教授岳庆平先生介绍，也有观点认为还要加上简化之后的楷体字，因此汉字的发展也有八个阶段的说法。

甲骨文，就是凿刻在乌龟壳或者动物骨头上的文字。我国现存最早的甲骨文出现在殷商盘庚时期，内容经过考证多为"卜辞"，即祭祀或祈福时使用的话语，此外也有极少的部分为"记事辞"。甲骨文主要是象形字和会意字，比例能够占到甲骨文总量的百分之八十，余下的部分为形声字（形声字距离现代意义上的汉字就更近了一步）。不过，甲骨文的字形非常不稳定，相同意义的字在刻画后很可能样貌完全不同，这说明当时的文字使用并没有统一规范，书写过程中的出入比较大。

金文，这个阶段的文字主要铸造在金属器皿上，故有"金文"之称。当然，这里所说的金属器皿，是以青铜器为主。我国现已出土的文物中，最早的金文器物出自商代，但这一时期的金文器物比较少见。到了西周时期，金文在出土文物中就已经屡见不鲜了，而且金文的成字已经以形声字为主。

篆书有大篆和小篆之分。大篆，是汉字进化过程中的又一里程碑。相传大篆是周朝史官史籀（"籀"音同"皱"）所创，实际上是此人对汉字进行了人为的革新，周宣王时期的"石鼓文"，就是这一阶段文字的代表。由于年代太过久远，字体也足够工整，甲骨文出现之前，"石鼓文"一直被认为是我国最古老的实物文字。小篆，由大篆简化而来，相传为秦朝宰相李斯整理归纳。较之于大篆，小篆的字体结构更加简洁，笔画更加顺畅，尤其是对偏旁和字根的总结，使这一阶段的文字字形比较固定，使用范围也明显加强，对汉字的进步有重大贡献。

隶书，比小篆更为简洁，尤其是在写法上比较随性。相传是一个叫作程邈的犯人在狱中所创，主要是对当时已经形成的隶书进行收集，然后敬献给了秦始皇。秦始皇大悦，不但赦免了程邈的罪责，还将他提拔为官。

楷书，是对隶书的再规范。由于隶书在书写上比较随性，所以相同文字的写法容易出现偏差。汉朝以后，盛行楷书，及时地将汉字的写法重新做了规范。

草书和行书是建立在楷书基础之上的，行书就是快速写作的楷书，因此只是在写法上存在不同。楷书要求是一笔一画，横平竖直，而行书则可以适当地进行连写，在不破坏楷书整体美观构架的情况下，尽量加快书写速度。一般来讲，楷书和行书没有太大的区别，认识楷书写法的人，也一定认识行书的写法。但草书就有所不同了，由于它书写速度过快，所以虽然和楷书、行书同写一字，但形体上有很大的差别，如果没有进行过专门的学习，很难辨认草书写的是什么字。当然，草书的书写并未因书写速度而影响汉字的美观，我国历史上著名的"饮中八仙"之一张旭，擅长的正是草书写法。

汉字的演变主要分为两种情况：一是自然演变，二是人为改革。自然演变是因为不同事物的出现，需要出现相应的文字来代表；而一些事物的消逝，又会使一些文字远离人们的视线。相比之下，人为改革能够更显著地推进文字进化，比如新中国成立后的简体字运动，就使原本复杂难写的文字变得简单明了。简体字的改革无疑使学习者节省了大量的时间和精力，极大地刺激了汉语言文化的学习和传播。

16. 中国历史中朝代的排序

朝代是我国历史的主要排序方式，因为中国人存在着强烈的朝代意识。而新的朝代都是建立在旧的朝代之后，要么来自继承，要么来自推翻后的再建立。北京大学历史系教授岳庆平先生表示，秦始皇扫平六国建立秦朝之后，我国历代君主开始具有大一统意识，凡有所作为的皇帝都以统一天下为己任，所以我国的历史虽然分分合合，但总体而言还是大一统。

从历史的脉络来看，我国历史可以分为三皇五帝时代、夏朝、商朝、周朝、秦朝、汉朝、三国时期、晋朝、十六国时期、南北朝时期、隋朝、唐朝、五代十国、宋朝、辽国、西夏、金、元朝、明朝、清朝、中华民国。

三皇五帝，存在于约公元前2070年以前，活动范围在黄河流域。实际上，这就是原始部族社会时期，由于当时没有文字或者目前还没有发现当时的文字，所以我们只能从一些器物和化石来推断当时的状况，而史料所记的那时的历史，多为口耳相传的故事。

夏朝，约公元前2070~前1600年，都城在安邑（今山西夏县），由大禹的儿子启建立，是我国历史上帝王性质从领导服务者到统治专权者的转变。

商朝，约公元前1600~前1046年，建国者商汤，都城在亳（今河南商丘）。

周朝，约公元前1046~前221年，周武王姬发建国。其中，公元前1046~前771年为西周，都城在镐（"镐"音同"浩"）京（今陕西西安）；公元前770~前221年为东周，第一任皇帝是周平王姬宜臼，都城在洛邑（今河南洛阳）。东周又分为春秋时期和战国时期，春秋的起止时间为公元前770~前476年；战国的起止时间为公元前475~前221年。

秦朝，公元前221~前206年，秦始皇嬴政建国，都城在咸阳（今陕西咸阳）。

汉朝，公元前206~220年，汉高祖刘邦建国。其中，公元前206~8年为西汉，都城在长安（今陕西西安）；9~23年为新朝，由王莽建立，都城也是长安；更始帝刘玄（23~25）；25~220年为东汉，由汉光武帝刘秀建立，都城在洛阳（今河南洛阳）。

三国，以曹魏为正统，时间起止为220~265年，建国者为魏文帝曹丕，都城在洛阳（今河南洛阳）；蜀汉政权起止时间为221~263年，刘备建国，都城在成都（今四川成都）；孙吴政权起止时间为222~280年，孙权建国，都城在建业（今江苏南京）。

晋朝，265~420年，开国者为晋武帝司马炎。其中，265~316年为西晋，都城在洛阳（今河南洛阳）；317~420年为东晋，第一任皇帝是晋元帝司马睿，都城在建康（今江苏南京）。

十六国，304~439年，北方先后建立的十六个小国家。前赵，刘渊建国，初以"汉"为国号，都城平阳（今山西临汾，304~318），后改国号为"赵"，都城迁至长安（今陕西西安，319~329）；成汉（306~347），李雄建国，都城成都（今四川成都）；前凉（314~363），张寔（"寔"音同"疑"）建国，都城姑臧（今甘肃武威）；后赵（319~351），石勒建国，都城襄国（今河北邢台）；前燕（337~370），慕容皝（"皝"音同"晃"）建立，都城龙城（今辽宁朝阳）；前秦（351~394），苻健建立，都城长安（今陕西西安）；后秦（384~417），姚苌（"苌"音同"常"）建立，都城也是长安；后燕（384~407），慕容垂建立，都城中山（今河北定州）；西秦（385~431），乞伏国仁建立，都城苑川（今山西榆中）；后凉（386~403），吕光建立，都城略阳（今甘肃平凉）；南凉（397~414），拓跋乌姑建立，都城西平（今青海西宁）；南燕（398~410），慕容德建立，都城广固（今山东益都）；西凉（407~421），李暠（"暠"音同"浩"）建立，都城酒泉（今甘肃酒泉）；胡夏（407~431），赫连勃勃建立，都城统万城（今陕西靖边）；北燕（407~436），高云建立，都城和龙（今辽宁朝阳）；北凉（397~439），沮渠蒙逊建立，都城张掖（今甘肃张掖）；冉魏（350~352），冉闵（"闵"音同"敏"）建立，都城邺城（今河北临漳）；西燕（384~394），慕容泓建立，都城长子（今山西长治）；西蜀，也称后蜀（405~413），谯纵建立，都城益州（今四川成都）。

南北朝，420~589年。其中南朝有——宋（420~479），刘裕建立，都城建康（今江苏南京）；齐（479~502），萧道成建立，都城建康；梁（502~557），萧衍建立，都城建康；陈（557~589），陈霸先建立，都城建康。北朝有——北魏（384~534），拓跋珪建立，都城平城（今山西大同），后迁至洛阳（今河南洛阳）；东魏（534~550），元善见建立（这里的元氏是从拓跋氏改过来的），都城邺城（今河北临漳）；北齐（550~577），高洋取代东魏建国，都城邺城；西魏（535~556），元宝炬建立，都成长安（今陕西西安）；北周（557~581），宇文觉取代西魏建国，都城长安。

隋朝，581~618年，开国者是杨坚，都城在大兴（今陕西西安）。杨坚是北周的大将，取代北周建立隋朝后统一全国。

唐朝，618~907年，开国者是李渊，建都长安（今陕西西安）。

五代十国，907~960年，先后并列有：后梁（907~923），朱晃建立，都城汴梁（今河南开封）；后唐（923~936），李存勖（"勖"音同"续"）建立，都城洛阳（今河南洛阳）；后晋（936~947），石敬瑭建立，都城汴梁（今河南开封）；后汉（947~950），刘暠建立，都城汴梁；后周（951~960），郭威建立，都城汴梁；前蜀（891~925），王建建立，都城成都（今四川成都）；后蜀（925~965），孟知祥建立，都城成都；吴国（892~937），杨行密建立，都城扬州（今江苏扬州）；南唐（937~975），李昇（"昇"音同"变"）建立，都城金陵（今江苏南京）；吴越（893~978），钱镠（"镠"音同"刘"）建立，都城杭州（今浙江杭州）；闽国（893~945），王审知建立，都城长乐（今福建福州）；楚国（896~951），马殷建立，都城长沙（今湖南长沙）；南汉（905~971），刘龑（"龑"音同"眼"）建立，都城兴王府（今广东广州）；南平（907~963），高季兴建立，都城荆州（今湖北荆州）；北汉（951~976），刘崇建立，都城太原（今山西太原）。

宋朝，960~1279年，赵匡胤为开国皇帝。其中，960~1127年为北宋，都城开封（今河南开封）；1127~1279年为南宋，都城临安（今浙江杭州），第一任皇帝是赵构。

辽国，907~1125年，耶律阿保机为开国皇帝，建都上京（遗址在今内蒙古巴林左旗）。

大理，937~1254年，段思平建国，都城为太和城（今云南大理）。

西夏，1032~1227年，元昊建立，都城为兴庆府（今宁夏银川）。

金，1115~1234年，完颜阿骨打建立，有会宁（今黑龙江阿城）、中都（今北京市）和开封（今河南开封）三座都城。

元朝，1206~1368年，孛儿只斤·忽必烈建立，都城为大都（今北京市）。

明朝，1368~1644年，朱元璋建立，都城金陵（今江苏南京），后被朱棣迁至北京（今北京市）。

清朝，1616~1911年，爱新觉罗·皇太极建立，建都盛京（今辽宁沈阳），后迁至北京（今北京市）。

中华民国，1912~1949年，孙中山建立，定都南京。

17. 我国历史上在位时间最短和最长的皇帝

在我国历史上，朝代的更迭可谓司空见惯。一些野心勃勃的权谋之士，为了满足私欲，争相粉墨登场，即使是那些处于大一统时期的皇帝，在位时间也不乏极短暂的。北京大学历史系教授阎步克先生表示，由于我国古代君主专制社会的统治权为终身制，所以继任的皇帝只能等到在位皇帝去世之后才能继承大统。这种继承制度当然存在很大弊端，比如隋炀帝杨广，为了继承皇位，居然不惜身负弑君杀父的滔天罪名。

据史料记载，我国历史上在位时间最长的皇帝是清朝的康熙。由于其父顺治皇帝早亡，康熙八岁即位。登基之初，由四位顾命大臣辅政，而康熙十六岁亲政后，其祖母孝庄助其除掉权臣势力，从此康熙开始执掌朝政。之后，康熙撤三藩、平叛乱、战沙俄、收台湾、稳定边疆少数民族等，他六十九岁驾崩，在位时间长达六十一年。实际上，他的孙子乾隆有望打破这一纪录，但是乾隆对康熙非常尊重，为了使自己在位时间不超过康熙，他在接近康熙的在位时间时，下诏退位，传位给自己的儿子嘉庆。所以，虽然乾隆实际上比康熙的统治时间长，但名义上还是康熙在位时间最长。

另据统计，我国历史上在位不足一个月的皇帝有十余位，如东汉废帝刘贺、明朝光宗皇帝朱常洛、唐恭宗殇皇帝李重茂等。由于新皇帝即位后要等到第二年才能建元立号，所以凡在位时间不能到第二年的皇帝，都无法建立国号。

但说起在位时间最短的皇帝，还要首推金朝末帝完颜承麟，因为他在位的时间不是不足一个月，而是不足一天。1233年，金朝统治已经是风雨飘摇，哀宗完颜守绪被蒙宋联军追赶至蔡州（今河南汝阳）。完颜守绪还没有站稳脚，蒙宋联军已经将蔡州城包围，在此危急形势下，哀宗便要传位给当时的兵马元帅完颜承麟（于匆忙之中举行了传位仪式，称为金末帝）。与此同时，南宋军队已经攻入城内，哀宗见大事已了，旋即自杀身亡，而完颜承麟最终也未能逃脱，逃亡时死于乱军之中，成为我国历史上在位时间最短的皇帝。

18. 中华民族姓氏的起源

我国先秦时期，姓氏并不是每个人都能具有的，而是一种身份的象征。由于当时的社会属于奴隶社会，奴隶主有姓氏很自然，但奴隶却是没有姓氏的。这种状况一直延续到秦始皇统一天下，我国历史从奴隶社会转型到君主专制社会，姓氏才逐渐失去其象征身份的意义。但在这一历史时期，也不是每个人都有姓氏，大部分人都只拥有一个代号而已，并没有姓氏的概念。姓氏文明在我国取得大发展的功绩，要归于秦始皇——在他的统治时期内，对天下百姓进行了大统计，自此人们逐渐开始重视姓氏。

我国最早的姓氏出现于贵族统治阶级，时间大概在夏商两代。集权统治者为了巩固自己的统治，将势力辐射范围外的土地分封给诸侯，这就是最早的分封制，而我国姓氏的大爆发也就在这一时期。北京大学历史系教授荣新江先生表示，分封就相当于分家，而分家就等同于分姓。所以，原本统一的皇姓从此开始分裂，情况最普遍的是用封地作为姓氏，比如，辅佐周武王平定天下的姬奭（"奭"音同"是"），因功分封在召地（今陕西岐山西南），他的后代便以邵为姓；再如，同样辅佐周武王的姜尚，因为封地在齐（今山东），所以他的后人中也有以齐为姓的。

而一个自然而然的现象是，天子和诸侯的子嗣会越来越多，这就势必导致需要封地的人越来越多。当然，因此而形成的新姓氏，也会随之越来越多。秦始皇之后，姓氏的出现原因也开始变得五花八门，其中有以官职为姓的，如司马、太史、司徒等；也有以现任国号为姓的，如唐、夏、殷等；还有以先人谥号为姓的，如庄、穆、武等；更有以职业为姓的，如陶、屠、巫等。这样一来，就使得姓氏的出现方式越来越多，而姓氏也就越来越纷繁。

到目前为止，我国究竟有多少个姓氏已很难统计，而经常提到的"百家姓",实际上也仅仅是一个虚数,因为我国的姓氏绝不仅仅只有一百个。据史料统计,我国姓氏在唐朝时就已经突破了三千,而姓氏只要出现,即使无人再使用,也需要记录在史册。此外,随着大一统时代民族融合的不断加深,大量少数民族姓氏也开始加入到我国姓氏体系中,比如,元朝姓孛儿只斤氏和清朝姓爱新觉罗氏等,所以姓氏只会越来越多。

19. 《史记》为什么是"二十四史"之首?

《史记》是我国历史上第一部纪传体史书,开创了后世纪传体史学著作之先河,其余全部二十三部史书,都是不同程度仿照《史记》而成,故人们将《史记》称为"二十四史之首"。《史记》记载了上至三皇五帝的传说时期,下到汉武帝初年,前后三千多年,共计一百三十卷,五十余万字,全部由一人一手完成。由于当时的信息获取和书写、修改手段极不发达,所以这部著作耗费了作者大量的心血和时间。

并且,司马迁在著书过程中还要时刻准备应付现实政治的斗争。由于出身史学世家,具有很强的历史感,所以他所著内容多数从事实角度出发。比如针对李陵事件的态度,司马迁坚持认为其投降是走投无路的权宜之计,而且大将军李广利要负一部分责任。但汉武帝坚持认为李陵是投敌叛国,旋即将其钦定为汉奸,即我国历史上的第一个汉奸,不仅将李陵家族满门抄斩,还对司马迁施以宫刑。

全面系统是《史记》最为人称道的亮点。由于古代社会"士农工商"的阶级意识强烈,大部分史书都只是记录政治、军事、经济和制度等方面的内容,而《史记》则从整个时空的角度俯瞰社会,力图为后世读者呈现出一幅无比鲜活和全面的历史画卷。因此,司马迁在作《史记》时,不仅对政治、军事、经济和制度等方面的内容进行书写,还对社会底层人群详加描述,比如游侠、医生、商人等草根角色,在《史记》中也有很多体现。

更难能可贵的是,司马迁具有很浓烈的人文关怀,他在叙述事件的时候,总是保持着"以人为本,依人载事"的态度,把人的复杂性和独立性淋漓尽致地表现出来，而不是以一家史学观点，将一人的爱憎喜恶强加到历史人物身上。比如楚霸王项羽，由于他是和汉朝开国皇帝刘邦抢夺江山的主要人物，所以在汉朝时，项羽显然是个"反面人物"，但司马迁却给予了项羽充分肯定，以"失败的英雄"为主调展开人物和事件描写，既阐释了他的残暴，也书写了他的勇武。

综合来讲，《史记》的历史地位和史学价值在于，在它出现之前，没有更早、更真实、更系统和时间跨度更长的史学著作。此外，《史记》的价值不仅限于史学，在文学和哲学方面同样都有很高的建树。比如，"智者千虑必有一失，愚者千虑必有一得""大行不顾细谨，大礼不辞小让"和"运筹帷幄之中，决胜千里之外"等，都是出自《史记》一书，而鲁迅先生也曾盛赞《史记》为"史家之绝唱，无韵之离骚"。由此，我们足以看出《史记》的历史地位之高。

20. 为什么说"司马昭之心，路人皆知"？

司马昭是三国时魏国的大臣，其父司马懿是魏国大将。魏明帝曹叡死后，司马懿和曹爽成为辅政大臣，但此二人的矛盾逐渐激化，后来经过激烈斗争，司马懿将曹爽党羽扫荡干净，从此权力大增，集军政大权于一身，再也没有人能够与之抗衡。司马懿死后，他的长子司马师废除魏齐王曹芳，另立曹髦为帝，成为他手中的傀儡皇帝，而他自己的权力基本已经相当于皇帝。司马师死后，权力转移到他的弟弟司马昭手上，司马氏的势力更加如日中天。

而魏帝曹髦不甘心做傀儡，眼见司马昭的势力一天大过一天，把与其政见不同的大臣打压下去，忠于自己的大臣更是越来越少，曹髦明白，司马昭迟早有一天会篡权。于是，曹髦召集了自己的心腹大臣，对他们说："司马昭之心，路人皆知。"在这种情况下，曹髦认为与其坐以待毙，不如拼死一搏，并最终决定动手杀掉司马昭。大臣中有人劝谏曹髦，认为司马昭权势熏天，即使要除掉他也需从长计议，如果贸然行动，只能陷自己于不利之地。

但是，曹髦年轻气盛，而且面对司马昭的强大势力也没有更好的办法，只能铤而走险。于是他带领侍卫在宫廷中伏击司马昭，希望能一举将他刺死。260年夏，洛阳城黑云压城，大雨滂沱，魏帝曹髦身披金甲，伫立在雨中陈述司马昭之恶行，而他的亲信卫队数百人则列队整装，准备随其杀入军营斩杀司马昭。

当时，侍中王沈、尚书王经和散骑常侍王业前来阻拦，谏言曹髦的行为计划不周、时机不当。或许是曹髦多年受辱的缘故，明知不可为，但依旧为之，于是命人将三人赶走。尚书王经死谏曹髦，认为司马氏掌控朝政已久，想要将其剿灭绝非一朝一夕之功。曹髦对王经说：“司马昭之心，路人皆知。我今日宁愿事败身死，也不愿再受天下人耻笑，坐等司马昭谋篡曹氏江山。”随后，曹髦撇下三人，率领众人涌向宫外。王沈和王业眼见大势已去，为求自保只好前去司马昭处告密。临行前他们叫尚书王经同去，王经仰天哀叹，对他们说：“自古主忧臣辱，主辱臣死，事已至此，唯有一死以谢大义。”

最先得到消息的是司马昭的弟弟司马伷（“伷”音同“皱”），此人带兵入宫，刚好迎头碰上曹髦的队伍。曹髦积怨已久，眼见来人是司马伷，带领众人就是一通冲杀。司马伷被杀得丢盔弃甲，奔逃保命。曹髦旗开得胜，一时军心大振，队伍浩浩荡荡地继续前行。而事实上，也难怪王沈和王业叛变，此二人前去告密还未出宫，司马昭已经通过宫内耳目得到消息，并派出军队前往皇宫。双方在宫门处展开对垒。

曹髦的队伍和司马昭的军队刚一接触，很快溃败下来。曹髦看着本属于国家的军队杀向自己的队伍，出于愤怒，只身仗剑冲入军阵，边砍边喊道：“我是天子，拦我者死！”众军士见是天子，不敢轻举妄动，于是曹髦趁机重整部队，带头冲入司马昭的军阵。此时，洛阳城已经大乱，或者说北方已经大乱，各方势力纷纷露出水面，而密切关注局势的司马昭也是焦急不已。知道战场陷入胶着状态之后，司马昭随即派出了自己的心腹，命令他在战场上直接将曹髦刺死（曹髦的命运就此被决定）。当天傍晚，司马昭的心腹贾充到现场后派成济出手，将曹髦刺死。

曹髦死后，他的队伍随即溃散，王沈和王业因为“举报”有功，得以在朝廷继续为官，农民出身的尚书王经，却与其母一起被司马昭处决。司马昭在事后假惺惺地跑到皇宫，伏在曹髦的尸体上哭了一通，然后又下令斩杀了刺杀曹髦的成济，并以弑君之罪诛灭其九族。

北京大学历史系教授阎步克先生表示，曹髦是我国历史上唯一一个亲自上阵斩杀权臣的皇帝，虽然最终他以失败告终，但史学界对他还是褒扬者居多。历史上真实的曹髦知书达理，谨言慎行，温文尔雅，能力出众，年纪轻轻就熟读"四书五经"，纵谈古今。此外，曹髦在绘画、书法和文学方面也有较高造诣，其作品被后世收藏者视为珍品，光辉经久不息。

当时，钟会评价曹髦："文同陈思（建安七子之一），武类太祖（即曹操）。"曹髦登临帝位后，虽然进行了一系列的政治改革，但曹氏江山大势已去，曹髦也无力回天，血染宫墙是他最无奈的选择，也是身为曹操子孙最后的解脱。他的一句"司马昭之心，路人皆知"，虽然在后世广为流传，但又有几人能够真正体会其中况味呢？

第二章

儒

——"内圣外王、知行合一"的儒家思想

儒家是中国古代最具影响力的学派，在亚洲甚至世界范围内都有着举足轻重的历史地位。战国时期，百家争鸣，各据其理，既然儒家学派在历史上占据了如此重要的地位，那么它又具备哪些高出其他学派的优势呢？对于它的研究，会不会艰深晦涩、令人望而却步呢？实际上，儒家文化是历史积淀下来的产物，是千千万万个儒家弟子所有学术的浓缩精华。古往今来的研究者们在弘扬经典国学的同时，也在努力为我们阐述这样一个个既通俗易懂，同时又能以小见大、见微知著的道理：什么是中庸之道？怎么做才能修身养性？儒家思想为何能得到大多数封建帝王的推崇膜拜？

1. 儒家学说的三种主张——礼治、德治与人治

顾名思义，"治"指的就是治理国家，而"礼治""德治"和"人治"分别是治理国家的思想主张。这三种主张虽然都是儒家学说，但其核心思想却有所不同。北京大学国学大师梁漱溟先生曾经提出，儒家的这三种治国方略，是根据历史的发展和时代的变迁应运而生的，而它们也从侧面反映了儒家思想与时俱进的特点。

在春秋战国那个社会历史变革时期，中国正从奴隶社会向封建社会转变，国家陷入一片混乱，各种社会制度都遭到不同程度的破坏，其中包括"周公所制之礼"。在这种历史背景下，儒家开始主张恢复礼法伦常，推行以礼治国。

礼治，核心思想是建立森严的社会等级关系，使每个人都能找到自己的定位，使自己的行为有法可依、有理可据。据北京大学中国哲学与文化研究所考证，这一时期的具体社会制度为：君君、臣臣、父父、子子；兄兄、弟弟、夫夫、妇妇。儒家认为，社会秩序到底是井井有条还是混乱不堪，就要看这种"礼治"的观念是否深入人心。为了保障这一观念的实行，儒家还对违反礼法的行为制定了相关处罚措施，从而针对"礼治"提出了"刑"的概念。梁漱溟教授也据此推断，儒家的"礼治"学说和法家的思想有异曲同工之妙。

德治，就是要建立起严格的道德观念约束人们的行为。这是一种超越法律，且深入人性的治国方略，也是儒家思想的精髓，在我国封建社会曾大行其道。著名国学大师梁启超曾撰文指出，儒家的"德治"学说以"感化"为手段，使人知荣辱、明是非、懂善恶、存感激，是一种深化到个人心灵的社会改造。而作为强制手段，"德治"学说也将监督和惩处的权力下放给个人，让人与人之间的相互作用成为"德治"施行的保障力量，也就相当于"礼治"学说中"刑"的概念。

人治，同样是一种顺应现实需要而产生的儒家学说。这一学说建立在

"德治"的基础上，其核心思想是重用那些道德高尚的人，让他们掌握一定的权力，甚至居于统治地位，进而促使整个社会的道德进步，以达到天下大治的局面。但梁漱溟教授曾经指出，从"德治"到"人治"的思想学术转变，实际上是从"制度权力"向"个人权力"的转变。这一转变虽然适应了当时社会的需要，但由于缺少约束力，掌权者只能依靠自身的修养进行自我制约，而儒家的"人治"思想，也逐渐沦为封建君主的统治工具。

2. 什么是四书？什么是五经？

"四书五经"是"四书"和"五经"九部著作的合称，一向被儒家学派奉为经典。其中，四书指的是《论语》《孟子》《大学》和《中庸》；五经指的是《诗》《书》《礼》《易》和《春秋》。根据北京大学考古文博学院考证，儒家最早奉行的经典书目还有一部《乐经》，和其他"五经"合称"六经"，但是这本著作后来失传了，所以就成了现在人们所熟知的"五经"。

公元前136年，汉武帝设立"五经博士"（该称谓始于战国，汉武帝后成为专授儒学的官名），宣布废黜百家思想，而只有儒家学派拥有合法地位。这让儒家学派得到了空前大发展，也为儒家学派思想影响整个中华民族奠定了基础。到了南宋时期，一代大儒朱熹将四书五经整理成为系统书目，并首次使用了"四书五经"的综合称谓，使其成为后世儒家子弟的"教科书"。据北京大学文化产业研究院考证，我国汉唐时期儒家学子主要进行"五经"的研究，而从宋朝开始，则着重开始研究"四书"。

按照朱熹的说法，"四书"的阅读顺序应该是"先读《大学》，以定其规模；次读《论语》，以定其根本；再读《孟子》，以观其发越；最后读《中庸》，以求古人之微妙处"（《四书章句集注》）。

《大学》最早只是《礼记》中的一篇，在朱熹之前从来没有被单独提领出来。经过唐朝的韩愈、李翱和北宋二程（程颢、程颐）的推崇，朱熹才将其单独称"书"，并置于"四书"之首，认为《大学》是学习儒学的入门读物。

《中庸》和《大学》的来源相同，一般被认为是《论语》的精要所在。

《论语》无疑是儒家著作的重中之重，记载了孔子及其弟子的言行，涉及哲学、政治、经济、教育等诸多领域，且内容精练、语言规范。

《孟子》也被朱熹编入"四书"之列。明朝以后，《孟子》一书成为科举考试的内容，被抬升到了一个空前高的学术地位。但《孟子》的刊印却并非朱熹首创，汉文帝曾为《孟子》一书置"传记博士"，后蜀末代皇帝孟昶也曾命人将《孟子》刻入碑文。

在南宋之前，各个朝代对各类经书的选用有所不同，而实际上，这些经书的内容多有重复，有些甚至是从另一部著作中提领出来的。"五经"的出现结束了这种混乱的局面，除了传说中被秦始皇烧掉的《乐经》之外，其余五部经书成为宋朝之后的儒家经典。

《周易》，又称为《易经》或《易》，自古有"群经之首"的称谓。国学大师陈寅恪更是认为，它是博大精深的中华文化之根本。该经书相传为伏羲所作，最初只有八卦，周文王衍生出六十四卦，并加注了简单的卦辞，最后孔子著成"十翼"，进一步阐述了《易经》的内容。

《尚书》，又称为《书》或《书经》，从汉朝开始被称为《尚书》，是我国最早的历史文献，记载了上至尧舜下到春秋中期这段时间的历史。司马迁认为此书的编者为孔子。值得一提的是，我们常说的"饱读诗书"，其中的"诗书"指的就是《尚书》和《诗经》。

《诗经》，又称为《诗》或《诗三百》。该经书共收录诗歌三百余篇，分为"风""雅""颂"三部分，是我国最早的诗歌汇编集录。据北京大学文化产业研究院考证，《诗经》的编者为孔子。

《礼记》，又称为《礼》，是从战国到秦汉的儒家思想的汇总，根据编者不同分为《大戴礼记》和《小戴礼记》。《小戴礼记》就是我们常见的《礼记》。"大戴"为西汉理学家戴德，"小戴"是他的侄子。

《春秋》，又称为《春秋左氏传》《春秋古文》或《左氏春秋》，是我国第一部编年体史书，著者一般被认为是春秋时鲁国史官左丘明。《春秋》一书本来并非儒学著作，但朱熹将其编入"四书五经"，后来又成为科考选材，这才逐渐被奉为儒家经典。

3. 什么是"内圣外王"学说？

北京大学中国哲学与文化研究所认为，"内圣外王"是儒家的主要学术思想之一。"内圣"指的是君主对国家内部的治理调和，同时也被认为是儒家学子对自身品格的修行依据；"外王"指的是君主对其他国家的政策战略，而在个人修为方面，也是儒家学子处理人际关系的思想指导。然而，这一学说最早却见于先秦时期庄周的《庄子·天下》，其文如下："是故内圣外王之道，暗而不明，郁而不发，天下之人，各为其所欲焉，以自为方。"

众所周知，庄子是道家学派的代表人物之一，他的学术思想也主要来自老子，但这一点却没有影响其学术对儒家思想的影响。儒道两家的关系，先有孔子问"礼"于老子，后来到了宋朝，儒释道三家学派逐渐融为一体，形成新的"理学"体系，三家之间的学术思想也就不分彼此了，而"内圣外王"就是"理学"的主要思想之一。

孔子曾经说过，"为政以德，譬如北辰，居其所而众星拱之"。也就是说，一个国家如果想要政治清明，社会秩序井然，就必须以道德为执政方向。只要将道德融入政治，就可以起到重大深远的影响，而如果政治没有道德做支撑，那么就有失纲常，是无法长治久安的。孔子的这一学说，也是对庄子"内圣外王"学说的阐述，也为后世朱熹引入该学说提供了理论依据。

按照北京大学国学讲师张岱年的说法，所谓"内圣外王"，实际上是一个循序渐进的过程，即先"内圣"，而后"外王"。张岱年先生的理论基础是"只有先将自己的修为做好，才能成功地治理他人"，而他的延伸意思也很明显，那就是国与国之间的关系同样如此。所以，"内圣"是"外王"的前提，而"外王"也是"内圣"的保障，它们实际上是相辅相成的关系。其实，这和儒家的"修身，齐家，治国，平天下"是一个道理。

4. 什么是"中庸之道"?

"中庸"一词最早出现在《论语·雍也》，就哲学层面而言，讲的是一种大智慧、大境界。"中庸之道"也被孔子称为"君子之道"，是儒门弟子修身养性的至上法则。这一哲学思想由孔子提出，再由孔子的孙子子思加以阐述说明，最终得以形成一套"天人合一"的系统理论。"天人合一"理论可以分为天道和人道。所谓天道，就是自然；而人道，包括各种行为准则。

北京大学文化产业研究院曾做出分析，认为"天人合一"是指人类追循自然规律，并最终达到一种"与天同在，与道同存，与万物同生"的思想境界和心灵高度。反映到个人修为上，就是适应自然变化，找出自己在自然中的合理定位，而后做到进退有据和行止有度。至于这里所提到的"自然"，实际上涵盖了人们在社会生活中所接触到的一切事物，而"追循自然"，是指找出事物规律，然后改变自己去适应它，并最终得到自己想要得到的东西。

子思在他的著述中具体阐述了"中庸之道"，其中一个重要思想就是"致中和"。子思认为，人只有在找准自己的合理定位之后，才能做出正确合理的行为，即"静"时"中"、"动"时"和"（行动前做足准备，行动中有据可依）。所以，洞悉事物的规律，而后找准自己的定位，是做出正确决定的前提和基础。《弓与禅》序言中所提到的"道也者，须臾不可离"，说明了"中庸之道"对于人们日常生活、处事都非常重要。

北京大学国学教授辜鸿铭曾用政治主张详尽阐述"中庸"的妙处。在他的理论中，"无政府主义"和"独裁专政"分别代表两个极端，无论是哪个制度都无法使国家长治久安地走下去，而最终的中和方案就是"民主集中制度"。北京大学文化产业研究院曾用实例证明，在实际事务当中，这种理论指导往往会被人们抛在一边，转而被眼前的得失所蒙蔽，既不能做到"静时中"，更不能做到"动时和"。

在日常生活中，"中庸之道"的意义也是随处可见。比如，一个人如果欲壑难填，那么他一定会被烦恼和忧愁所困扰；如果一个人无所事事，毫无追求，他的生活就会被百无聊赖所包围。这就要求人们合理安排自己的工作、生活，做到松弛有度，适可而止，并学会在得意的时候克制，在失意的时候自励，也就是能够洞悉"中庸之道"。

5. 儒家思想中"德"和"智"是什么样的关系？

"仁、义、礼、智、信"是儒家的五大论点。其中，"智"指的就是智慧。"智"是先秦时期儒家的重要思想，在诸多儒家著作中都有详尽的论述。那么，智慧如何获得呢？孔子提出了一个与道德合修的理论，确切地说是用道德准则来规范智慧。北京大学教授汤一介先生指出，按照儒家的思想，智慧的获得需要借助"仁""义""礼""信"来完成，或者说这五种文化就是"德"的有机组成部分。它们融合在一起，相互促进，相互制约，最终使人达到君子甚至圣人的境界。

因此，德包含智，智又体现德。如我们耳熟能详的"君子有所为，有所不为"，就是说有些事情我们可以通过智慧达到目的，但如果具体的做法不符合道德标准，就要坚决杜绝，因为一旦做了，就超出了道德的规范，实际上也就远离了"智慧"的范畴，甚至"聪明反被聪明误"。

所谓"名不正，则言不顺；言不顺，则事不成"，这实际上就是说，要为智慧和道德提供一个参照和标准，或者说提供一个具体的行为规则。规则一旦被打破，势必会群起而效尤，因为违反规则往往可以得到更多的眼前利益。一个最简单的例子就是排队和插队，插队的人当然要比排队的人节省时间，但是如果大家都插队，那么必然造成拥挤、无序的现象。规则就是用来遵守的，一旦被打破就会逐渐被无视，直到大家期望建立起下一个有效的规则。儒家的智慧修养，其规则和指引就是道德，只有在道德前提下，才能有智慧可言，而失去道德规范，智慧必然就会误入歧途。

从另一个角度来讲，智慧和道德的关系就是"君子爱财，取之有道"。爱财是人之常情，道德规范并不是为了限制人们的天性，而是要建立起一种有效的秩序。比如，现代社会的一些官员贪污受贿，这种取财之道明显不符合规则，这种智慧就失去了道德的规范，也无法称为真正的智慧。真正的取财之道必须是合理合法的，是可以公诸天下的，是可以持续的，是建立在不侵犯他人合法利益之上的。智慧的修为同样如此，"善欲人见，不是大善；恶恐人知，便是大恶"，做了好事急切希望让别人知道，这不是真正的好；做了坏事唯恐别人知道，这一定是极大的坏。若是为了沽名钓誉而去做好事，自然不是真善；同样，若是做了坏事而又一味掩掩盖盖，销赃灭迹，定是犯有大罪。所谓"君子坦荡荡，小人常戚戚"，也应该包含在大智大慧者关于智慧的修为中。

智慧是儒家思想的核心之一，是儒学人格的重要组成部分，而道德又是儒家所追寻的终极目标。但不管是智慧还是道德，都不可能单独存在，它们之间的关系是包含与被包含的。只有理清了其中的关系，恪尽职守，努力修为，才能最终得成圣者，成为先师。

6. "孝"和"悌"在儒家思想中的解读

"孝"和"悌"是一对并列的词语，在我国古籍文献中经常放在一起使用，称为"孝悌"。北京大学教授张岱年先生表示，想要弄清孝和悌的概念，就必须先要简单了解一下儒家关于"三纲"的定义。在儒家的思想体系中，社会上的所有关系都可以总结为君臣、夫妻和父子，即"君为臣纲""夫为妻纲"和"父为子纲"。但是随着时代的发展，新的矛盾又产生了，这就是哥哥和弟弟之间的矛盾。为了消解这一矛盾，儒学中又提出了"兄为弟纲"。其中臣子听君主的话，称为忠；妻子听丈夫的话，称为义；儿子听父亲的话，称为孝；而弟弟听哥哥的话，则称为悌。

后来经过不断演变，忠义孝悌的意义不断充实，但其根本意义都没有发生改变，而忠义孝悌也成为古代社会对臣子、妻子、儿子和弟弟恪守宗法纲纪的赞誉。隋唐之前，科考取士的方法还没有被国家推行，官员的任用除了继承外，主要依靠举荐，而孝悌就是举荐成为政府官员的重要指标之一。甚至在后世的科考取士中，儒家的孝悌思想同样占有重要地位，或者说科举考试本身就是对儒家思想文化的考察。

《论语·学而》中对孝悌有具体的论述："其为人也孝悌，而好犯上者鲜矣。不好犯上者，而好作乱者，未之有也。君子务本，本立而道生。"意思是说，为人孝悌的人，极少有忤逆父兄的，而从来还没有见过极少忤逆父兄的人会犯上作乱或违反其他纲纪。由此来看，孝悌是君子立身的根本，也是奉行儒家思想的重要前提。这里所提到的"道"，实际上指的就是一种社会高度的规则和秩序，同时包含道德和行为两个层面，因为道德思想和行为举止实际上都是由文化决定的。所以，只要人人讲求孝悌，社会的根本规则秩序就可以建立，而根本的规则秩序，则是建立其他一切秩序的基础。

《论语·学而》中另有"入则孝，出则悌"的内容，意思是说，一个人在家里尊敬父母、爱戴兄长，那么他到了社会上也一定可以谨慎处事，有礼有节，像对待父母兄长一样对待领导和朋友。由此可见，孝悌就相当于儒家教育中的学前教育，而且由家庭成员代为执行，这也说明家庭教育对于个人成长的重要影响。此外，孝行也被我国古代社会列入法典。比如古代官员在父母去世后，要暂时弃官回家守孝，并且一守就是数年，守孝期间要素衣、素食，也不能有欢娱活动，名为"丁忧"。我国的丁忧制度从汉朝开始，一直沿用到清末，而且有严格的规定。如果一些官员贪恋权势，在父母去世后不报告官府，按律要予以革职。当然，丁忧期满后可以回到朝廷继续为官，如果实在国家事务繁重，也可以由皇帝下令不准丁忧，称为"夺情"，但这在历史上非常少见。

儒家思想以"仁"为本，而孝悌又是"仁"的根本，可见孝悌在儒家思想中的重要地位，乃至成为儒家的标志性文化之一。

7. 儒家的"忠君"思想是如何成为统治工具的？

"忠"在儒家思想中占有重要地位。仅《论语》一书中，"忠"便出现了十八处之多。北京大学教授翟鸿燊先生表示，儒家的忠最初并不是专指"忠君"，而只是一种君子修身的准则。比如"吾日三省吾身：为人谋而不忠乎？与朋友交而不信乎？传不习乎？"意思是说，身为君子，要时刻保持警醒，反躬自省，防止自己出现不忠的举动，对朋友不守信用或不读书。而这里对于忠的论述，也主要侧重于对人忠诚。这是对儒家弟子的要求，使他们做事尽心尽力，不要三心二意。《论语·子路》中说："居处恭，执事敬，与人忠，虽之夷狄，不可弃也。"意思是说，生活起居要有严格规定，做事要时刻保持礼数，和人交往更要时刻忠诚，即使到了荒蛮的地方居住，这些法则也不能丢弃。

　　孟子对于忠做了进一步解读，他在《孟子·滕文公上》中说，"教人以善谓之忠，为天下得人者谓之仁"。意思是说，劝人向善，就是对天道的忠实；为天下人谋福利，就是仁爱。这也是儒家思想的又一大代表人物对忠的解读，从中可以看到，儒家所推崇的忠，仍然没有愚昧和迂腐的地方，甚至没有专门提到忠君这层意思。

　　对于忠君，先秦儒家也并不迂腐，因为当时的儒家思想虽然主张"忠君"，但并不主张"愚忠"。比如，孔子主张"法先王"，也就是认为当时的社会制度应该恢复周朝时期的礼法，对于那些犯上作乱、破坏礼法的人，孔子十分厌恶。当时有一个诸侯僭（"僭"音同"见"）越礼法，按天子的规格使用仪仗，孔子就曾发出"是可忍，孰不可忍"的怒斥。意思是说，如果这样的行为都可以忍受，那么还有什么事情不能忍受呢？但与此同时，孔子在《论语·宪问》中，又有"勿欺也，而犯之"的言论。意思是说，君王有错误的地方，不要隐瞒不说，这样就等于是欺骗他，而要向他提出谏议，并且做好冒犯他的准备。此外，孔子还特意提到微子、箕子和比干。其中微子向商纣王进谏未果而退隐；箕子进谏未果而不问朝政；比干进谏彻底触怒了商纣而遭残杀。孔子认为他们对于天下苍生和天地大道都是忠的，而且也不认为他们对商纣王的冒犯有失礼法，反而大加赞扬。所以孔子又提出了"以礼侍君"和"以法侍君"。意思是说，如果君主贤明，就一心侍之；如果君主不贤明，就只能按照礼法行事。

　　汉武帝时期是儒家思想的"大换血"时期。儒学大家迎合汉武帝，标榜君权神授，理出"三纲五常"。虽然儒家因此而一跃成为众家之首，并长期主宰我国传统思想，但儒学也从此成为帝王的愚民之学。君权神授，就是把皇帝的权力放在一个至高无上的地位，任何人在任何情况下都不能质疑。质疑就是不忠，不忠就要受到社会道德甚至是法则的责难，这就不可避免地使皇帝的权力失去了监督和限制。而儒家思想也就成为彻头彻尾的皇家统治工具，百姓却在统治者的淫威下越来越奴化，越来越愚昧，以至于要将自己的权利和幸福完全寄希望于统治者的贤明。

8. 儒家关于"三戒"的智慧

子曰："君子有三戒：少之时，血气未定，戒之在色；及其壮也，血气方刚，戒之在斗；及其老也，血气既衰，戒之在得。"在这里，孔子从人的生理周期出发，把一生的修身养性分为三个阶段：

人在少年的时候，由于缺乏对客观世界的认识，几乎对什么事情都感到好奇。这个时候，因为不恰当的嗜好而造成行为失当，很可能会给人的一生带来灾难性影响。在这里，"色"指的是万事万物，因为世间的一切事物无外乎形色，所以古人常用色来指代万物，"戒色"就是要避免世间万事万物的诱惑。

人到了壮年的时候，不仅有了自己的见解，而且由于思维定型，通常会比较固执，认为只有自己的想法是正确的。因为这一时期人们的身体成长要快于脑力成长，所以通常动手要多于动脑。如果自己不能有效控制，外力又无法加以正确引导，很可能使人养成靠暴力解决问题的恶习。所以，身处壮年时期的人要戒掉"遇事先做，做了再想"的习惯。年轻人确实是血气方刚，但不能痴迷于争斗。

人到了老年的时候，都会比较患得患失——既怕得到，更怕失去，因此往往会抓住某样东西（哪怕这样东西对他完全没有益处）死不放手。心智衰退是人老后最大的恐惧，老无所依则更加让人心焦，做事难免出错，但不做事又只会更加心焦，所以就会对能够使自己取得安全感的事情或者事物过度依恋。比如乾隆，在位六十余年，退位时已经是垂垂老矣，经常办一些糊涂事，而且一直将皇帝的权力死死握在手中，以至于自己的亲生儿子都希望他赶快死去。由此可见，人老时最大的忌讳就是贪婪，而贪婪只会带来失控和歇斯底里，也就意味着失败。所以，老年人要戒免贪婪，而孔子将其称为"戒得"，也就是放下和顺应自然。

北京大学教授梁漱溟先生曾经教导他的学生，我们握在手里的东西并不一定是好的东西，能够为我们带来安全感的东西，也并不一定真的能够为我们带来安全。所谓"吾生也有涯，吾学也无涯"，能够为我们带来快感和安全感的事物无穷无尽，但我们的经历却是有限的，所以，只有在我们停下苦苦追求的脚步之后仍然存在的幸福，才是真正的幸福，而那些停下来后就会立即烟消云散的幸福，再美也只不过是海市蜃楼、过眼云烟。

时刻感念"简单是真，平淡是福"，也许就可以了解什么是真正的幸福了。其实，也只有明白如何得到真正的幸福，才是人生最高的智慧，而这也正是儒学中关于戒色、戒斗和戒得的智慧。

9. 我国历史上对孔子的尊称

孔子号称"万世师表"，他的最大贡献就是把教育引向平民。在孔子之前，读书是贵族和统治阶级的事，普通人是没有机会读书的。孔子身处贵族阶层，饱读诗书却没有用武之地，所以他开坛布讲，倡导有教无类，遂有弟子三千，贤者七十二人，最终使儒家思想遍地开花，长青于中国历史两千余年。后世对孔子的众多评价中，被人们普遍接受的，同时也是评价最高的称谓是"素王"。这个称谓，可以简单地理解为"没有头衔的君王"，或者说他虽无君王之称，却有君王之实。北京大学哲学系教授冯友兰先生也曾指出，孔子撰书立说是开王者之道，行王者之事，具王者之风，无王者之称，所以可称"素王"。

在我国古代，君主的样貌有特殊标准，因为是天之骄子，自然不能与世人相同。比如脸需要是国字形，然后鼻若悬胆，眼角上吊，耳垂肩，手过膝，等等。而实际上这是刘邦的形象，汉朝的统治者为了神化君权和巩固统治才如此宣传。但是很快就有人发现，孔子的形象居然和刘邦有些相似。传言，说孔子出生的时候天降麒麟，口吐玉卷，被上天封为"素王"，这个称呼也就这么流传下来了。后世君王大多用儒家思想作为统治工具，自然就要对孔子不断加以粉饰。当然，孔子德行高远，无须粉饰，也不会因粉饰而被玷污。古时臣子立下奇功，君王常会为其封地列侯，用以表彰和标榜贤能。各朝代对孔子追加封号，道理同样如此，也有安抚儒家弟子，让他们效忠皇命的意图在内。

汉朝时平帝追封孔子为"褒成宣尼公"，其中"褒成"是古国名，"宣尼"是封给孔子的谥号，"公"是爵位（在我国古代社会，爵位分为公、侯、伯、子、男五等，其中公爵地位最高，男爵地位最低）。

北魏孝文帝封孔子为"文圣尼父"，其中"文圣"是对孔子的追封，而"尼父"只是一种尊称。

北周静帝追封孔子为"邹国公"，其中"邹国"是古国名，"公"是爵位。

隋朝文帝封孔子为"先师尼父"，"先师"和"尼父"都是尊称。

唐朝太宗封孔子为"先圣"，后改为"宣父"。其中"先圣"是尊称，"宣"是谥号，"父"是昵称。其子高宗封孔子为"太师"，是官位，俸禄和职务实际授予孔子的嫡传子孙，其他朝代的爵位同样由孔子的嫡传子孙领受。

武则天封孔子为"隆道公"，"隆道"是谥号，"公"是爵位。

玄宗封孔子为"文宣王"，"文宣"是谥号，"王"是帝王，寓意和周文王、周武王等并列，将孔子的地位推崇到了极致。

西夏为巩固统治，尤其信奉儒家思想，对于孔子的封号，在继承唐玄宗封号的同时，还进一步提升，直接封为"文宣帝"。这一称号也成为我国历史上对孔子封号的最高级别。

元朝成宗复封孔子为"文宣王"。

明朝世宗封孔子为"至圣先师"，属封号或尊称。

清朝世祖封孔子为"大成至圣文宣先师"，后改为"至圣先师"，属封号或尊称。

民国政府封孔子为"大成至圣先师"，同样属于封号。

10. 古代的科举考试有没有年龄限制？

隋唐时期，国家开始用"科考取士"的办法招揽人才，一直到清朝末年为止，对参加科举考试的人从来都没有年龄限制。

据史料记载，公元901年唐朝科举考试时，唐昭宗忽然心血来潮，有感于那些出身卑微并且年事已高的考生着实不易，就下令录取一些年事已高却仍在坚持应试的落魄考生，用以表示皇帝对民情的体恤。于是，负责科考的官员按照皇帝命令，挑出了五个符合条件的老翁，由皇帝御笔特批，成为当届的及第进士。唐昭宗在批书中写道："念尔登科之际，当予反正之年，宜将异恩，各膺宠命。"这段话就是让他们知道这是皇帝法外开恩，而且御批的条文还被称为"赦书"，可见此举完全是一种施舍。按照规定，唐朝的官员年满七十岁之后就要正常退休，称"致仕"。而此次上榜的五位老翁，年过七旬的就有两个，分别为曹松和刘象，其余三位王希羽、柯崇和郑希颜也都年过六旬。

宋朝时，据范正敏的《遯斋闲览》（"遯"音同"顿"）记载，程颢（"颢"音同"浩"）八十二岁考中进士，而颇具传奇色彩的是，他居然考中了当年的状元。为了表达自己的感慨，程颢还写了一手《登科谢恩诗》。其中的最后两句是，"也只年少登科好，争奈龙头属老成"，道尽无限酸楚。

我国科考历史上应试年龄最大的是黄章，此人是广东佛山人，在康熙三十八年（1699）参加科考，时年一百零二岁。据说黄章自幼读书，十六岁开始参加考试，却一直到六十岁才考中进士，几经周折才进入国子监，但当时他已经是八十几岁的高龄了，很多官员被他的精神感动，多有看望和馈赠。一百零二岁参加考试时，黄章已经视力模糊，稍暗的地方就看不清路，所以考试时只能由官府特批，让他的曾孙提着灯笼在前面牵引照路。其情其景，可谓闻者伤心，见者落泪。

乾隆年间，同样是一位广东的学子谢启祚（"祚"音同"做"），以九十八岁高龄中举人，同样令人震惊。不过此翁的心态比较好，他在中举后还写了一首诗，称为《老女出嫁》诗。诗文中谢启祚以老女自比，说道："行年九十八，出嫁不胜羞。照镜花生面，光梳雪满头。自知真处子，人号老风流。寄语青春女，休夸早好逑。"

不可否认的是，我国的科举制度为国家遴选了大批人才，也让不少人从落魄子弟成为达官贵人，在一定程度上也促进了社会文明。但在此之下，却隐藏着千千万万命运悲惨的无助学子。他们背井离乡，花费数年时间在路上，跋涉数千里赶往京城参加考试，有多少人客死他乡，又有多少人老死京城，却都无人问津。国学大师南怀瑾先生对此表示，科举考试没有年龄限制是一把"双刃剑"，一方面，它有效地促成了人民的崇文思想，让很多优秀人才修习孔孟之道，不断为国家提供栋梁之材，促进国家稳定和发展；但另一方面，由于对当官发财的向往，很多人痴迷于读书考试，最后落得"读死书""死读书"和"读书死"的悲惨境地，以致人们发出"百无一用是书生"的慨叹。

11. 国子监是什么样的办学机构？

我国自古就有专门培养国家干部的机构，其中国子监最具代表性。不过，由于这个机构不是对所有人开放，它在我国历史上很少有人提到，也由此多了一丝神秘感。据北京大学历史系教授赵世瑜先生介绍，我国最早的国子监出现在西晋武帝咸宁四年（278），后来国子监的名字几经更改，但最终还是沿用了本名。国子监的职能实际上有两种：一是全国各地官办教育机构（包括国子监）的行政中心；二是国家最高教育机构，负责培养国家后备官员。

国子监的负责官员分为两级，一级是总管，称为国子祭酒，是行政官员，但同时也是学问精深的讲师，除了负责全国的教育工作外，通常也会负责皇储的教导工作。国子监中还设有若干个部门，具体部门各朝代有所不同，每个部门设一名管理人员，但他同时也是这个部门的讲师。所以国子监的官员都是一职多能，不仅负责管理，还负责教授课业。就国子祭酒来说，相当于今天的教育部长兼大学教授，当然他主要教习的还是四书五经等儒家经典。

其实，国子监的入学资格并不是凭成绩决定，而是身份地位。比如宋朝时规定，只有七品以上官员的子弟才有资格进入国子监学习，其身份大体相当于地方应试的秀才。所以，国子监实际上是官宦子弟的学校。当然也有一些学习成绩优异的贫家子弟进入这里学习，但他们也必须有七品以上官员的举荐。到了各朝代末期，由于吏治腐朽，平民地主阶级的读书人多有通过行贿入国子监者。宋庆历四年（1044），国家建立太学，国子监的教学功能被分离出去，开始主管教育行政。

辽国和金国也都设有国子监，但都隶属于不同的上级机构。元朝时国子监仍然是下属机构，隶属于集贤院并下辖国子学。也就是说，元朝的国子监仍然属于行政机构，国子学才是教育部门。

明朝时国子监的行政和教学职能再次合并，但是由于明朝曾从南京迁都至北京，而南京的行政机构又都保留，所以有两个国子监。其中南京的国子监改称南京国子监，北京的国子监称为京师国子监，但实际上南京的国子监比北京的国子监规模要大，高丽、日本、暹罗等国都有留学生进入国子监学习。不过很可惜，南京的国子监并没有保留下来，北京的国子监则一直到今天仍然存在，并对外开放。

清朝基本沿用了明朝的国子监制度，而且连地址也一并沿用，这也使得明朝北京的国子监得以保存。和明朝国子监的细微差别是规模，另外就是一些科目有所不同。清朝时因为统治阶级为满族，并且蒙古族也有一定地位，所以国子监也设立了一些满语和蒙语科目。清朝光绪三十一年（1905），国子监并入学部，正式在我国历史上消失。

12. "孔门四科"包括哪四科？

在北大中文系的书目中，关于"孔门四科"有两种解释：一种是孔子教导弟子的"文、行、忠、信"（《论语·述而》）；另一种是儒家所倡导的"德行、政事、文学、语言"。据司马迁的《史记·孔子世家》记载，孔子有弟子三千，因此他不可能不加区分地进行教授。北京大学中文系教授翟鸿燊通过对"孔门七十二贤"的研究，发现孔子十分注重因材施教，因为这些人在孔子的教授下所擅长的学术领域存在明显不同。

所谓"文行忠信"，其中，"文"主要是指儒家的各类经书典籍，一般认为《诗》《书》《礼》《易》和《春秋》是孔子的教学用书。内容涉及文学、史学、哲学和政治等诸多方面，是儒家学派的精要所在，也是儒家教学的综合科目。

"行"可以简单理解为道德，因为道德实际上就是由行动来体现的。如果将上述的"文"比喻成理论知识的话，那么"行"就可以称为是实践经验。北京大学哲学（宗教）系在相关课题中提出了"理论与实践相结合"的理论，实际上也是出自此处的儒家思想。孔子对于"文"和"行"都很重视，而且偏重于"行"，主张以实践为主。

"忠"，顾名思义就是忠实、诚信的意思。对于"忠"字的修行，孔子提出两个方面：一是对内，只有做到忠于所学，忠于道德规范，才能做到心安理得，自在洒脱；二是对外，只有忠于所言，忠心接人待物，才可以得到社会的认可。内外两"忠"，才能有所成就，获得人生价值，为世人留下财富，得到应有的推崇和爱戴。

"信"的意义与"忠"相近，但它主要强调的是对于言论的修行。所谓"人无信不立"，指的就是人一定要对自己说过的话负责，更要信守自己许下的诺言，如果不在自己的能力范围内，不可轻易允诺，而一旦允诺，就必须说到做到。孔子对于信的阐述是"人而无信，不知其可"（《论语·为政》），即一个不守信用的人，别人将不知道如何对待他。

引申义就是别人也不会信任他，并且也不会对他讲信用。

至于"德行、政事、文学、语言"，实际上是后世儒家学者归纳总结而来的，涵盖的内容更加广泛，涉及的规则也更加具体。其主要根据来自《论语·先进》。文中有如下记载："德行：颜渊、闵子骞、冉伯牛、仲弓；言语：子我、子贡；政事：冉有、季路；文学：子游、子夏。"其中提到的德行、言语、政事和文学就是儒家所推崇的"四科"，而"四科"后面所跟的都是孔子的门人名字，表明他们是这一科目中的代表人物。其实，从中也可以看出孔子对弟子的教导是分门别类的，而他对弟子进行课业教授也主要分为"四科"，这也成为后世学者理解"孔门四科"的主流说法。

13. "孔门十哲"指的是哪十位贤哲？

"孔门十哲"是指孔子亲授弟子中比较有成就的十位大家，或者说儒家早期比较有代表意义的十位大家，分别是子渊、子骞、伯牛、仲弓、子有、子贡、子路、子我、子游、子夏。按照儒学科目分类，这十个人可以全部归入"四科"行列，其中"德行"科目包括：子渊、子骞、伯牛、仲弓；"政事"科目包括：子有、子路；"言语"科目包括：子我、子贡；"文学"科目包括：子游、子夏。

北京大学古代史研究中心对"孔门十哲"做了具体介绍：

子渊，指的就是颜回，子渊是他的字，也有史料称其为颜渊。颜回是鲁国人，出身贫贱，并且终生清寒，又在二十九岁时早亡，但是他勤敏好学，不慕名利，是孔子最得意的弟子。颜回过世时，孔子哭得很伤心，并要求其他弟子向其学习，因此后世也对颜回推崇备至。魏晋南北朝时人们开始将颜回的灵位放在孔子灵位旁一同祭祀；唐玄宗时颜回被封为"亚圣"；明朝嘉靖皇帝又将他封为"复圣"；韩非子也在《韩非子·显学》文中将颜回列为"颜氏之儒"。

子骞，即闵损，字子骞，鲁国人。闵损在孔子门下以"孝行"著称，汉朝刘向曾在他的《说苑》一书中有如下记载：闵损被后母虐待，吃穿都受到为难，但后母对两个亲生儿子却非常慈爱。闵损的父亲知道此事后非常恼怒，要将闵损的后母赶出家门。虽然按照当时的礼法规定，这是一件非常正常的事情，但闵损得知后却力阻他的父亲这样做——他认为后母对待自己一个人恶毒，其他两个兄弟却可以受到关爱，但如果将后母赶走，其他两个兄弟也要受苦了。闵损的父亲最后听从了他的劝解，后母也从此改头换面，像对待亲生儿子一样对待闵损。此外，闵损一生没有进入仕途，并且有明确地拒绝做官的言论和行为。

伯牛，即冉耕，字伯牛，鲁国人。冉耕一生德行高远，操守极佳，颇得孔子赏识。后来冉耕不幸得了麻风病，为了不传染别人而闭门不出，独自治疗，即使是孔子前去探望也只能隔着窗户。冉耕说："恩师看望，本应亲自迎接行礼，但是为了不将病传染给恩师，只能让人认为我无礼于恩师了。"孔子非常感动，曾因此而发出对上天的不满，认为冉耕这样德行高远的人不应该遭受这样的厄运。

仲弓，即冉雍，字仲弓，鲁国人。冉雍虽出身贫贱，且他父亲的品行也不好，但冉雍却洁身自好，出污泥而不染。他心胸博大，德行忠厚，很受孔子喜爱。曾经有人用冉雍父亲的恶行攻击他，但冉雍说："即使是最普通的耕牛，也可以生出小牛来作为祭祀用的神圣供品。"以此来证明自己一心向贤的决心。后世中，荀况（即荀子）对冉雍大力推崇，认为他是孔子之后的一代大儒。

子有，即冉求，字子有，又称冉有或有子，鲁国人。冉求为人谦逊，在孔门弟子中以多才多艺见称，同样是孔子非常喜爱的弟子之一。冉求曾任官职，政务得当，而且在理财方面也很有天赋，但冉求一生中最大的成就却是在军事上。公元前484年，冉求被任命为鲁国统帅，以巧妙的战术击败齐国，并趁机说服季康子（时任鲁国正卿，掌管朝政并兼任最高军事指挥官）迎回流亡在外十余年的孔子。唐朝开元年间，冉求被唐玄宗尊为"徐侯"；宋朝大中祥符年间，宋真宗又封冉求为"徐公"。

子路，即仲由，字子路，又称季路，鲁国人。仲由出身贫贱，但生性大度果敢，又好武艺，是孔子门下最具军事才能的弟子。孔子对仲由的评价非常高，曾说过，如果儒家思想不能发扬光大，他就去世外隐居，那时仍然跟随在他身边的恐怕只有仲由。仲由是孔子的忠实信徒，对于那些敢非议孔子的人向来不留情面，因此在他成为孔子的弟子后，孔子就很少再听到众人的非议了。后来仲由战死，年过七旬的孔子因此极度悲伤。

子贡，即端木赐，字子贡，卫国人。端木赐头脑灵活，对事物有独特见解，尤其善辩，《论语》中他与孔子的对答出现最多。但孔子对端木赐时有微词，器重他不及颜回。端木赐一生最大的成就在政治和经济上——在政治方面，他曾游说各方势力，不用一兵一卒保鲁国周全；经济方面端木赐是当时有名的富商，也是孔子门下最富有的弟子。孔子过世时，端木赐未能及时赶回参加葬礼，所以孔子的其他弟子都是守孝三年，但端木赐却在孔子的墓前守候了六年，师生情谊可见一斑。

子我，即宰予，字子我，又称宰我，鲁国人。宰予在孔子门中以善辩著称，即使和孔子也常有争辩。比如对守孝期的规定，宰予认为三年过长，应该为一年，但孔子出于对孝道的遵行，驳斥了宰予的提议。《史记》中有记载宰予因参与政变被杀，不过据北京大学国学教授张岱年考证，被杀的人只是与宰予同字，实际上并非一人。唐玄宗追封宰予为"齐侯"，而宋真宗则追封他为"齐公"。

子游，即言偃，字子游，又称言游，吴国人。言偃在孔子门中以文学见长，他学识渊博，智虑高远，是孔子极为器重的一名弟子。孔子曾对言偃做出"吾门有偃，吾道其南"的评价，意思是说有了言偃这名弟子，他的儒家思想就可以传播到南方去了。当时，南方被认为是荒蛮未化之地，而言偃也是孔子门中唯一的南方弟子，难得的是他在文学科目上又可以排在第一名，其身份的特别可见一斑。

子夏，即卜商，字子夏，又称卜子夏，卫国人，但是据北京大学国学讲师钱穆先生考证，卜商为晋国人，现被主流学者采用。卜商心性灵动，文学天赋极佳，是孔子晚年最得意的弟子，他的最大成就在于对儒学的创新和发展。孔子也曾因卜商的见解而受到启发（《论语·八佾》），将儒学不断推向更高的成就。虽然卜商文采高绝，但他的人生并不顺畅，因晚年丧子，哭瞎了双眼。唐玄宗追封卜商为"魏侯"，而宋真宗则追封他为"魏公"。

14. 儒家的"孔门六艺"是哪六艺？

北京大学古典文献研究中心认为，我国古代对"六艺"说法不一，其中《周礼·保氏》中有言："养国子以道，乃教之六艺：一曰五礼，二曰六乐，三曰五射，四曰五驭，五曰六书，六曰九数。"另一种说法是六经的别称，即《诗》《书》《礼》《易》《乐》《春秋》的别称。而儒家最终采信的是《周礼·保氏》，并将其对"六艺"的阐述进一步总结，分别为"礼、乐、射、御、书、数"。

"礼"即礼节，包括对思想和行为的共同规范。"礼"可以分为"五礼"，分别为：吉礼、凶礼、军礼、宾礼、嘉礼。不论是对婚、丧、嫁、娶，还是对祭祀、拜师、出行、入学等诸多方面，都具有绝对权威的指导意义。

"乐"主要是指音乐、舞蹈和诗歌方面的技艺。在我国古代，这三样东西是不分家的，都是用于贵族阶级的祭祀或者享乐。其中，舞蹈的部分还可以细分为"文舞"和"武舞"。"文舞"包括"勺"，舞者在表演时空手或拿一些羽毛和丝带等轻盈物品；"武舞"包括"象"和"大夏"，舞者在表演时会使用刀和盾等道具，并在舞蹈动作中融入武术动作，饰演武官。我国古代的"乐"又可以细分为"六乐"，分别为云门、大咸、大韶、大夏、大濩（"濩"音同"户"）、大武。

"射"就是射箭，在我国古代又有"五射"之说，分别为白矢、参连、剡（"剡"音同"掩"）注、襄尺、井仪，分别代表弓箭手的五个境界。"白矢"是指箭支中靶后穿出靶身，在后面露出白色的"箭矢"，说明弓箭手不仅射箭准确，而且力道十足；"参连"是说弓箭手可以在"白矢"的基础上连续发射箭支，发射的过程可以在瞬间完成，通常情况下弓箭手背后的箭筒内有多少箭，弓箭手就可以一气呵成地射出多少箭；"剡注"即箭支在空中飞行的速度非常快，已经可以发出嘶鸣声了，说明箭支射出的力道更足；"襄尺"实际上是相对距离而言的一种说法，意思是说弓箭手的有效杀伤范围更大；"井仪"是弓箭手的最高境界，意思是说在以上四种境界之上，弓箭手可以一次发射四支箭支。也就是说，可以四四连发，箭箭中的，距离够远，力道也够足。

"御"指的是驾驭，主要指的是驾驭马匹，在军事中也包括战车或其他武器。"御"同样有"五御"之说，分别为鸣和鸾、逐水曲、过君表、舞交衢、逐禽左。"鸣和鸾"是说行车（马车）时挂在车上的铃铛响起来很有韵律，说明驾驶者对行驶的节奏掌握得很好；"逐水曲"是说驾驶者转弯的能力非常强，可以在水沼遍布的地方行驶而不使车子沾水；"过君表"是说驾驶者可以在接受君王检阅的时候腾出手来行礼，而仍然使车驾前行自如；"舞交衢"的意思是可以在道路非常艰险的情况下如舞蹈般优雅地前进；"逐禽左"是指驾驶者可以乘车与猎物并驾齐驱，并腾出手来从侧面将其猎杀。

"书"是指书法，包括认字和解译。而从整个学习过程来说，又分为"六书"，分别为象形、指事、会意、形声、转注、假借。其中，"象形"是认字的过程；"指事""会意""形声"和"转注"都是用字的过程；而"假借"是说可以在别人用错别字的情况下，仍然知道他要表达的意思。

"数"可以简单地理解为数学，但算法都是中国古算法，其中多数都已失传，现在我国通用的数学，多为西方引进。"数"从低到高共有"九科"，分别为方田、粟布、差分、少广、商功、均输、盈朒、方程、勾股。这些都是我国古代人民的智慧结晶，从中可以看出，部分古算法一直沿用至今，如方程和勾股定理。当然，现代的算法和古代算法会存在一定的差别，但基本原理是不变的。

15. 儒家的自我修身方法是什么?

北京大学教授翟鸿燊先生在他的著作中提到，儒家修身的总纲领分为八个科目，分别为：格物、致知、诚意、正心、修身、齐家、治国、平天下。其中，修身是根本，格物、致知、诚意和正心是修身的具体方法，而齐家、治国、平天下是修身的实践过程，也是修身或者说儒家思想的终极目标。

儒学中的修身，就是让人们的行为逐渐符合道德标准，并让每个人都能了解整个社会，了解各种行为标准和社会运行规律，以"人人自治"而达"天下大治"。但是孔子同时指出，修身是一个艰难而漫长的过程，修行者必须能够抵御各种欲望的诱惑，并且持之以恒，最终养成习惯，才可以领悟到自然超脱的境界。

孔子在《论语·述而》中说："圣人吾不得而见之矣！得见君子者，斯可矣；善人吾不得而见之矣！得见有恒者，斯可矣。"意思是说，一个人坚持奉行君子之道，就可以成为圣人；一个人坚持好的习惯，就可以成为完美的人（君子）。孔子也从另一个方面表示，那些"临时抱佛脚"和"三天打鱼，两天晒网"的人，是无法洞悉大道的。

至于修身的具体方法，儒家著作中也有相关的阐述，总体来讲可以称为"十修"：

第一，孔子认为修身最重要的一点就是要有目标和计划，其中目标尤其重要（"三军可夺帅，匹夫不可夺志。"《论语·子罕》），计划也必须完成。这两者相辅相成，循序渐进，缺一不可。

第二，人们修行的目标可以分为利己和利他，儒家思想认为利己者有害于社会发展，君子应该具备利他精神。利他不是害己，而是和谐共存，也可以称之为行善。孟子认为，君子和小人都在忙碌，不同之处只在行善和求利有别（"鸡鸣而起，孜孜为善者，舜之徒也；鸡鸣而起，孜孜为利者，跖之徒也。欲知舜与跖之分，无他，利与善之间也。"《孟子·尽心上》）。

第三，人们在修行过程中难免遇到各种问题，儒家思想认为，怨天尤人是修身大忌，遇到问题首先要在自己身上找原因（"君子求诸己，小人求诸人。"《论语·卫灵公》）。

第四，修身过程中"自省"是一个很重要的手段。人们在生活中每天都要见不同的人、处理不同的事情，言行举止难免受到影响，如果不及时纠正不好的方面，不仅自身会偏离正轨，还可能因此对别人造成不良影响。孔子说"见贤思齐"，曾子说"吾日三省吾身"，孟子说"君子必自反"，朱熹讲"有则改之，无则加勉"，都是这个意思。

第五，是自信自强。需要格外注意的是，这个自信必须建立在"自知之明"的基础上。人与人的天资条件和后天环境必然存在不同，但最终决定一个人命运的是思想认识。一个人可能在某些方面优于别人，也可能在某些方面不如别人，这就要求每个人都要认清自己所处的位置，不因优越而自满，也不因不足而自卑，这样才能让自己得到不断发展。

第六，理智克己同样十分重要。正所谓"鱼和熊掌不可兼得"（《孟子·鱼我所欲也》），当我们认定了某个目标的时候，就一定要明白，虽然很多东西难以放弃和割舍，但一定要理智地克制自己，也唯有如此，才能尽快达成所愿。

第七，安贫乐道和安分守己是正身之道。所谓"宁静致远，淡泊明志"，欲望是无止境的，人们往往会在追名逐利中迷失本真，忽略自己内心的声音，而若静心自问，其实太多的人所需并不多。当一个久经世故的人退出尔虞我诈的名利场，一定会由衷地感叹"平淡是福，简单是真"。

第八，实现自我价值。这种上升到一定高度的修为，必须具备上述各种条件才可实现。用儒家的思想来说，实现自我价值就是一个"成己"和"成务"相结合的过程。以青年人的理想为例，在确定这个理想时要考虑到大环境的需要，如国家，然后将自己的理想和国家的需要联系起来，才是实现自我价值的上善之选。

第九，灵活善变。这里所说的善变不是让人们做"变色龙"，在儒家思想中，一直都很重视个体的随机应变和整体的与时俱进。《孟子·公孙丑上》中说："虽有智慧，不如乘势；虽有镃基（大锄头，我国古时的一种农具），不如待时。"修身者在没有遇到合适时机的情况下，要像雾豹和冥鸿（我国古书中善于隐遁的动物名）一样潜心修为，而一旦时机出现，就可以像云龙和大鹏（善于腾冲的神兽）那样直上九霄。

第十，人际关系。这一点实际上是综合的阐述，在具备了上述条件后，人际关系的建立并非难事。这里单独提领出来，是要说明一个人的力量是有限的，要完成一件大事、推行一种思想，都必须依靠众人的力量，而如果自己一个人闭门造车，最终是难以成事的。

16. 汉武帝为什么"罢黜百家，独尊儒术"？

北京大学教授林语堂曾撰文明确指出，"罢黜百家，独尊儒术"是汉武帝利用儒家学说作为他的思想傀儡，兼并天下百家，使中国思想文化失去自由，完全置于统治阶层的掌控之下。而这一观点也在后来得到多数学者的回应，并最终成为学术界的主流观点。

在春秋战国时期，各派思想家纷纷出现，他们各有自己的主张和观点，也有强大的系统理论在背后支撑，各国统治者所奉行的治国思想也各不相同，这种状况史称"百家争鸣"。秦始皇统一全国后，基本采用法家的治国思想进行统治。楚汉争霸时期，各家思想流派再次蠢蠢欲动，准备恢复昔日百家争鸣的局面。汉朝建立以后，刘邦为了得到更广泛的拥护和支持，废除了秦朝的禁书政策，使各家思想流派重新兴盛起来。经过数十年发展，道家和儒家齐头并进，成为最具影响的思想流派。随后的几位汉朝皇帝，基本都是采用道家思想，尊崇"无为而治"的治国方略，使人民得到了一定程度的休养生息。然而，随着汉朝诸侯国制度的推行，国家权力逐渐被分解到地方公侯手中，统治阶层"无为而治"的方略，也使得地方势力越来越强盛。

公元前154年，汉景帝接受晁错建议，认为吴王刘濞的势力过于强大，应该削减他的属地。刘濞则联合其他六个诸侯国以及匈奴等势力，以"清君侧，杀晁错"为名，率军向皇城西安挺进。汉景帝没有料到刘濞会起兵造反，慌乱中答应了叛军的要求，将谋士晁错腰斩于西安东市街头。但叛军并不肯因此善罢甘休，在没有了"清君侧"的借口之后，刘濞干脆举起反旗，走上了明目张胆的武装夺权之路。叛军行至梁国（今河南商丘），此地的诸侯梁王是汉景帝的亲弟弟，誓死将叛军阻拦在梁国境内，并紧急向汉景帝求援。直到此时，汉景帝才如梦方醒，派遣周亚夫和窦婴率军前去镇压，最后以"切断粮草"的计谋打开突破口，三个月内便将刘濞叛军击溃。刘濞在逃亡的路上被杀，其余六王也相继畏罪自杀，史称

"七王之乱"。

"七王之乱"后，汉景帝意识到加强中央集权的重要性，便顺势将其他藩王的属地收归国有，统一由中央掌控，以致中央政府的权力达到汉朝以来的巅峰。但是由于各家学术思想在全国各地盛行，导致中央集权的理论基础受到威胁，所以汉武帝即位后，急需制定相应的措施。在当时的朝野中，以官员为代表的儒家思想和以窦太后为代表的道家思想交战正酣，而由于窦太后掌握着一定的实权，所以道家成为这一时期的汉朝国教。公元前135年，窦太后去世，窦太后的权力也随即被汉武帝取代。面对重新陷入混战的各家思想流派，汉武帝决定广招天下贤士，重新确立一家有助于他统治国家的思想。

公元前134年，全国各地的学者纷纷赶往西安，在汉武帝亲自主持的策问仪式上，以董仲舒为代表的儒家学派取得胜利。汉武帝对他提出的儒家思想大加赞赏，并最终确定了儒家思想为国家意识形态，相关律法的制定和道德的推广也据此完成。自此，儒家开始了对中国社会长达数千年的思想统治。但必须指出的是，汉武帝之后的儒家思想已经不是原本意义上的儒家思想，而是融入了道家、法家、阴阳家等各家流派思想的混合体，甚至儒家思想中的很多内容也被删改，而这一切的目的都是皇帝为了更好地统治国家。

17. 历代君王为什么要到泰山进行"封禅大典"?

据北京大学文化产业研究院考证，我国的"封禅大典"起源于春秋战国时期，而各个时期的"封禅"仪式都有所不同，目的也从最初的"祈求平安"到宣扬"君权天授"。最早在春秋战国时期，齐鲁两国受孔子学说影响，儒家思想被广泛传播，众多儒生提出来祭祀天地，以体现君主至高无上的地位。因为祭天需要选择"国内"最高的山，而在齐鲁境内，最高的山就是泰山，所以泰山就成了祭天之地。渐渐地，泰山因此在中国文化中就占据了一席之地，被誉为"五岳之尊"，成为儒教的圣山。此外，为了显示泰山的神圣地位，管子还列出了一系列曾在泰山封禅的先贤圣人，如无怀氏、伏羲、神农氏等（《管子·封禅》）。

在这种文化和时代背景下，春秋时期的诸国君主便命人在泰山顶上筑起圆形祭坛，作为祭祀天神的场所，这种祭祀活动称为"封"；又在泰山脚下筑起方形祭坛，作为祭祀地神的场所，这种祭祀活动称为"禅"，合称"封禅"。"封禅"一说的来源便在于此。历代君主们都到泰山封禅，以祈求年岁丰登，国家太平，君权安稳，天地共同保佑（"登封报天，降禅除地。"《史记·封禅书》）。

秦始皇统一全国后，这一文化被延续下来，所以秦始皇也成为第一个到泰山"封禅"的帝王。在此之后，"封禅大典"逐渐演变为最高级别的国家礼仪，而除了祭祀天地外，还先后加入了狩猎、游览、仪仗巡游、歌舞表演等形式，以致封禅大典的规模成了一个国家强盛与否的标志。

关于祭祀仪式，可以追溯到上古到夏、商、周时期，而祭祀的对象也从祭祖扩展到祭天、祭地、祭山川河流等。春秋时期百家争鸣，其中，讲究"克己复礼"、将祭祀纳入最高规格国家礼仪的儒家思想，更是掀起了君权至上的学术思潮。

到汉武帝时期，儒家思想沦为皇权统治的工具，国家实行"独尊儒术"，祭祀仪式的规格也随之进一步提高。儒家弟子董仲舒更是提出"天人感应，君权神授"的观点迎合汉武帝，让愚昧的百姓相信听信皇命就是听信天命，将皇帝的权力彻底推上神坛，也让臣子百姓更加盲目地服从皇权统治。汉朝的班固曾对泰山封禅提出自己的观点，他认为凡是推翻前朝、建立自己朝代的君主都会到泰山封禅，表明自己是接受天命才如此行事。从此，泰山在皇家仪式中的地位变得崇高无比，各朝代想要成就一番作为的皇帝都会亲临泰山，举行规模宏大的封禅仪式，以求使自己的行为得到更广泛和深入的支持。

北京大学考古文博学院曾经做出统计，我国历代在位皇帝登临泰山封禅者多达数十位，不在位或者不是大一统社会下的皇帝登临泰山者，更是不计其数。由此可见，泰山的"封禅"文化已经根植于中华民族的传统，成为每一个尊崇儒家思想的皇帝的政治行为。

18. 儒家为什么提倡"知行合一"？

　　儒家思想中"知行合一"观点的提出，主要是针对程朱理学。程朱理学认为，"知"和"行"是两回事，应该分开修行，并且先修"知"，后修"行"。明朝儒学大家王守仁对此提出了不同意见，他认为知和行是相辅相成的关系，没有先后之分，更不能分开来对待。根据北京大学国学讲师张岱年解析，"知"和"行"的概念大体可以理解为"理论"和"实践"。按照王守仁的观点，知和行就是道德观念和道德实践，或者说是思想意识和实际行动，而"知行合一"就是要将二者有机地结合起来，达到相互促进、不断提升修行者品格的目的。

　　1508年，"知行合一"的概念首次被王守仁提出，他以道德意识和思想理念为核心，系统阐述了新儒学中关于"知"的定义。在阐述"行"的时候，他也先后引入了道德实践和实际行动的概念，并说明了知和行二者密不可分的关系。"知中有行，行中有知"是王守仁提出的一个非常重要的儒家观点，使儒家思想有了一个很大的进步。儒家思想对于理论和实践的解读，也从此进入了"二者同出一源，名字不同但目的相同"的高度。

　　"知行合一"儒学新观点还有一个具有创新意义的改变，那就是反道德规范的阐述。在"知行合一"这个观点提出以前，儒家弟子都必须以道德规范为行为标准，需要按照这个标准不断规范自己的行为。但"知行合一"却提出了一个新观点——认为人的本性才是道德规范的最大力量，只有从本心出发，对道德标尺有足够的认同，心向往之，才是修习儒家思想的大道，而不是在外力和欲望的驱使下，使修习者强行规范自己的道德行为。可以说，在儒学发展进程中，这一观点的提出具有划时代意义，而"知行合一"的儒家新思想也因此大受欢迎。

　　另一项创新观点是理论指导实践，实践验证理论。王守仁认为，经过时间洗礼的传统道德可以成为人们的思想指导，修习者的想法如果和道德规范不谋而合，会在心理上感到安慰。但如果修习者的想法和道德出现偏差，也不应该立即感到沮丧，并在不情愿的心态下努力向道德标准靠近，这样只会让自己的内心和行为都受到扭曲。修习者应该将道德和实际情况相对照，实事求是，以求"知"和"行"的"心心相印"。因为势随时移，任何一条曾经的道德标准，都有可能随着时代的变迁而被淘汰，一味泥古不化，也有碍人格的健康。

王守仁延伸了宋朝理学家陆九渊的观点，并由此得到了反对程朱理学的理论根据。他认为，"知"是"行"的指导，而"行"是"知"的表现；"知"是"行"的开始，而"行"是"知"的进行。修习者在解读"知"的过程中，必须加入"行"的理念，这样才能全面深入地了解到"知"的含义；反之同理。"知"和"行"就如同一个跷跷板的两端，如果中间的支点不抬高，那么任何一端的升高，都将以降低另一端的高度为代价。

"知行合一"的思想对后世的影响极为深远——除了我国外，朝鲜、日本和东南亚很多国家都对这一思想十分推崇。日本军国主义者东乡平八郎将"一生俯首拜阳明"这七个字刻在腰牌上；我国著名的教育家陶行知先生，他的名字"行知"的来源正是"知行合一"。

第三章

禅

——佛法要义、释义人生的佛学思想

佛学是千百年来亚洲地区最主要的宗教。实际上，由于传统观念和媒体的片面宣传，人们对于佛家弟子的看法也出现了极大的偏见。很多人都将佛家子弟概念化了，认为他们"死心眼""呆板"。但是实际上，心如止水只是佛学文化当中的一部分。在更多的时候，佛学展示给我们的是一种积极向上的世界观。出家人为什么要剃发？和尚手中的念珠有什么玄机？禅师们不停敲响的木鱼有何含义？诸如此类的问题，都可以给我们很多启示。

1. "佛教四谛"指的是什么？

"谛"通俗来讲就是真谛，所谓"佛教四谛"，就是佛教的四个真谛，也可以理解为不变的真理，它们分别是"苦""集""灭""道"。北京大学哲学（宗教）系认为，这"四谛"是佛教最核心的讲义，是佛教赖以阐述各种道理的基础。对于中华民族来说，佛教虽然属于外来宗教，但其教义对我们的影响却非常深远。当然，在不断影响中国文化的同时，佛教也融入了华夏文明的因素，逐渐变得中国化、本土化。而要想了解中国佛教，同时进一步了解博大精深的中华文化，首先就要了解"佛教四谛"。

苦谛：是佛家讲述的世间到处有"苦"的观点。自然界的法则是"弱肉强食"，强大的生物大都要吸取和吞噬其他生命的能量。草木吸收雨露阳光和土壤中的养分，然后成长；食草动物啃食草木，茁壮自己的身体；食肉动物又将食草动物吃掉，以维持自己的生命和健康；食肉动物死后又会变成腐尸，最后被微生物分解变回泥土。整个过程周而复始，永不停息。在这个过程中不可避免地会出现各种痛苦（包括生物自身的生老病死），而这就组成了世界上的千万种苦，所以佛家将人世称为"苦海"，将救人称为"度人"，将修行称为"自度"。在佛家看来，按照整个过程的演变，苦谛又可以分为八个不同的阶段：

生苦，婴儿离开母体，必须依靠自己的身体才能使灵魂存在，并因此开始承受人世间的各种苦难；老苦，老去是一种痛苦，但谁也无法避免；病苦，人吃五谷杂粮，又要忍受各种环境气候变化以及各种病毒侵袭，难免会生病；死苦，人生在世，注定是要死去的，只不过时间长短不同而已（人之将死，对死亡的恐惧，对人世的留恋，都是无尽的苦痛）；怨苦，人生不如意事十之八九，难免会产生怨苦，如果不能得到有效排解，会让人十分痛苦；离苦，所谓多情自古伤离别，爱的人离去怎能不痛苦？即使是暂时分别也会让人潸然泪下，更何况是难以避免的生死永隔；欲苦，欲望是与生俱来的，从对食物和温度的渴望开始，人的一生都在由欲望牵引，而那么多的欲望，如果不合理安排，痛苦就会随时降临；荫苦，人都会有亲人朋友，亲人朋友和我们心心相连，一旦他们遭遇痛苦，也会成为我们的痛苦。

集谛：是佛教用来阐述苦如何产生的观点。佛家认为，世间万物都在因缘聚合中。所谓"因缘聚合"，就是说在人世间的万事万物中，任何事情的产生都会有原因，任何一个原因又必然会产生结果，而一个结果可能又是另外一个或几个其他结果的原因，如此往复，生生不止。这就是佛家所说的"因果循环，善恶相报"，而这个过程就是"因缘聚合"。它可能由人的意志来产生原因，但绝对不会由人的意志来发展结果。人想要得到期望的结果，遵循大道是唯一的选择，否则就会失去，就会迷茫，就会产生痛苦，这就是"集谛"。

灭谛：是佛家讲解如何将"苦"消除的论述。在佛教人士看来，人生处在不断的因果循环之中——制造了一个原因，就会在将来得到一个结果，而善有善报，恶有恶报，大道如此，谁都无法避免。其实，人之所以感受到痛苦，就是因为人处在这个因果循环中无法自拔。如果想逃脱苦难，就需要跳出这个循环（佛家的说法是"轮回"）。那么，如何才能跳出这个循环呢？很简单，做善事，结善缘，得心安，享自在，最终达到一种不制造坏原因或只制造好原因的境界。这样一来，一旦了结以前制造的罪恶原因（佛家称"种"下的"孽缘"），就可以在将来没有报应或得到好的报应，而这也就是佛家常说的"诸法空相，不生不灭"。

道谛：道谛和灭谛没有明显的界定，它是一个从意识到行为的过程，佛家对于道谛的论述，实际上是给出了一些具体的修佛方法。按照佛家的说法，道谛的修习可以分为八个方法，称为"八正道"，是一个从低到高的过程。一是"正见"，即形成修习的意识和目标；二是"正思维"，就是学习修行理论；三是"正语"，就是要学会正确的表示，以便和外界建立联系，验证修行成果；四是"正业"，即规范修习行为；五是"正命"，就是修习者已经通晓了大道、了解了命运，但需要按照大道所示更加用心地规范自己；六是"正念"，就是回归系统理论的修习；七是"正定"，再回实践过程，用行动证明理论（在这一阶段修习者不应再被世间任何事物侵扰本心的平静）；八是"正精神"，即成佛，在理论和实践中不断往复，逐渐洞察大道运行的奥秘。

北京大学著名教授金克木曾对"成佛"一说提出自己的观点，他认为佛只是一种心境的超脱，因此，人人都可以成佛，处处都可以出现佛。从唯物主义观点出发，他道出了佛家思想在现代的普世意义，以及佛家思想对于中华文化的贡献。"佛教四谛"被金克木先生认为是建立修身理论和实践的至上法则，作为一种宗教思想，它必将影响和帮助更多的修习者通往光明大道。

2. 佛教中的"大乘"与"小乘"有什么不同之处？

"乘"就是"道路""方法"的意思，"大乘"和"小乘"的区别也正在于此。据北京大学哲学与文化研究所考证，各派佛教同本同源，最早只有一支，它起源于古印度的迦毗罗卫国（今尼泊尔境内），创始人为乔达摩·悉达多（乔达摩·悉达多是迦毗罗卫国的王子）。到了公元前1世纪，一些新兴教众不满传统佛教"一人一教"的修行，提出"普度众生"的思想，佛教因此出现分裂。为了和传统佛教相区分，新兴的佛教以大乘佛教自称，并将传统佛教称为小乘佛教。虽然这一称呼被传统佛教所不容，但大乘佛教和小乘佛教的说法还是就此流传了下来。小乘佛教确立了自己的思想之后，随即开始了广泛传播，缅甸、泰国、斯里兰卡、东南亚各国，还有我国大部分地区，都有小乘佛教传入，而后来受小乘佛教的影响，大乘佛教也开始传播自己的思想，但二者的观点一直有所不同，因此小乘和大乘的说法也就一直存在。总体来讲，小乘佛教的影响要大于大乘佛教。

小乘佛教和大乘佛教的不同，首先表现在对创始人释迦牟尼（即乔达摩·悉达多成佛后的称呼，被信众尊称为"佛陀"，民间的叫法是"佛祖"）的看法上。小乘佛教认为，释迦牟尼只是一个道德崇高的导师，是一位智者，一位参破红尘的佛学先师；但大乘佛教却认为释迦牟尼无所不能，不但具有无边的法力，而且还对世间万事先知先觉，已经出离了人类的范畴。此外，大乘佛教又将时间分为前世、今生、来世，称为"三世"；将空间分为东上、东下、南上、南下、西上、西下、北上、北下、上、下，称为"十方"，认为除了释迦牟尼外，这"三世十方"中还有很多佛。

其次，大乘佛教和小乘佛教在修习方法上也有所不同。小乘佛教讲求"三学"和"八正道（见上节）"，"三学"即"戒""定""慧"，而且是由戒入定，再由定入慧，是一个循序渐进的修习过程。其中，戒又分为五戒（戒杀生、戒偷盗、戒邪淫、戒撒谎、戒饮酒），八戒（除五戒外还包括素衣素容、简居静处、正午后禁食），十戒（八戒加上嫁娶、聚财），具足戒（男僧二百五十条，女尼三百四十八条，无法全部列出）。其中，五戒为俗家弟子戒条，八戒为俗家弟子每月必须修够六天的戒条，十戒是男女沙弥（七岁以上二十岁以下）的教条，具足戒是正式僧尼的戒条；定称为禅定，小乘佛教有四禅，大乘佛教有大禅九种、小禅一百零八种，都是从低到高的修习过程；慧就是智慧，佛教称"增上慧学"，是佛学最高境界，是一种摒弃一切杂念、无欲无求的境界。

大乘佛教除了小乘佛教需要修行的"三学"和"八正道"之外，还需要修行"菩萨行"，其中主要修行的有"六度"和"四摄"。菩萨是大乘佛教对佛学的创新。小乘佛教推崇的佛，只度己不度人，或者人不求他他不度。但大乘佛教推崇的菩萨不光度己，而且度人，是释迦牟尼成佛前的修习状态，因此大乘佛教不主张在寺庙内修行，而主张在家或游学修行。为了和小乘佛教加以区分，大乘佛教将戒条称为"菩萨戒"，又将修行称为"菩萨行"，并具体细分为"六度"和"四摄"，并称为"十行"。其中"六度"是指布施、持戒、忍辱、精进、禅定、智慧；"四摄"是指布施、爱语、利行、同事。其中，"六度"是自度的阶段，"四摄"则是度人和自度的阶段。

北京大学哲学系教授汤一介先生认为，小乘佛教和大乘佛教实际上可以说是先期佛教和后期佛教，或者称为传统佛教和新兴佛教。它们最大的区别就在于度人和自度——小乘佛教只求自度，极少度人；大乘佛教则在自度的同时竭力度人，以度人为功德，并认为这也是自度的一种。实际上，小乘佛教和大乘佛教的区别，是一种宗教意识上的境界高低。

3. "阿弥陀佛"的由来

"阿弥陀"是"无量"的意思，即功德圆满无所不知、无所不能；"佛"的意思是"开悟的人""洞悉大道的人""凡事都可以先察先觉的人"。按照佛教的说法，佛不在天上，不在地下，也不在人间，而在每个人的心里。因此，佛是达到某种境界者的通称，是一种境界，是一种信仰，是每个人都可以修行并达到的。

"阿弥陀佛"也称"阿弥多佛""阿弭跢佛"或"阿弭亸佛"等，佛教弟子认为它是"西方极乐世界的教主"。这个佛名是从梵文音译过来的，我们的汉语言中原本没有"阿弥陀佛"这个词汇，包括"佛"这个字，也是佛教传入我国之后才出现的。北京大学著名国学讲师梁启超先生曾经指出，佛教对中国文化的重大影响之一，就在于它极大地丰富了汉语词汇（《佛学研究十八篇》）。

对于"阿弥陀佛"的具体说法，各家佛教流派观点并不一致：大乘佛教认为"阿弥陀佛"是"他方佛"，即存在于"十方三世"中的佛，是无所不在和无所不能的；日本佛教则认为"阿弥陀佛"就是如来佛祖，也就是释迦牟尼的法身；藏传佛教则认为班禅喇嘛就是阿弥陀佛的真实化身。但可以肯定的是，"阿弥陀佛"是佛家所推崇的高位阶佛，是所有佛家弟子共同敬仰的佛。

佛家著作《无量寿经》中记载，很久以前有一个国王名叫"法藏比丘"，他听到了"自在王佛"（当时主持人世的佛）的学说，非常欢喜，认为这是人间大道。为了修习佛法，法藏比丘放弃了国王的身份，拜到自在王佛门下为徒，一心只想修得正果，成为佛家圣贤。在自在王佛的指引下，法藏比丘历经磨难，积下无数功德，终于得偿所愿，被自在王佛赐名"阿弥陀佛"，并得到一处净土栖身，称为"西方极乐世界"。在这个世界中，人们可以远离一切烦扰忧愁，享受无尽的幸福安乐（至今这也是众多佛门弟子修行的目标）。后来，阿弥陀佛又得到"观音菩萨"和"大势至菩萨"陪侍左右，一同度化众生前往西方极乐世界，而佛门弟子也因此将他们合称为"西方三圣"。

阿弥陀佛在成佛前曾许下四十八个愿望，这是他能够成佛的根本，也正是因为有这样的愿望，才使他产生了经历磨难的决心和勇气。这四十八个愿望，也就是后来著名的"佛家四十八愿"。

第一愿，在我国土中，仍有地狱、恶鬼、畜生这"三恶道"存在，我不成佛。

第二愿，我国民中有死后轮回仍堕入三恶道，我不成佛。

第三愿，我国民中有不具金色身（指功德圆满）者，我不成佛。

第四愿，我国土中有不平等现象，我不成佛。

第五愿，我国民中有不识因缘者，我不成佛。

第六愿，我国民中有不具天眼者，我不成佛。

第七愿，我国民中有不具天耳者，我不成佛。

第八愿，我国民中有不能为他人着想者，我不成佛。

第九愿，我国民中有不具神足者，我不成佛。

第十愿，我国民中有妄想、贪婪者，我不成佛。

第十一愿，我国民中有不理佛道者，我不成佛。

第十二愿，如果不能度化众生，我不成佛。

第十三愿，我国民中有寿命短者，我不成佛。

第十四愿，我国民中有不能享受幸福者，我不成佛。

第十五愿，我国民中有寿命短、不能享受幸福者，我不成佛。

第十六愿，我国民中有不善良者，我不成佛。

第十七愿，十方三世诸佛有一佛对我不认可，我不成佛。

第十八愿，我国民中有不向往极乐世界者，我不成佛。

第十九愿，凡诚心修习佛法者，临死时我必和诸位菩萨（指修行有成的佛家弟子，但位阶仍在佛之下，即功德不够）亲临送行，否则我不成佛。

第二十愿，如果不能让诚心修习佛法的人如愿，我不成佛。

第二十一愿，我国民中有功德不圆满者，我不成佛。

第二十二愿，我国土中的外来者不能洞察佛道，我不成佛。

第二十三愿，我国土中的外来者不勤奋侍佛，我不成佛。

第二十四愿，如果我不能满足外来者的需求，我不成佛。

第二十五愿，我国土中菩萨不能将诸佛智慧掌握，我不成佛。

第二十六愿，我国土中菩萨不具备金刚力士那样的色相，我不成佛。

第二十七愿，我国土中的万事万物不能达到难以名状的美妙，我不成佛。

第二十八愿，我国土中菩萨有未见证我成佛经历者，我不成佛。

第二十九愿，我国土中菩萨有不善讲经和辩论者，我不成佛。

第三十愿，我国土中有菩萨功德有限，不能达到无量者，我不成佛。

第三十一愿，如果我的国土不能清净无垢，明亮得可以照见自己的色相，我不成佛。

第三十二愿，我国土中的万事万物如果不能都遵从佛法，使佛祖、菩萨乐见，我不成佛。

第三十三愿，如果不能以度化众生为乐，我不成佛。

第三十四愿，如果国民不能理解我所传播的佛法，我不成佛。

第三十五愿，我国民中有女子信奉佛法，转生仍为女儿身者，我不成佛。

第三十六愿，凡信奉我所传播佛道的菩萨，转世后不能成佛，我不成佛。

第三十七愿，如果信奉我的人不能得到他人尊重，我不成佛。

第三十八愿，我国民中有花费心思在衣物和容颜上者，我不成佛。

第三十九愿，我国民中有不能享极乐者，我不成佛。

第四十愿，国土中的菩萨如果不能随心而见十方三世中的诸佛，我不成佛。

第四十一愿，国土以外的菩萨，信奉我的佛道而不能有所进境，我不成佛。

第四十二愿，国土以外的菩萨，信奉我的佛道而不能始终保持"禅定"，我不成佛。

第四十三愿，国土以外的菩萨，尊崇我的佛道却在死后不能投生富贵人家，我不成佛。

第四十四愿，如果国土以外的佛家弟子信奉我的佛道，不能欢欣鼓舞，并最终修行成为菩萨，我不成佛。

第四十五愿，如果国土以外的佛家弟子信奉我的佛法，不能见到十方三世诸佛，并最终成佛，我不成佛。

第四十六愿，如果我国菩萨不能随心参透佛法，我不成佛。

第四十七愿，如果国土以外的菩萨信奉我的佛法，却不能进阶成佛，我不成佛。

　　第四十八愿，如果国土以外的菩萨信奉我的佛法，在成佛后仍然勤勉侍佛，却退回成为菩萨，我不成佛。

　　因为有了这四十八愿，佛家弟子才有了成为菩萨和佛的途径，即通过阿弥陀佛的指引和度化。此外，佛家弟子在诵经时常在"阿弥陀佛"前加上"南无"二字，合念"南无阿弥陀佛"，实际上就是在表明自己信奉阿弥陀佛的佛法，追随他的教诲，想要借由他的佛法修得菩萨位阶，并最终成佛。

4. 佛家有哪"三宝"？

　　佛家三宝指的是"佛、法、僧"，即佛祖、佛法和僧侣。修行者可以按照僧侣的戒条入佛门，按照佛法的戒条洞察佛道，按照佛祖的榜样不断进步。这样的三条规则，自然可以称为"三宝"。汤一介教授认为，"佛家三宝"是佛教教授和修行佛学的核心所在。

　　唐朝佛学大师六祖慧能曾对佛徒做出指引，表示佛宝是自性觉，法宝是自性正，僧宝是自性净，也就是一个悟的过程。因此，佛家三宝也有觉、正、净的说法。按照慧能大师的说法，进入佛门叫作"皈依佛门"。"皈"的意思同"归"，即回归，"皈依佛门"就是从某个地方回归到佛门。实际上，这只是一种形象的比喻，慧能大师讲的"皈依"，是指心境上的皈依，即达到他所说的"觉、正、净"。与之相对的就是人们在尘世间的"迷、邪、染"，这也是一个循序渐进的过程，即浸染了一些不好的习惯和认知，然后心性变得邪恶，最终迷失本性，陷入苦海之中无法自拔。所以，只有认清了"迷、邪、染"，才能回归"觉、正、净"，然后由"僧"得"法"，借"法"成"佛"，这才是真正的皈依佛门。

　　佛宝，分为佛身和佛德。其中，佛身是指已经修得正果的人，他一切功德都已经圆满，六度也已经修完，可以据此度化众生，也可以借由众生自度。他的三种化身分别为法身、报身和应化身。法身指的是修习者明心见性的依据，实际上就是一些法则，这些法则是修习者建立认知的根本，是佛学思想的精髓，不会随意发生变化，修习者可以安心据此修行；报身就是完成了很多好事，结下了很多善缘之后，得享福禄的化身；应化身是一种高超的境界，可以让修习者在一切因缘中安然自得，并从中看到佛法的所在。值得注意的是，法身以外都是虚无的心灵境界，无法具体把握，但修习者一旦洞悉大道，万物将尽在掌握之中。佛德指的是一种无所不能、无所畏惧、心灵通神的表现，共分为智德、断德、恩德。其中，智德就是指智慧圆满；断德是指消除了一切尘世烦扰；恩德是指想要度化众生。

法宝，指所有开悟的佛陀的教化，是指引修习者前行的"明灯"，同样分为三个方面。首先，佛法高远，是一切尘世烦扰的克星，是消除邪恶、匡扶佛法的利器；其次，三十七种具体的修行方法，即观身不净、观受是苦、观心无常等；最后，八万四千个法门，实际上"八万四千"是一个虚数，意思是人世间的烦扰变化无常，修习者必须随机应变。这种能力在开悟前需要坚持和忍耐，而一旦养成习惯，迟早都会开悟，到时候就可以享受心境的超脱了。

僧宝，按照佛教的说法，僧宝被称为"如实修行的沙门"。沙门其实就是出家修行的僧侣，"如实修行"就是能够按照佛法修行。也就是说，能够按照佛法修行的僧侣，都可以称为"僧宝"。而按照小乘佛教的教义，僧宝除了如实修行外，还需要放下一切尘缘，抛开所有邪念，并时刻将善念寄存心头，随时做好度人的准备。僧宝可以具体分为三个进阶，分别为义僧、贤圣僧和福田僧。其中，义僧是指在世间推行佛法的人，已经具备了相当高超的境界。他们根据众生的机缘而将之度化和自度，最终修得无差别心、无嫉妒心、无执着心、无侥幸心。贤圣僧是指已经开悟的僧侣，在小乘佛教里属于初级佛陀，在大乘佛教里是已经修完"六度"的菩萨，已经可以在度人和自度中自如来去了。福田僧是指一般僧侣，也可以认为是刚入门的僧侣。这些修习者虽然没有开悟，但他们同样可以荫庇众生，广种福田，故称福田僧。

此外，民间也有传言，认为佛家三宝为"钵盂、经书、念珠"。因为据说这三样东西是当年释迦牟尼曾经用过的，从佛教传入我国以来一直代代相传，被视为佛祖信物。据北京大学哲学系教授汤一介先生考证，这三样东西确实可能是我国佛教领袖的传承信物，但即使属实，它们也不过是一种权威和正统的象征，而且"三宝"的说法也并不被佛教本身所接受。事实上，一个宗教的传承如果只靠三样具体的物品，那么这个宗教也不可能传承数千年之久，所以，它的精神文化才是根本，才是值得我们学习和研究的核心价值。

5．如何理解"无事不登三宝殿"？

"三宝殿"是根据佛家"三宝"演化而来的，既然佛家三宝是佛、法、僧，那么三宝殿指的就是佛殿、法殿和僧殿。其中，佛殿具体指的就是大雄宝殿，法殿则是鲜为人知的藏经阁，而僧殿一般是僧房的统称。

寺庙内最忌喧嚣烦扰，即使是外来访客也必须低声细语，而僧侣碰面时以手势作礼，对待客人也一样。如果不是终日萦绕的香烟和禅房深处的木鱼声，甚至会让人觉得寺庙中已经空无一人。唐朝诗人常建曾在他的诗中写道："曲径通幽处，禅房花木深。"描写的就是这般景致。

据北京大学哲学系教授翟鸿燊先生介绍，佛门是清静严肃之地，除去晨钟暮鼓，就是诵经答禅。僧众每天早课领受经文，而后回到禅房独自修行，没有其他的事情是不能随便走动的，不要说去大雄宝殿和藏经阁，即使是普通的僧侣之间，如果不是进行禅法探讨，也不能随意互访。当然，如果僧侣在参禅时遇到问题，也可以到一些资深僧侣的房中求教；如果仍然得不出答案，可以到大雄宝殿的当班禅师处求教；如果还是没有答案，就只能由禅师去藏经阁向长老求教了。

所以，无论是僧人互访，还是到大雄宝殿和藏经阁，都必须是求教禅法才能走动，而这也就是"无事不登三宝殿"的由来。后来经过民间传播，"无事不登三宝殿"开始用来形容人们上门求助的行为，而且通常是由求助者说出口。这么说，一方面表示对方府第的庄严高贵，有戴高帽的意味，同时也表明自己是有事相求，不是来闲聊做客，希望对方做好心理准备。

6. 佛家为什么把世界分为大千世界和红尘世界？

日常生活中，经常可以听到"大千世界无奇不有"的感叹，实际上"大千世界"也是佛教用语。据北京大学教授张岱年介绍，佛家将世界视为时间和空间的交集，"世"指的是时间的变化流转；"界"则是指空间的大小。在佛教人士看来，宇宙中有无数个空间和时间的交集，也就是有无数个世界存在。

其他的世界都和我们所处的世界相同，天空由日月光照组成，地面则以须弥山为中心，按照东、南、西、北四个方向划分，有东胜神洲、西牛贺洲、南赡部洲、北俱芦洲，天空地面组成一个世界，称为小千世界。一千个这样的小千世界组成一个中千世界，一千个中千世界组成一个大千世界，这就是宇宙中各个世界的组成及体系。因此，大千世界的全称为"三千大千世界"，是佛教思想对整个宇宙的基本认识，也是佛法需要普及的全部范围。

红尘世界则是佛家眼中的繁华人世，一般指人口聚集的地方，以城市居多。但是这个词最早出现在西汉时期班固的诗句中，后来我国佛教弟子开始引用，指代人世间繁华的都市生活。其中，"红"是指红色的城市布景，比如娶妻生子、欢庆佳节、宫廷幔帐以及妓院布景等，所以佛家认为红色在世间万物中代表人的活动，也就将之延伸为人的颜色；而"尘"的概念则更加形象，因为古时植被覆盖比较广泛，尘土的造成通常都是因为人类活动，因此，佛家将人世称为"尘世"。综合佛家对人世定义的"形色"概念，形为尘，色为红，人世就被称为"红尘"了。

佛家讲看破红尘，实际上就是要放下对世间万事万物的追求，然后把目光从尘世中解脱出来，认清我只是世间万物的一小部分，达到无我、忘我的境界。最终修得超脱境界，心怀大千世界，致力于弘扬佛法、普度众生，而功德圆满后，便可脱离六道轮回，修成正果，永享康乐。

7. 药师佛是何许"佛"也？

药师佛是"东方净琉璃世界"的教主，又被佛教弟子称为药师如来、大医王佛和十二愿王等，左右陪侍为日光普照陪侍和月光普照陪侍。因为有求必应，药师佛也被称为"满愿王"，在民间很受欢迎，而我国民间也因此有药王菩萨的传说。实际上，在佛教当中也确实有药王菩萨，但药师佛和药王菩萨却不能混为一谈。据北京大学哲学与文化研究中心考证，药王菩萨和药师佛并没有关系，他们是佛陀（即释迦牟尼佛）一脉的，本为兄弟二人，兄为星宿光，弟为电光明。因为奉持阿弥陀佛法戒，制药救人，最终修得菩萨位阶，兄为药王菩萨，弟为药上菩萨。有时他们也替代文殊菩萨和普贤菩萨，侍立佛陀左右。佛陀曾对弥勒佛说，此二位菩萨会在来世成佛，兄为净眼如来，弟为净藏如来。

按照佛教经文的说法，如果有人因为疾病而命不久矣，他的亲人守在其身边，虔诚供奉祭拜药师佛，诵读《药师如来本愿功德经》四十九遍，点燃佛灯四十九盏，再挂五色彩幡四十九天，那么他的生命便可以延续。和"十方三世"诸佛一样，药师佛在修习菩萨行时，也曾许下十二个愿望，要为众生解除疾苦，超出轮回，得享美满欢乐，而他本身也因此成佛，得报"净琉璃世界"栖身。佛家称药师佛的十二个愿望为"十二大愿"，也有佛家弟子称其为"十二上愿"。

第一大愿，愿我成佛后光明万丈，普照众生，使万事万物得享安乐，并让万物如我一样有情有义。

第二大愿，愿我成佛后形象如琉璃一样光明流彻，愿我的功德像天地一样巍巍荡荡，使万物各安其命、各享其乐。

第三大愿，愿我成佛后拥有无尽的佛法智慧，不使众生的索求得不到满足。

第四大愿，愿我成佛后以佛法行事，不因私情、妄念有所偏失。

第五大愿，愿我成佛后情义满怀，凡信奉我的佛道，都可以志趣高雅、心神安宁。

第六大愿，愿我成佛后，不论信徒的资质多么低劣，都可以习得佛法、得享安乐。

第七大愿，愿我成佛后，无论信徒的境遇多么悲苦，都可以免受疾病侵扰。

第八大愿，愿我成佛后，所有信徒都可以在来世修得男儿身。

第九大愿，愿我成佛后，所有人都可以信奉佛法。

第十大愿，愿我成佛后，时间的一切悲苦、冤屈、肮脏、龌龊都可以一并解除。

第十一大愿，愿我成佛后，所有因温饱造下孽障的人，一旦诚心信奉我的佛法，我都会接受他们，满足他们的温饱需求，然后帮助他们皈依佛法。

第十二大愿，愿我成佛后，无论信徒出身多么贫贱、境遇多么恶劣，只要信奉我的佛法，都可以得偿所愿、幸福美满。

此外，药师佛还有"药师七佛"的说法，即善称名吉祥王如来、宝月智严光音自在王如来、金色宝光妙行成就如来、无忧最胜吉祥如来、法海雷音如来、法海胜慧游戏神通如来和药师琉璃光如来。但我国唐朝佛学大师玄奘法师在相关译文中，只说明药师佛是"药师琉璃光如来"，并没有提及其余六佛。北京大学哲学（宗教）系教授楼宇烈先生研究认为，"药师七佛"中的前六位佛，只是"药师琉璃光如来"的化身，所谓药师七佛也只是对"药师琉璃光如来"的别称。而由于药师佛是经佛陀（即释迦牟尼佛）点化成佛，也有佛家流派将佛陀和"药师七佛"合称为"药师八佛"。

8.　什么是佛家的"十二因缘"？

　　佛家弟子的修习方法大体一致，即循序渐进、往复循环，修完一个境界，再上升到更高的境界。等到整个循环修习完毕，再从头开始修习，但此时修习者对佛法的认识和解读已经大有进境。不过，虽然大体方法一致，但佛家对于修习阶段的划定却有所不同，其中"十二因缘"是一个比较主流的分法，就是将佛家整个修为的过程分为十二个阶段，然后逐个阶段地修行。因为佛家将一切都看作是因缘而生，所以能够进阶也被视为修习者的一种缘分，因此称这十二个阶段称为"十二因缘"。北京大学哲学系教授韩水法指出，虽然佛家的"十二因缘"是一个循环链条，但仍然可以根据进境的高低将其列举出来。

　　第一因缘，无明。"无明"泛指一切不明缘由的烦恼和忧愁，这些烦恼忧愁的根源，就是因为对世间万事万物的运行规律不明白。而所谓开悟的过程，也就是修习者洞悉万事万物运行规律的过程，这也是佛家弟子修习的起点和最终归宿。每一个佛家弟子，可能对某事某物有所心得，但悟得大道的人只是少数，更多的人只是对有限的事物有所心得，而对于诸多烦扰的根源仍然无法明晓，这就是无明之苦。

　　第二因缘，行。"行"也被佛教称为业行，共分为两个部分，一是善行，二是恶行。但"行"更重要的阐述意义却在于"因果"，比如我们现在遇到的事，就是以前所作所为的结果；而我们现在要做的事，又会成为将来所遇事情的原因。这就是人们常说的因果报应，也就是佛家所说的"业报"。佛家有云：不求无过，但求无愧。可见人们行事的准则关键在于善与恶——善行得善果，恶行自然会得恶果。

　　第三因缘，识。"识"其实是一个认知的过程，即认清什么是善、什么是恶，以便为自己的行为提供依据。人在出生之后或者说在母体中就会形成意识，比如对饥饿、寒冷的排斥，对温暖、食物的向往，而随着年龄的增长，每个人的意识都会越来越多、越来越深。那么，这个意识如果没有一个正确的标准，我们就会遇到无尽的麻烦，进而产生很多忧愁。

第四因缘，名色。"名色"分别指两样东西，即心和物。心（名）是我们的思想意识，物（色）是实际存在的事物或道理。这里需要引入理论和实践这两个概念，此二者必须相互依存，才能让我们的理论越来越完善，让我们对事物的解读越来越精准，否则我们就很容易被事物的表象所迷惑。也就是说，我们坚信的理论必须以实践作为检验标准，否则即使再美好，也只是海市蜃楼。

第五因缘，六入。"六入"是可以为我们提供外界感知的器官，即眼睛、耳朵、鼻子、舌头、皮肤和神经意识（喜怒哀乐），这六种器官也将我们和尘世间的一切紧密地联系在一起，也就是我们常说的色、声、香、味、触、法，佛家称之为"六尘"。

第六因缘，触。"触"可以解释为接触，就是学习和教导的过程。比如"近朱者赤，近墨者黑""孟母三迁"和"岳母刺字"都是"触"的过程。在日复一日的学习过程中，只要修习意念坚定，那么即使是他所厌恶的，也可以学为己用，最终成为自己所期待成为的那种人。

第七因缘，受。"受"是一个吸收和消化的过程，可以解释为心领神会。例如，我们把东西吃到了嘴里，色香味都不是目的，目的是吸收食物的营养。但在实际生活和修习过程中，这个道理却经常被忽视，因此佛家认为需要加以修炼。

第八因缘，爱。"爱"也是一个戒除迷恋的过程。我们的六根接受世间的六尘，总是按照自己的主观意识而心生厌恶。比如厌恶生病时对身体有益的药物，喜欢别人吹捧的假话。世间让人产生妄念的东西实在太多了，修习者只要一时不注意，就会因"爱"而失去判断能力。所以佛家指出，修习者的意念，要像"木人看花鸟"一样，本身无念，才能做到心中有"爱"。范仲淹讲的"不以物喜，不以己悲"就与这个境界相通，也只有具备这样的境界，才能做到不贪恋、不发怒、不愚昧。

第九因缘，取。如果说"爱"是一个戒除迷恋的过程，那么"取"就是一个选择和吸收的过程。佛家讲万相皆空，并不是什么都不要、什么都不取，而是一个由认清到取用的过程。比如说食物，佛家虽然也认为肉食更加美味，但由于不能杀生的禁戒使他们不能享用肉食，而佛家并没有因此而放弃对美味食物的追求。在经过细心的钻研之后，佛家的厨师利用素食材料同样可以做出色香味俱全的食物。而且对于极乐世界的向往，也是需要佛家弟子生执着之心的，不过在确定这个目标之前，必须要有一个理性的、客观的、合理的认识。

第十因缘，有。这里的"有"是一种基于佛法认可的喜欢，是得享"爱"和"取"进境之后的所得。事实上，对于"极乐世界"的向往，也是一种欲求，可能生执着心、生嫉妒心、生差别心。这就要求修习者将"爱"和"取"的关系处理好，不可停滞不前，也不能盲目妄进。佛家思想认为，"放下即是得到，适应环境就是改变环境"，因此可以说，佛家思想更注重精神层面的得到，而轻视物质层面的得到，这也就是佛家对于得到和失去的理解。

第十一因缘，生。人之为人，能失去的最大、最重要的东西，也就是生命；而能得到的最大、最重要的东西就是新生。人的生命只有一次，无法重新来过，但是人的心境却可以通过思想认识的转变而得到新生。佛家也将新生的阐述延伸到了前世今生，以鼓励弟子安心修行，即使今生无法开悟，死后或者来世也可以修成正果。

第十二因缘，老死。"老死"是每个人所不愿见的，但这是一种不容更改的客观规律，所以作为世人，接受是唯一的选择，不同的只是接受者的态度。所以佛家修习者的最高境界被定义为死亡，只有坦然面对死亡，才能达到最高境界，才能在来世由僧侣达到菩萨的位阶，从菩萨达到佛的位阶。佛家对这种境界也有特定的称谓——涅槃，即达到大知大觉、无所不能、无所不知的境界。

9. 佛教中的"六道轮回"是哪"六道"？

北京大学哲学（宗教）系教授韩水法指出，"六道轮回"的说法最早源于古印度的"婆罗门教"（古代印度宗教），后来被佛教吸收并传入我国，所以在此之前，我国是没有"轮回"这一说法的。"六道"可以分为两个部分，即善道和恶道。善道分为天道、人道、阿修罗道；恶道分为畜生道、恶鬼道、地狱道，合称"六道"。其中，阿修罗是一个好勇斗狠的形象，身处阿修罗道所受苦难比人道还要严重，因此也可以将其归为恶道。虽然有些佛教分派也认为六道分为两善道和四恶道，但这一观点不是主流。不过，佛教关于"六道轮回"的观点还是比较一致的，因为修习者都是身处人道，所以如果持"五戒"，就可以在来生继续为人，这是一种不进不退的修为；如果持"十戒"，就可以在来生升入天道，也就是上升了一道；在天道继续修为，就可以跳出"六道轮回"，永登极乐；但是如果连"五戒"都不持，那么人就会在来生堕入阿修罗道；在阿修罗道仍不持戒，便会堕入畜生道，直至堕入地狱道，而最严重的莫过于打入地狱道永不得超生。

天道，这一道中，修习者所享受的福禄是优于人道的，既可以免去生老病死之苦，又可以接近功德圆满。但是，这一道又是充满诱惑的，其中有很多都是前五道轮回中所没有的。因此，修习者在这道轮回中一旦生出享乐之心，他之前积下的功德都会被享尽，从而必须进入最底层的地狱道重新开始修行，而他所有的记忆都会消失，可见天道是修行者至为关键的一道。可以说，天道虽然是六道中的最高一道，但同时也是对修习者考验最大的一道，因此佛家有"求生于净土，不求生于乐土"的说法。

人道，人道的生老病死之苦是修习者必须承受的，经历"老病死"三苦时，由于人的记忆已经发展成熟，都会有所体悟，但"生"之苦的记忆却是一片空白。事实上，生命的孕育也是一个非常痛苦的过程。精子进入母体以后，数以亿计的精子中只有一个可以顺利成活，其他全部面临死亡，而在身体形成的过程中，婴儿所承受的痛苦更加深重。虽然无法得知，但我们可以想象，身体器官哪怕是受到很小的刺激，也会疼得撕心裂肺，何况是从无到有的产生过程？出生时所受的痛苦就更大了，如果没有外界的帮助，一个新生婴儿随时都有可能毙命，而这也是佛家思想中珍爱生命（不杀生）思想的由来。由于任何一个生命的产生都是极复杂和痛苦的，所以剥夺其生存权自然就是一种恶行。

阿修罗道，"修罗"指的是一种天神，形象威武、智慧无边、武力超凡，但"阿"的意思是"不"，所以阿修罗是一种与修罗完全相反的存在。阿修罗虽然福报很大，本心也很善良，又被分在"三善道"，但男阿修罗的脾气非常暴躁，好勇斗狠，是佛家所忌讳的"嗔戒"典型；女阿修罗生得很漂亮，容易迷惑众生，阻止修行者积累功德，虽然其本意不想如此，但同样有罪。因此，阿修罗的一生难得欢乐，又因为他们不修功德，死后也通常会堕入下一道轮回。

畜生道，畜生所受的苦显而易见，野生动物面临饥饿、寒冷、伤病的困扰，同时还要时刻担心被吃掉；家中驯养的动物则要受尽奴役，并遭受被宰杀取肉、取毛皮等惨痛。此外，动物大多也是无智慧可言的，因此它们也不懂修行，多数只能生生世世为畜生身。只能等到其为人时犯下的罪恶都还清，并在为畜生时逐渐积累足够的善行后，才可能重新转世为人。但动物所积累的善行，基本都是无心而为，又很容易因为恶行而消解，所以一旦堕入畜生道，就很难超脱。

饿鬼道，饿鬼道虽然承受的痛苦要比畜生道深重很多，但他们却可以拥有智慧，因此在恶行报应之后，可以比较容易地升入畜生道。按照佛教的说法，地狱道的众生由于被关押着，世人是不得见的，但恶鬼却四处游荡，其中一些也会来到人间，因此经过相关修为的人可以看到它们。我国古老的"茅山术"，传说中就是专门用来和这类恶鬼打交道的。

地狱道，这一道是苦难最为深重的，终生无智慧、无福禄，只能不断受苦。总体来说，地狱共分为四大热狱、四大寒狱、近边地狱和孤独地狱，按照不同的佛家派别的理论，还有八大地狱、一百三十六大地狱和六万四千地狱之说，等等。在地狱中，众生会遭受各种极致的痛苦，却因为报应没有结束而无法死去，是真正的求生不能、求死不得。

10. "八戒"是如何成为"佛教巨星"的？

北京大学哲学（宗教）系教授何怀宏认为，佛家弟子可以分为两大类，一类是居家修行，另一类是出家修行。除此之外，对他们加以区分的标准，就是持守戒条的多少。按照传入我国的大乘佛教思想，凡一心皈依佛门的人都可以称为佛门弟子，但修习者同时也可以根据自己的实际情况选择不同的戒条。比如居家修行的佛门弟子，统称为居士，只要皈依了"三宝"，持守佛门"五戒"即可。五戒是指"戒杀生""戒偷盗""戒邪淫""戒妄语""戒饮酒"。这是成为俗家佛门弟子最低的标准。如果修习者认为自己已经可以随心持守"五戒"了，还可以提高一个层次，即持守"佛门八戒"，也就是除了上述"五戒"之外，还需要"戒香华"（素衣素容）、"戒高广大床"（简居静处）、"戒非时食"（正午后禁食），统称"八戒"，也是俗家佛门弟子的最高戒条。这一戒条属于"选戒"，每月只要修够六天即可，而这也成为一些佛门弟子被赶出佛门后仍然得以修行的原因。

至于"八戒"一词成为民间流传最广的佛教用语，还要感谢明朝的一代文豪吴承恩先生——他在《西游记》中设计了一个性格独特、寓意鲜明的"八戒"角色，也就是我们所熟知的猪八戒。猪八戒的俗家名字叫猪刚鬣（"鬣"音同"列"），此人原本是天界玉皇大帝麾下的天蓬元帅，因为调戏嫦娥被贬到人间修行，又稀里糊涂地投了猪胎，因此落得个半人半猪的身形。后来被孙悟空收伏，共同保护唐僧去西天取经。可猪八戒的性格除了温和、善良以外，还有懒惰和好色的缺点。但既然是佛家弟子，就必须要持守戒条，因此唐僧在为他取名"悟能"之外，还取了个"八戒"的别名——寓意他信佛不够虔诚，时而受戒，时而又不受戒，就好像俗家佛门弟子持守的"八戒"那样，只是每月修习六天。

对于出家弟子来说，持守"八戒"就足够了，但猪八戒已经皈依佛门，唐僧却依旧将他称为"八戒"，实际上有一种警示和调侃的成分。唐僧希望以此来激励猪八戒一心向佛，摒除杂念，早日修得正果。但是猪八戒却好像并未明白唐僧的良苦用心，在去往西天取经的路上，他仍然偷懒、贪吃、好色。因此，在现实生活中行为举止与其相似的人也经常被人联想到"猪八戒"，此后民间还出现了一些与猪八戒相关的谚语，如"猪八戒照镜子——里外不是人""猪八戒吃败仗——倒打一耙"等。而在后世进行的艺术形象创作中，猪八戒的形象也多有发展，以至于"八戒"的知名度越来越高。

实际上，出家修行的佛门弟子和居家修行的佛门弟子所持守戒条是不同的，出家修行的佛门弟子最低阶层的是沙弥和沙弥尼，即俗称的小和尚和小尼姑。我们可以将这类佛门弟子简单地理解为预备僧人（年龄在七岁至二十岁之间），持守佛门"十戒"（即俗家佛门弟子的"八戒"上再加两戒，分别为"戒敛财"和"戒嫁娶"）。"十戒"修得圆满后，修习者成为正式的佛门弟子，沙弥成为比丘，也叫"勤策男"，俗称和尚；沙弥尼称为比丘尼，也叫"勤策女"，俗称尼姑。和尚及尼姑持守的戒条称为"具足戒"，和尚共二百五十六条，尼姑为三百四十八条，其中包括他们在沙弥修习阶段持守的"十戒"。根据何怀宏教授的研究，实际上小尼姑到尼姑之间还有一个过渡阶段，称为"式叉摩那"，但小和尚到和尚之间却没有过渡。

11. 出家剃成光头的缘由是什么？

剃成光头用佛家术语来讲叫作"剃度"，凡佛门弟子必然会剃度——在佛门弟子看来，头发是藏污纳垢的地方，剃度可以让自己的头顶看上去更加干净，而这也符合佛家"僧净"的传统思想。虽然"净"的修为的最终目的是要达到心灵的洁净，但最初却必须从外在和行为举止开始。据北京大学哲学与文化研究中心考证，和尚剃成光头的主要原因是做出一种标志，表明自己独特的身份和信仰。具体来说，佛家弟子剃成光头的原因又可以分为四个方面：

在古代印度，宗教派别很多，开山祖师释迦牟尼不希望自己的弟子和别家的混在一起，为了加以区分，他巧妙地想到了将弟子的头发去掉。释迦牟尼开创佛教时，最早加入其门下的迦叶等五人，就是由他亲自进行剃度的。因此，佛家弟子的剃度，最初是为了区分自己和别派宗教弟子的不同。此外，为了和别家宗教进行区分，释迦牟尼还对弟子的衣着进行了改动，即要求佛门子弟身披袈裟。所以袈裟在最初是一种衣物，只是后来逐渐失去了它的实用价值，以致身披袈裟演变成一种形式（如今，我们只能看到一些身份特殊的和尚披用袈裟）。

在我国封建社会，有"身体发肤，受之父母"的圣人教诲。在"百善孝为先"的封建社会，如果作为身体重要附着物的头发出了问题，将是一件有失伦常的事情。所以，佛教要求弟子剃度，就是要他们和关系最密切的父母断绝关系，也就是要他们和世界的一切断绝关系。其实，这也是一种决心的表现，意思是说放下了尘世中的七情六欲，不再有任何挂怀和留恋。

佛家思想认为，头发是从头脑中生出来的，烦恼也是从头脑中生出来的，而佛家的根本思想就是戒除一切烦扰。所以，剃度也是一种寓意，就是要清除头脑中的一切烦恼。清除心中的烦恼是一个循序渐进的过程，非一日一时之功，而头发却可以很轻易地剃掉，因此从外在的和容易的地方开始，然后进入修行，也是对修行者的一种引导和警示，使修习者时刻谨记自己已经是一个修行者，永远不能忘记戒除头脑中的杂念。

在佛门创立时，祖师释迦牟尼用剃度作为收录弟子的凭证，最早加入其门下的迦叶等五位弟子，也都是由释迦牟尼剃度的。后来，所有皈依佛门的弟子都要由他的师父为其剃度，意为接引、帮助他进入佛门，也是效仿释迦牟尼的一种做法。于是，佛门的弟子在进行皈依仪式时，剃度便成了仪式中的一项。尤其是在佛教传入我国之初，人们对于佛教的仪式还不熟悉，只知道剃度是必须进行的。在当时，剃度曾成为佛门为弟子举行皈依仪式的唯一项目，后来它也是皈依仪式的重要组成部分。

12. 为什么和尚头上会有戒疤？

戒疤也称为香疤，就是用燃烧的香头在头顶上烫出伤疤，是佛教弟子的一种修行方法和标识。但这是汉传佛教独有的做法，原始佛教是没有这种规定的；我国少数民族的佛教弟子以及世界其他国家的佛教弟子，也没有在头顶留戒疤的做法。而即便是汉传佛教，也不是从一开始就有这种习惯的，因此，并不是所有的和尚都会在头顶上留下戒疤。据北京大学哲学与文化研究所考证，最早的佛教留戒疤的行为出现在1288年（元世祖至元二十五年）。

当时有一个和尚名叫志德，由于受到元朝统治者的尊崇，得到了佛教弟子普遍的认可。后来他在天禧寺（南京大报恩寺的前身）传授佛法，并在此期间要求受戒者用燃香焚烫自己的头顶和指尖，小和尚燃三支，成年和尚燃十二支，俗称"烫香洞"——一方面是为了考验弟子的诚心；另一方面也是为了表达汉传佛教对佛祖的虔诚。没想到这一做法在后来广为流传，在明朝统治者的大力推崇下，各地汉传佛教弟子纷纷效仿。这就是汉传佛教留戒疤的起源。之后，直到1983年，中国佛教协会才终于废止这一习俗，使汉传佛教弟子不用再受戒疤之苦。按照北京大学教授金克木先生的考证，志德和尚根本算不上佛学大师，在汉传佛学史上甚至都没有留下尊号，他"烫香洞"的举措也不过是一时兴起。但这仍然阻止不了汉传佛教弟子的热忱，以至于志德和尚对汉传佛教的影响堪比佛学大师六祖慧能。

按照佛家的说法，戒疤的数目可以分为一、二、三、六、九、十二，其中十二是菩萨行阶段的数目。戒疤实际上被佛家视为一种宗教仪式，一般在修习者进入佛门后一年左右，修行完成，就可以得赐一个戒疤，称为"清心"；两年之后再得赐一个戒疤，称为"乐福"；寺庙中的住持，也就是最高领导者，一般都是六个戒疤；在全国范围内都被认可的佛学大师，有可能会得到九个戒疤；而十二个戒疤在汉传佛教史上从未出现过，相传只有佛陀和六祖慧能才有，甚至超过十二个。但这种说法明显是站不住脚的，因为汉传佛教从元朝才开始留戒疤，而汉传佛教之外的佛家弟子根本就没有留戒疤一说。

关于戒疤的说法，佛教中也有一些不同于主流说法的记载，有的人认为留戒疤源于清朝雍正皇帝，起因是官府不再颁发戒牒（用于证明和尚身份的官方档案），于是假和尚横行，真和尚只能用戒疤来表明自己的身份。此外，我国广东的汉传佛教，其烫印的地方在左前臂内侧；有些地方让和尚自己选择，凭自己的觉行和虔诚自行选择烫印数目；宝华山的和尚则有规定，和尚九个，小和尚三个，一个也不能少；还有一些边远荒蛮地区，认为烫印的数目越多越好，再加上这些地区的人生性比较彪悍，满头烫印的情况也曾出现。

大乘佛教还有"身心供养"的思想，就是烫印身体某个部位的皮肤，以焚化的形式来供养佛祖，用以表达自己信仰的虔诚。在佛教传说中，佛祖也曾割掉自己身上的肉来喂鹰，并视此为一种积功德的做法，因此佛教对于这种自残的行为并不排斥。有些朝代的僧人会得到朝廷的特殊照顾，所以很多人为了活命甚至会假冒和尚，而朝廷为了区别真假和尚，就要求寺庙在僧人的头上烫戒疤。

　　新中国成立前，佛家弟子身上都有烙印，其中包括头顶、指尖、手腕、大腿内侧等，而且功德不够的弟了还没有资格烫印。新中国成立后，这一陋习被废止。但出于宗教信仰自由的考虑，如果和尚自愿烫印，国家也不会强制反对，明令禁止烫戒疤的政策，一直到1983年才出台实施。

13. 佛家弟子为什么"化缘"？

　　对于"化缘"，很多人简单地理解为"和尚乞讨"，甚至认为他们有殿宇安身，有田地供食，就应该在庙里敲敲木鱼撞撞钟，然后念经修行，其实这是一种误解。北京大学哲学（宗教）系教授何怀宏先生表示，在佛教思想中，施舍是一种功德，而施舍给佛门弟子，就是和佛门结下了因缘。所以在佛家弟子看来，他们从世人那里得到施舍，实际上是在帮助世人修积功德，甚至是以此来教化众生发心向佛，继而与佛门结下因缘——这也是"化缘"一词的由来。与化缘相对的就是民众对和尚的施舍，佛教称为"布施"，对布施者称"施主"。实际上化缘还包括很多形式，比如做法师为人超度等。和尚也不只是化缘食物，有时候也会化些钱财，佛家弟子会称之为"功德钱""香油钱"等。

　　化缘是一种非常庄重的佛家行为。释迦牟尼佛来到世间，就是为了普度众生，教化众生如何脱离苦海。众生有感于释迦牟尼佛的圣德，以食物敬献给他，表达自己的敬意。释迦牟尼佛在入灭（过世）时留下遗训，认为因缘已到的人他已经度化，但还有很多人的因缘未到，所以要求佛门弟子继续为众生广结因缘，帮助他们终生脱离苦海。也就是说，佛门弟子的化缘行为，是在遵循佛祖的教诲，而且不光是在度化众生，也是在为自己积累功德。所以，化缘只是一种方法，度人和自度才是目的。

　　佛家弟子找哪些人化缘，也是要看因缘的。有些人前生往世都没有和佛结下因缘，即使是释迦牟尼佛在世也无可奈何。佛家将修行分为内因和外因，如果一个修行者自身天资愚钝，又不努力侍佛，那么度化他的人即使再怎么努力，功德再怎么高，也是无法使其成菩萨、成佛的；如果一个人天资聪颖，又一心向佛，却得不到高僧的指点，他成菩萨、成佛的可能性也是很小的，这就是"因"和"缘"的关系。由此可以看出，佛门弟子对世人的度化，也要看"缘"，能否发心向佛，还要看世人的本心。

在我国历史上，僧人拿着钵盂化缘的形象有很多，其实这并非佛门弟子化缘的主要方式。由于历朝历代对佛教都比较重视，所以寺庙基本都会配给田地，很多朝代的僧侣甚至会因此成为大地主，所以他们外出化缘通常是为了修缮或者新建庙宇（这些都是有巨额耗费的）。我国很多名刹古寺的建立，都有着动人的"化缘"故事，而且这些故事通常都是由得道的佛门弟子来谱写的。这些得道高僧通常会有这样的认识——某地如果没有佛门寺庙，用佛教的话说就是没有"佛光普照"，那么他想要修建寺庙就必须取用当地的物力、人力，这样才能为当地众生带来福果。

为了能够在有生之年完成寺庙建设，僧侣一般都会选当地有影响力的人进行度化，这些人需要有功德心，有足够的财力，他皈依佛门后当地人也会效仿。但符合这些条件的人不一定都信奉佛教，他们中很多人可能原本有坚定的宗教信仰。于是，考验僧侣的时候到了，他们必须用自己的实际行动感化对方，让对方自愿出资修建庙宇。很多僧人为了修建一座寺庙，要穷尽毕生精力，他们数年甚至数十年如一日地为施主行功德事，而得到资助后，又要根据佛家要求修建寺庙，还要同时完成诵经和行善的本命。所以，佛家的化缘，实际上也是一种修行，而一名僧侣可以为了一座寺庙的建成付出毕生精力，以弘扬佛法、普度众生，这本身就是一种莫大的修行和功德。

14. 和尚手里的念珠有何玄机？

念珠被佛家弟子称为"念佛珠"，因为佛家弟子所诵读的经文大多都比较长，而且需要每天念够规定的遍数，所以需要有一种工具来进行计数。每串念珠都会有明显的分界部分，称为母珠，个头比其他子珠大。僧人每念一遍经文，就会在手中划过一个念珠，划到母珠后就是一圈。这样一来，一串佛珠有多少颗，僧人划完一圈念珠后，就可以知道自己念了多少遍经文。念珠的个数不一，通常以一百零八颗为准，上到一千零八十颗，下到十四颗都有。北京大学哲学（宗教）系教授韩水法指出，随着佛教文化的发展，念珠的实际功用虽然没有改变，但是佛家弟子却逐渐赋予了它越来越丰富的佛学含义。佛教传入我国后，念珠成为佛门弟子的重要礼佛工具之一。由于经常见僧人在诵经时使用或佩戴于左臂，后来也延伸出了美观装饰的作用。

一百零八颗为一串的念珠是佛门弟子最常使用的念珠，也是一种基准，取义为世间的一百零八种烦恼，而戒除了这一百零八种烦恼，僧侣就可以脱离六道循环了。佛家认为，人的烦恼是由六根而生，即眼、耳、鼻、舌、身、意，这六根都会经过好、恶、平（不好不恶）三个修持阶段，再经过苦、乐、舍三个感受阶段，然后就可以六根清净。其中六根的三个修持阶段为十八劫，感受阶段为十八劫，共计三十六劫；佛家又认为修行分为前生、今世、来生，这三个阶段都会有三十六劫，合计共一百零八劫，也就是一百零八种烦恼。

一千零八十颗为一串的念珠是颗数最多的，也是佛教弟子所使用的最高规格的念珠，通常都是一些佛法高深的僧人使用，而且是在高规格的佛家仪式上使用。佛家将整个修行分为十界，这十界又分为"六凡界"和"四圣界"。六凡界就是佛家常说的六道轮回，从低到高分别为地狱界、饿鬼界、畜生界、阿修罗界、人界和天界；修习者功德圆满后，就可以从六凡界中跳出，进入四圣界。四圣界也有高低阶段，从低到高分别为声闻界、缘觉界、菩萨界和佛界。这十个法界都有一百零八种烦恼，合起来就是一千零八十种烦恼。使用这类念珠的僧人一般都是佛教公认的大德，是受到普遍尊重的僧人，其道法、智慧、功德都已经十分圆满了。

五十四颗为一串的念珠表示菩萨界需要修行的五十四劫，分别为十信、十住、十行、十回向、十地、四善根。

三十六颗为一串的念珠取义和一百零八颗相同，因为修行者的位阶不够，所以取其三分之一。

二十七颗为一串的念珠是小乘佛教专用，是指他们所供奉的二十七位贤主。

十八颗为一串的念珠取义和一百零八颗相同，取其六分之一。

其余还有四十二颗为一串、三十三颗为一串、二十一颗为一串、十四颗为一串等，都有其特定的佛学含义，但并不常见。

按照不同的结构，念珠还可以分为单组念珠和复组念珠。单组念珠是指一串念珠，除母珠外其余都是子珠；复组念珠也是指一串念珠，但是除了母珠和子珠外，还有隔珠、弟子珠、记子留和一些饰物（饰物是为了美观），都是为了方便一些佛法比较高深的僧人使用，因为他们诵读的经文比较特别。复组念珠一般也是只有一颗母珠，但是唐朝时期的密宗佛教有两颗母珠，取义自度和度人。

佛门念珠的使用方法也是非常有讲究的。使用时将念珠展开，一定要用右手持用，其中拇指拨珠，其余四指托住整串念珠。计数时从母珠后的子珠开始拨数，经一圈再次到达母珠后要掉头往回数，拇指不能越过母珠，越过会被视为对佛法的不敬。除了持用方法外，念珠的摆放在佛门中也有规定，比如戴在颈上，只能舒展成一圈；但是如果持在手上，就必须缠绕成两圈；而如果是摆放在案上，就一定要重叠成三圈。

此外，佛门弟子诵经是为了消除杂念，修取功德，而使用念珠被视为可以更好地消除杂念和修取功德。由于念珠制作材料不同，所以使用时达到的功效也是不同的。比如有的人认为，相比于不使用念珠，使用铁质的念珠可以提高五倍功效；赤铜质念珠可以提高十倍；珍珠质、珊瑚质念珠可以提高百倍；木槵（"槵"音同"换"，一种落叶乔木）子制成的念珠可以提高千倍；莲子制成的念珠可以提高万倍；绿宝石质念珠可以提高百万倍；金刚子（一种大型常绿阔叶树木，生长在海拔两千米以上的高原地带）制成的念珠可以提高千万倍；水晶质念珠可以提高亿倍；菩提子（国内天台雪山特有的一种植物）制成的念珠，可以提高无数倍。

15. 佛门中的"敲木鱼"是怎么来的？

木鱼又被佛家称为"木鱼鼓""鱼鼓"，也有的佛教流派称之为"鱼板"，是佛家弟子最常使用的礼佛工具。最初的时候，木鱼的外形多为长方形，称为"梆子"，而且并不是佛家专用的器物。后来佛门选用木鱼作为礼佛工具，逐渐将其外形修饰为鱼的形状，并取名为"木鱼"。

木鱼的由来，则源于佛经中记述的一个故事：一个和尚因为违反佛门清规而被贬入畜生道，投生化成了一条鱼。又因为他罪孽深重，佛祖在他的背上埋下了一颗种子，这颗种子后来生根发芽长成了一棵大树，使这个转生为鱼的和尚受尽折磨。但是他已经诚心悔过，并没有因为折磨而放弃这一世的修行，反而更加努力，勤勉侍佛。佛祖终于被其感动，在他功德圆满后为他去掉了那棵惩戒之树。这个和尚不想在来世犯同样的错误，要求佛祖将这颗惩戒之树制成他在畜生道修行时的鱼身，以使自己在来世做和尚修行时保持警醒。和尚投生后虽然记忆断灭，但由于他的前世功德，佛祖赐予的木鱼却始终警醒着他，使他最终成为一代名师。于是，后世的佛门弟子都认为木鱼可以帮助他们修成正果，就纷纷效仿，将木鱼作为礼佛工具。

然而，据北京大学哲学与文化研究所考证，木鱼之所以被引入佛门，成为重要的礼佛工具，确实是因为它的警示作用，但经文中记载的故事却不是它的真正来源，其真正含义在于鱼类的眼睛。众所周知，鱼类的眼睛是无法闭合的，在佛教人士看来，这是一种时刻保持警醒的特征，正好可以用来警示佛门弟子，即修习佛法要像鱼一直睁着眼睛那样，不可有一丝一毫的懈怠，唯有如此，才能修成正果。至于为什么要用木头制作木鱼，也是因为有佛家著作为依据，在《释氏要览》有这样的记载：一个和尚问佛祖，要用什么材料做犍（"犍"音同"钱"）槌（犍槌即后来的木鱼）。佛祖告诉和尚，除了漆树（一种落叶乔木，属漆树科代表树种）都可以。意思是说，用木头做犍槌是佛祖的教诲，再后来刻成鱼的形状后，就叫作木鱼了。

此外，木鱼的形状也很讲究，有单型鱼和双型鱼，后来还有龙形鱼——根据"鲤鱼化龙"的典故而来，佛家弟子也希望自己可以借助木鱼超凡成圣。按照木鱼个头的大小，可以分为大木鱼和小木鱼两种。大木鱼放在桌上敲，小木鱼持在手中敲，但必须是左手持木鱼，右手持鱼槌敲击，不用时也必须双手抱持，以示尊重。因为木鱼的实际功效是警示佛门弟子，所以敲击的节奏不可以一成不变，要有缓急变化。一些道行高深的和尚是不用木鱼的，因为他们的自我克制能力很强，用木鱼反而会使他们受到干扰。所以我们常见一些比较年轻的和尚使用木鱼，或者由他们的师父在旁敲击。敲木鱼也经常会被当成一种维持佛堂纪律的方法。

16. 什么是佛学中的八正道？

在本章第一节"佛教四谛"中，对于八正道已经有了简单的介绍，但由于这是佛家中的重要修行法门，这里还需要详细地分析解读。北京大学哲学（宗教）系教授汤一介先生认为，八正道中最重要的一正是"正见"，其他"七正"都是在此基础上进行努力精进的修行。"正见"的核心是要坚信佛法至上。佛教不排斥其他宗教，但佛门弟子在研习其他宗教思想的时候，必须以佛学为根本，对于那些有利于佛法弘扬的要吸收，对于那些污蔑和阻止佛法弘扬的学说要坚决摒弃。得成佛法正果的最重要的根本，正是对佛法坚定不移、矢志不渝的信奉，一旦修习者对佛法产生质疑，将永离佛法的照耀。

汤一介教授还提出一个观点，认为修习八正道要避免两个误区，一是沉溺苦难，二是沉溺享乐。所谓沉溺苦难，就是修习者被苦难蒙蔽了双眼，认为世上的苦难太多，修行无穷无尽，觉得自己在有生之年都无法开悟，无法修得佛学真谛，从而失去修佛的信心；所谓沉溺享乐，实际上是一种停步不前的状态，即在修行达到了一定的高度，积累下了一些功德，但是因为继续修行的苦难太沉重，以前积累的善缘果报又很诱人，修习者就开始不思进取，选择坐享其成。根据佛家因果相报的思想，功德要么在积累，要么在消亡，不积累便是消耗，不前行就是后退。在这种此消彼长的情况下，修行者一旦无法取得进境，如果功德享尽，甚至会在死后堕入下一道轮回。所以，修习者应该取中间态，既不激进也不消极，而是明察秋毫，以中庸道法处进退自如之境地，持平常心，行当下事，成自然人。

正见，就是正确的见解。世间万物纷乱复杂，只有得道者才能看透其假象，直接见到本质所在，而了解了其本质，就可以察明它的运行规律，也就可以提前做好准备。正见是修习佛法的基础和根本，是修习者最终要回归的地方。人生在世，所遇之事繁多，如果修习者疲于应付表面，却不透析本质，就只会越来越忙，越来越缺少时间进行思考，将自己置于一种碌碌无为的状态中。所以，多经历一些事情不是坏事，但一定要多思多想，多参悟佛法大道，才可以得正见。

正思维，也就是调整自己的思维方式。现实生活中不是每个人都勤于思考，即使是勤于思考的人，也不一定能得到真正的智慧。这就要求修习者从根本上进行思考，或者说思量自己想要的东西和想要达成的目标是否合理，只有做到了这一点，接下来的事情才有可能顺利地进行下去。正思维实际上也是一种建立思想体系的过程，这个过程中必须有成系统的理论学习和实践经验，唯有如此，才可以正思维。

正语，在现实生活中，经常有人会被自己说的话"带着走"，即为了一句话而解释十句话，然后为了解释十句话而说一百句话，直到自己再也无法自圆其说。遇到这种情况，就要静下心来思考，告诉自己不能讲大话、假话；不能在背后议论人；不能添油加醋、捕风捉影，甚至无中生有；不能太苛刻，要推己及人；不打压别人来抬高自己，尤其是不能攻击对方的短处和缺陷；不要装腔作势，说话时故意拿捏腔调，说话内容假、大、空。正语一道的修行，要做到说话时有理、有力、有节、有情、有义，让交谈对象感觉到真诚。

正业，就是要对自己所从事的行业有一个客观正确的认识，也可以理解为对自己终身使命或者责任的解读。这需要修习者高瞻远瞩，有一个长远的认识和规划。

正命，这里就上升到了心理和精神层面，需要修习者时刻遵循佛法，勤勉修行。正命的修行是要以一种正确的行为养成习惯，然后习惯成自然，于自然中享受自在。

正勤，这是一个不断完善的过程，因为任何事情都处于不断变化中，只有随变化而变化，才可以做到与时俱进，得享安适，也就是实现"动态的平衡"。

正念，是对欲望的修持，即对万物不生欢喜心，不生厌恶心，持中间心；不存邪念，不存恋念，持中间念。神秀禅师曾作菩提诗"身是菩提树，心如明镜台，时时勤拂拭，勿使惹尘埃"，说的就是这个道理。

正定，心如意，意如境，境如止水，止水如心。六祖慧能也曾作菩提诗解析其中道理："菩提本无树，明镜亦非台，本来无一物，何处染尘埃。"修得心明志净，就可以回归正见，开始新一轮更高层次的修行。

17. "五蕴皆空"是什么意思？

北京大学教授汤一介先生认为，想要弄清五蕴皆空的意思，首先要探明"五蕴"的深义，而五蕴的关键又在于"蕴"。蕴，我们可以简单理解为对某一样具体物品的承受或感受。比如我们看到一个杯子，实际上是光打在它的身上，然后折射进我们的眼睛，这就是我们视觉上的一种承受，也就是视觉上的一种"蕴"。那么什么是"五蕴"呢？这是佛教的一种说法，五蕴即色蕴、受蕴、想蕴、行蕴和识蕴，可以理解为内心世界对外在事物的感受。

色蕴，我们识别一样东西，无非就是从它的形状和颜色来判断，这也是对最直观、最简单和最常见事物的最初了解，而佛教将形状称为"相"，将颜色称为"色"。也就是说，虽然这一蕴被称为色蕴，但它其实也包含了"相"的含义在内，基本可以理解成为一切外在的、可以用眼睛直观感受的东西。

受蕴，这明显就是色蕴的升级了，因为除了视觉之外，我们还有听觉（耳）、嗅觉（鼻）、味觉（舌）、触觉（身）、感觉（意），也就是佛家所说的六根。六根基本囊括了我们对这个世界的所有感受，所以受蕴是一种对世间万物的感受。需要注意的是，前五种感觉和最后一种感觉，是分和总的关系，也就是说，前五种感觉中的每一种，在其产生的过程中，都伴随着第六种感觉的存在。

想蕴，是一种思考的过程，是一种经验的表现，是修行者对外界事物和内心世界进行交互的行为，可以简单地理解为思考。这种思考的结果无论对错，都会形成积累，并成为下次同样情况或环境下的判断依据。比如，一名航海员，每经历一次暴风雨，他都会对暴风雨前的预兆更加敏感，而一名经验丰富的老船长，甚至可以在不借助任何工具的情况下躲避灾难。

行蕴，这实际上是一种回归，即我们在第一次遇到一件事后，会做出一些总结、得到一些经验，但是这些经验不一定是正确的，这就需要下一次实践的验证。如果按照已经形成的经验行事却出错了，那么显然，之前的经验就是不对的，需要修正，直到得出的经验可以帮助我们顺利渡过难关为止。

识蕴，这一蕴就有了分辨、识别的含义在里面，实际上是指在经过思考和实践后得出正确的选择，得到一个科学的、系统的、可靠的判断依据，也就是经验。其实，识蕴同时也是一个综合的修习过程，修行者需要将每一蕴融会贯通，才能快速地分析、判断事物，从而得悉佛法精要，修成正果。

而所谓"五蕴皆空"，指的是一种高远的思想境界，它并不是说五蕴没有任何意义了，而是修行者已经将五蕴看得通透了，已经不会再为五蕴纠结，也不会再被五蕴引向错误的方向。这样的思维高度使得修行者完全可以忽视五蕴的存在，即五蕴皆空。但需要注意的是，任何一个修行者都必须经过五蕴的修行阶段，才可能做到"五蕴皆空"。

然而，在现实生活中，人们往往被一些事物的表象所蒙蔽。以人人都很向往的爱情和婚姻为例，爱情和婚姻建立的基础是什么呢？彼此相爱，这一点是最重要的。但有些人却只因为对方的家世或者美貌等一些表面的东西而与之结合，根本不顾最根本的问题。这样的结合可能会为他们带来某种满足，但人世间最重要的东西——幸福，却不会光顾他们的世界。所以，五蕴皆空说的是放下，但不是失去；说的是适应，而不是改变；说的是享受，但不是迷恋。

18. 什么是"三法印"？

　　"三法印"一说出自佛家著作《大智度论》，具体内容为："诸行无常印""诸法无我印"和"涅槃寂静印"。要想了解"三法印"，首先就需要弄清楚"法印"的概念。简单来说，这是一种对新生思想进行指导和规范的法则，就是印证佛教的新思想是否符合佛教宗旨。因为这些方法共有上述三种，所以被佛教称为"三法印"。需要注意的是，三法印为佛家独创思想，是佛家的创造性和标志性文化，为其他宗教所没有。北京大学哲学（宗教）系教授韩水法先生认为，在创造性和标志性的基础上，"三法印"还是佛教本身的指导性思想，它不仅是佛祖释迦牟尼佛创造出来的，而且后世佛门弟子提出的思想只要符合"三法印"标准，都会被视为佛家思想的真谛。所以，"三法印"衍生出来的佛教理论规模之宏大、影响之深远，是可以想象的。

　　在佛教思想中，"法"被分为两个部分，即世间法和出世间法。其中，世间法指的是和众生有关的，比如"六道轮回"和它所包含的理论，都属于世间法，是众生在修行时所遵循的法度；出世间法就是佛学研究的范畴了，它致力于制定众生修行时可以依据的法度，当然最终目标也是为了普度众生，而"三法印"就属于出世间法。从这样的角度来分析"三法印"的具体内容，就比较容易理解了。

　　诸行无常，其中"诸行"是指世间众生的各种行为，而由于各种行为都是受到思想支配的，所以在这里，"诸行"的主旨还是探寻思想层面的谜题。佛家认为，世间的一切都处在不断变化中，所以受到世间万物影响的人的思想也在不断变换，这也就导致了人们的行为不断发生变化，而且由于整个环境也在转变，导致人们很多时候无法觉察自己的变化。这就是"诸行无常"。

　　诸法无我，"诸法"说的是世间的各种事物的运行规律；"无我"

是指人类在这个天地运行规律中，而不是凌驾于这个规律之上。在人类出现以前，地球就已经存在数万亿年了，它是遵循宇宙的规律形成的，而地球上的生物也是根据地球运行规律产生的，当然其中包括我们人类。所以说，是宇宙和地球的运行规律产生了人类，而不是人类创造和左右宇宙地球的运行规律。所谓"得道多助，失道寡助"，就是说我们必须了解并遵循社会运行的规律，才能事半功倍；反之则会事倍功半。换句话说，"诸法无我"是一个消除自我中心的修行过程，是一个将我的意志放归到天地运行的大道规律中去，达到"我因法变，有法无我"的境界。

涅槃寂静，"涅槃"是从梵文音译过来的，翻译成汉语的意思是"圆寂"。"圆"的意思是圆满和完成，也就是说升入上一道轮回的功德已经修满；"寂"是寂灭、前往的意思，既然修为已经圆满，那么修为者就可以去到想去的地方。如果修行者在这一世不但没有功德，反而造下孽缘，那么在来世不但不能升入上一道轮回，还要堕入下一道轮回受苦。按照佛教的说法，人死之后，其灵魂会以光的速度冲向宇宙，并且灵魂会从有形到无形而至渐渐消散，直到最后什么都没有。人在死后先失去视觉，意识陷入一片黑暗；然后失去听觉，意识陷入一片寂静；最后，就连最基本的存在意识都没有了——这就是"寂静"说法的由来。综合两者，就是"涅槃寂静"。

19. 佛教中为什么称死亡为"涅槃"？

据北京大学哲学与文化研究所考证，"涅槃"（最早出自于佛教的《涅槃无名论》）一词来源于古印度，在当时的各家宗教中，都有从痛苦中升脱的含义。释迦牟尼创立佛教后，首先提出了因缘理论，而由于涅槃的定义完全符合他的理论，所以涅槃被引入佛教文化之后，又被释迦牟尼加入了更为丰富的内涵。释迦牟尼认为，世间的一切都处在生灭往复的变换中。因为生死无法避免，所以功德圆满地死去，也就是涅槃，应该成为人生的最高追求。

涅槃在佛教经典中的使用频率很高，是一种高规格的佛门用语。一些德法高绝的佛门大师的逝世，大多会被称为"涅槃"。由于"涅槃"这个词的意译为"圆寂"，所以在汉传佛教中也经常使用"圆寂"一词。

详细来说，"涅槃"有两个层面的意思：一是受尽了苦难；二是得到了重生，而且是一种更高境界和层次的重生。在佛教经籍《天龙八部》中，记载了一种叫作迦楼罗的大鸟（我国凤凰形象的原型），这种大鸟知晓天地大义，致力于消除人世间的罪恶和烦恼，被人们尊为"幸福使者"。相传它以世间的毒蛇和毒龙为食，声音非常悦耳动听，像天界的音乐一样，而且羽毛也非常漂亮整齐，看上去美艳无比。为了使人类免遭劫难，迦楼罗还自愿背负起人世间的所有罪恶，每五百年就带着这些罪恶浴火自焚，用自己的生命捍卫人类幸福。由于功德圆满，这种大鸟每次浴火自焚后都会获得新生，并且一次比一次美丽，声音也一次比一次动听。最终，这种大鸟修成正果，脱离了六道循环，成为不死不灭、永登极乐的神鸟，这个典故也被称为"凤凰涅槃"。佛门弟子之所以将死亡称为涅槃，就是寓意自己经过了苦难的洗礼，可以在死后升入更高一道的轮回。

由此可以看出，涅槃是佛门弟子逝世后的最高境界。这一境界中没有贪、嗔、痴、慢、疑五毒，也没有色、受、想、行、识五蕴等一切烦恼，是一种寂静、无欲无求的最高境界。功德圆满是修行者在世间的目标，涅槃就是修行者追求的死亡目标，只有这些目标都达成了，修行者才可以跳出六道循环，不再堕入"六凡界"，而永享欢乐。

20．佛教的"三无漏学"指的是什么？

佛教著作《楞严经》有文如下："摄心为戒，因戒生定，因定发慧，是则名为三无漏学。"意思是说，按照佛法的规定观心持戒，可以解除修习者的疑惑，达到一种禅定的境界，然后继续努力习性，就可以修得无上智慧。所以"戒""定""慧"就是佛家所说的"三学"，而"无漏"的意思就是没有遗漏、没有遗憾、没有缺失。在佛家弟子看来，世间的所有宗教都是有遗漏存在的，因为他们不讲因缘，无法理清过去、现在、未来，总会留下遗憾，所以所有佛门弟子称佛教以外的宗教学为"有漏学"。但佛教的思想却能参悟因缘，可以得知过去、现在、未来，帮助众生戒除一切烦恼、忧愁，是没有遗漏的学说，因此称为"无漏学"。

北京大学哲学（宗教）系教授韩水法先生认为，三无漏学是佛教对"八正道"的进一步阐述。因为三无漏学又延伸为"持戒""禅定"和"智慧"，可以对应消除"贪婪""嗔怒"和"痴愚"三毒。因此，在佛门中，要想消除贪、嗔、痴，需用戒、定、慧。

戒，佛门弟子关于"戒"的修行就是指其恪守清规的过程。佛教为弟子制定了极为严格的戒条，按照戒条的数目分为五戒、八戒、十戒和具足戒等。这些戒条都有明文规定，而且非常具体和深入，佛门弟子通过受戒活动进行学习，然后将戒条规定逐渐落实到实际行为上。此外，修习者在持戒过程中还有一些灵活的规定，具体为"持""开""遮""犯"，其中"持"就是指修习者要持守戒条；"开"是指在特定的情况下可以不用持守戒条，例如大乘佛教认为，如果杀一人可以救百人，那么是可以对这个人开"杀戒"的；"遮"是一种监督，一般在寺庙中有相关的部门，汉传佛教称其为"戒律院"；"犯"就是指修习者没有按规定持守戒条，就要受到惩罚，并由戒律院执行。

定，又叫"禅定""禅那"。我们常听到的"三昧"是梵语，也是定的意思。可以简单地理解为安静的思考。对于那些出入佛门的和尚来说，禅定也有很多戒条，具体可以分为以下四个法门：世间禅、世出世间禅、出世间禅、出世间上上禅。其中，世间禅可以使持戒者没有大的烦恼，但还是会有一些小的烦恼；世出世间禅是说在世间禅的基础上精进勤勉，便可以脱离六道轮回；出世间禅分为"观""练""熏""修"四种方法；出世间上上禅，这是人乘佛教菩萨位阶需要持守的戒条，是最上乘的禅。

慧，指的就是智慧，梵语音译为"般（'般'音同'波'）若（'若'音同'惹'）"，这是一种通达万能的境界。其实，智慧和聪明有很大不同，聪明是指做具体事情的时候灵活有方；智慧是指对大道的了解，即做任何事都可以做到灵活有方。在佛教看来，智和慧也有所不同，智是实践中的灵活有方，慧则是理论总结学习的能力高超，但由于理论和实践本就无法分开，所以还是可以将智慧理解为至高的佛学境界的。此外，智慧也可以分为一切智、道种智和一切种智。其中，一切智是佛学高僧的智慧；道种智是菩萨位阶的智慧；一切种智是佛位阶的智慧。

第四章

道

——道法自然、无为而治的道家要义

相对于儒家学派的强势，道家文化长期以来都处于相对弱势的地位，尤其是在程朱理学兴起、科举取士以儒家典籍为考试内容之后，道教受到重视的程度就更低了。实际上，对于道教在统治者眼中不敌儒家文化这一点，国内的专家、教授们也有着自己独到的见解。在他们看来，古代帝王尊崇儒家思想，更多的是为了维护自身的稳定统治，而道家才是和他们"最为亲密的伙伴"。道家学派的黄老之术、炼丹神术以及长生不老的理念等，实际上都是帝王们一直在追求的东西。

1. "道"在中国古代到底是什么意思？

道家思想是春秋战国时期的主要思想，众多思想流派对于道家的思想均有取用。秦始皇统一全国后，选用法家思想治国，道家思想遭到冷遇；秦朝灭亡后，汉朝初期的统治者重新使用道家思想治国，并创造出了我国历史上的第一个盛世——文景之治；后来汉武帝独尊儒术，道家思想再次被迫退出历史主流，并从此逐渐凋落。但是道教作为我国本土宗教，仍然以其强大的生命力不断影响着我国文化，而道家也与儒家和后来传入我国的释家（佛教）并列为三大思想流派。这三大流派分别有自己的观点和主张，又都有各自系统的理论支持，共同构筑了我国传统哲学的大厦。其中，道家的核心理论就是"道"。

事实上，道是道家最基础和最简单的修行指导思想。北京大学哲学（宗教）系教授韩水法先生认为，道是道家思想的总纲，是可以将道家观点进行串联的整条线索。道家经典著作《道德经》的第一章，就对道进行了开门见山的阐述，其余八十篇则为具体论述；而通篇看完后再回头看第一章，如此往复循环，道的概念最终会被清晰地了解。所以，运用道家思想学习道本身的内涵，是最好的学习方法。关于"道"的含义，我们可以简单地将它理解为"规律"。

《道德经》开篇讲"道可道，非常道"，意思是规律可以说清楚，但是规律又不是一种常态，它是一种有迹可循并且可以预见的变化过程。比如，月明的规律是先缺后满，再缺再满，但与此同时，月亮随时都有可能被阴云遮蔽，所以规律本身就是一个变化过程，但这个变化过程也不是一成不变的。事实上，道真的无法讲解清楚，这也是抽象名词所固有的特性，道的无法言明，就如同规律无法言明一样。如果有人问规律是什么，那么我们一定无从回答，因为我们完全不知道他在问关于什么事情的规律。如果他问水的变化规律是什么，我们就可以告诉他，水往低处流。但这个规律只是水的规律，不可能适用于风，因为风是由空气流动产生的，而空气流动只受气压影响。虽然这些都只是小的规律，但它们又都是可以了解清楚的，而一旦将整个环境中所有小的规律都了解清楚了，那么整个大环境的运行规律也就可以了解了。整个大环境的运行规律，便是"大道"。

了解大道，是为了看清事物的本质，不被它的表象所迷惑，然后根据规律预测将来事物的发展，从而为自己当下的判断找出依据，而这种能力也就是所谓的经验。对于那些已经被我们了解的规律，人们可以通过经验来掌控，但世界之大，必然有一些规律是我们无法掌握的，因此，不断了解那些未知的规律，就成了人类共同面对的课题。早在两千多年前，和我们生活在同一片土地上的祖先们，就已经开始探寻终极的规律了，而他们中的佼佼者，就是道家学派。

道家的一个主要观点是"万法自然"，就是指任何事物都有其自身的运行规律，任何事物本身也都包裹于外界运行规律之中，外在的规律运行导致了物体的产生和发展，而物体的产生和发展又会形成自己内部的运行规律。虽然这跟佛教所说的"因缘"很是相似，但佛道两教进行修行的观点和方法却完全相反。佛家是由内而外的修行，认为自己功德圆满后自然可以知晓大道，而后不死不灭、福寿不歇；道家却是从外而内的修行，认为首先必须洞察大道，才能知道自己该做什么，最终羽化成仙。因此可以看出，佛道两家的修行过程虽有不同，但他们追寻的大道却是相同的。或者可以说，佛道两教的不同，便在于他们对内因和外因的理解有所差异。众所周知，内因和外因会最终决定一件事的发展，佛道两家修行的不同，不过在于方法和途径上，方向和目标其实都是一样的。但其实佛道两教都承认，外因和内因是无法分开的，二者甚至是相辅相成的，所以佛道两家对待内因和外因的差异，也就是侧重点不同而已。

在道家看来，世间所有的道都是环环相扣的，都是由无数个小的道聚集在一起，然后形成一个大道，而对于这个大道进行参悟的过程，就是对所有事物规律深入了解的过程。虽然人世间需要了解的规律很多，修行者不可能全部了解，但既然这些规律之间都存在联系，就必然会有一个终极规律，而这个终极规律可以适用于万事万物的发生、发展轨迹。这个终极规律也正是道家所苦苦追寻的大道。

2. 道家的"天人合一"传递出了哪些哲学含义？

"天人合一"的思想最早见于《易经》，其中讲到，天的运行规律是阴阳变化，地的运行规律是刚柔变化，而人就是阴阳变化和刚柔变化的产物。道家的庄子首先对这一思想进行了解读，他在《庄子·达生》中说："天地者，万物之父母也。"意思是说，天滋生万物，而地承载万物，有天有地，才有了世间的一切，而这里所说的一切，自然也包括我们人类。这个观点就是要阐明，自然规律高于人的意志，人类应对自然大道心怀敬畏，我们只是自然界中的一粒草芥，我们不可能打破或超越天、地、自然的运行规律。

道家思想认为，人类应该同动物、草木、金石一样，安安分分地静处自己的一方天地，主张国家和人民回归到原始部落时代。这一思想虽然有悖历史发展潮流，但对于那些痴迷于追名逐利或企图建立自己的秩序，又完全不遵循自然规律的人来说，显然是一剂良药。按照道家的说法，世人之所以有苦恼，就是因为有欲望却又无法达成，所以要求人们舍弃欲望，因为欲望是永无止境的。但从另一方面来说，欲望也是人类社会进步和生产力发展的驱动力。所以，对于欲望，既不能放任自流，也不能盲目扼杀，最好就是根据自然规律，得出并释放出合理的欲望，庄子所谓的"天人合一"的根本便在于此。

天人合一是我国古代哲学体系的核心因素，千百年来被历代学者所推崇和研习，始终保持着它的生命力。北京大学教授季羡林先生也曾指出，天就是大自然，人就是人类，合一就是要人类去感应大自然的每一处微妙变化，然后与之息息相连起来，顺应它的运行规律。现代社会对于自然的认识越来越狭隘，觉得只有在山水之间，在草木之中，才有自然的气息，实际上，这只是因为人类破坏了太多的自然规律，因而误将"自然景观"当成"自然"。

实际上，自然无处不在，它是一种规律，存在于人与人之间，存在于人与物之间，也存在于物与物之间。如果我们想要时刻保持主动，保持对环境的掌控，最好的办法是认清规律，包括潜在规律，然后根据它的变化而改变自己的应对措施，而不是试图创立或改变规律。规律之所以被称为规律，就在于它具有必然性、规定性和固定性，不可能按照人类的意志发生改变。所以，与规律同在，与自然同在，才是人间正道，才是天人合一。

3.　"庄周梦蝶"讲述了什么样的道家理论？

"庄周梦蝶"的典故出自《庄子·齐物论》，其中庄周指的就是庄子本人。一天他在家里睡觉，梦到自己变成了一只蝴蝶，然后在空中翩翩起舞，形象十分逼真，意识十分完整，以至于庄子以为一切都是真实的，甚至认为自己就是一只蝴蝶。醒来之后，庄子发现自己仍然是人身，但是他忽然意识到，这人身不也是形象十分逼真、意识非常完整吗？不同的只是蝴蝶是在空中翩翩起舞，而人是在地上行走。于是他开始怀疑，自己究竟是一只真实的蝴蝶和一个梦境中的人，还是一个真实的人和一只梦境中的蝴蝶？

这个故事看上去虽然有些荒诞，却揭示了一个深刻的道理——我们生活在这个世界上，往往不会质疑自己所做的事情，认为自己是正确的，别人的想法和做法都是错误的，从来不会换一个角度看待事物。因此，在遇到一些困难和挫折的时候，总是会感到困惑，分不清什么是真实的、什么是虚假的。按照道家的观点，一个人的世界就是一个世界，不同的人看到的是不同的世界。我们要想达到大同，共同生活在一个世界上，并且得到和谐美满，就必须建立起和世间万物的联系，然后才能建立起一个"真实"的世界。这个过程也就是真正认知自己和行为的过程。真实的自然世界只有一个，不同之处仅仅在于每个人的认知，所以只要对世界的认知相同，人与人、国与国、民族与民族之间的矛盾就都可以化解。

我们在遇到一件惊奇的事情时，经常会让身边的人掐自己一下，如果有疼痛感，说明是在现实中，如果没有，可能就是在梦中。

每个人都有过做梦的经历，在梦中，我们不仅有完整的形象和意识，而且会有完整甚至生动的环境。这些情境让我们觉得自己身处现实，很多时候我们根本不知道自己是在梦中，这就如同我们在现实生活中，从来不质疑自己是否是存在于另一个世界的意识和形象。从辩证角度来讲，如果我们痴迷于眼前世界，就可能永远也无法体会另一个世界的自我。而这个自我，当然也是由我们的意识和形象组成的，而无论是道家、佛家，还是儒家，都在强调另一个世界。

北京大学哲学系教授汤一介先生表示，我们越是痴迷于一件事，越是执着于一件事，就越是容易被这件事所蒙蔽，从而看不清客观环境和自我位置。比如女色、钱财、权势，很多人在追寻这些东西，而醒来时，却发现已然歧路难返，或是无奈地继续，或是身在监狱，抑或是垂垂老矣。

4. 道家为什么要讲"朝三暮四"？

"朝三暮四"出自《庄子·齐物论》，说的是春秋时期，有一个名叫狙公的宋国人，他很喜欢猴子，而且神奇的是他可以和猴子沟通，所以他就专门圈养猴子。后来，因为猴子增多，狙公的支出也增多了，为了能维持下去，狙公希望能够减少猴子们的食物。于是，他跑去和猴子们商量，说每天早上只能给它们三颗橡栗，晚上给四颗。猴子们非常生气，吵闹着不肯罢休。狙公又说早上给它们四颗橡栗，晚上给它们三颗。猴子却非常高兴，蹦蹦跳跳地答应了。

这个故事的意思很简单，就是揭露了运用权谋欺骗人们的行为的真相，因为狙公给猴子的橡栗总数没变，只不过调换了一下顺序，就成功地蒙骗了猴子。在我国古代社会，统治者经常利用这种权谋欺骗百姓，比如百姓对一项制度感到不满、发出抗议，统治者就立即改变制度，百姓以为制度改变后情况会变好，也就不再闹了。但实际上，统治者剥削百姓的实质是不会改变的。庄子就是利用这个故事来警示那些目光短浅的人，不要像猴子一样被人愚弄。

战国末期，秦国和楚国两大强国争霸，一些弱小的诸侯国为求自保，不断在两国之间摇摆。如果楚国打了胜仗，这些小国就趋附楚国；如果秦国打了胜仗，他们又跑去趋附秦国；战争最频繁的时候，这些小国甚至早晨的时候趋附秦国，到了晚上就已经趋附楚国了。当时这些小国的行为就被称为"朝秦暮楚"，表示他们反复无常。朝秦暮楚和朝三暮四在结构上相同，后来词义也开始通用，所以朝三暮四也逐渐成为反复无常者的代名词。

对此，北京大学哲学（宗教）系教授何怀宏先生有自己的看法。在庄子撰写的故事中，"朝三暮四"和"朝四暮三"实际上还是有区别的，因为猴子早上的食物要支付一天的能量消耗，而白天是他们活动的主要时间，运动量和能力消耗自然较多；到了晚上，吃过饭后就是休息和睡觉了，能量消耗自然比较少。所以，"朝三暮四"的食物分配方法，不但会使猴子白天的能量不足，还会造成晚上的食物浪费。这里存在一个分配方法和实际情况的协调问题，在现实生活中同样需要重视。虽然三加四和四加三的结果都一样，但有的时候结果取决于过程，即不一样的过程，也可能会导致不一样的结果。

5. "祸福相倚" 是道家的智慧传承吗？

"祸福相倚"出自老子的《道德经》第五十八章："祸兮，福之所倚；福兮，祸之所伏。"意思是说，福和祸是相互依存的，一件坏事如果换一个角度来看，很可能蕴含着好的一面；而一件好事如果换个角度去看，也很可能藏匿着危机。北京大学哲学（宗教）系教授韩水法先生表示，现实生活中人们经常把福事和祸事分得很清，认为某事就一定是好事，而某事就一定是坏事。其实这样做是不科学的，因为不管在我们身上发生了什么事，都不过是整个过程中的一个环节，而事情是会随时发展变化的，或者也可以说，福事和祸事不可能单独存在。

现代社会比较严重的现象是父母对子女的溺爱，尤其是一些有能力的父母，他们不仅为子女设计好了成长的路线，还在这条路线上扫清了一切对子女不利的因素。乍一看这是一件好事，至少对孩子来说是一件福事，但这件福事当中显然存在着祸事。因为一个孩子如果从小没有遭遇过挫折，他便学不会应对挫折的能力，就连应对挫折的心理素质都没有，那么这样的孩子一旦遭遇挫折，其结果可想而知。相反，如果一个孩子从小就在挫折和失败中成长，他的父母在这个过程中还给了他健康的价值观念，使其至少不会犯同样的错误。这样的孩子长大后，先不要说其应对困难的能力，首先在心态上就会更为健康。

在道家著作中，最能体现老子"福祸相倚"思想的典故是"塞翁失马"。塞翁失马的典故出自汉朝刘安主持编著的《淮南子·人间训篇》，这个故事是这样的：

有一个住在边塞的老人，他的道学非常深厚，且善于数学。一次，他饲养的一匹母马忽然跑出边塞，混杂到胡人饲养的马群中去了。因为胡人和汉人交战，老人的马算是没办法要回了。当时，边塞人民都要借助马进行日常活动，而且他们也要用马匹缴纳朝廷的赋税，所以老人的境遇变得非常糟糕。这个时候，一些好心人就来劝慰他，但老人却完全没有哀伤的表现，反而说发生这样的事情也不见得就是坏事，但大家都不相信。

不久之后，那匹母马不仅跑了回来，而且带回了一匹健硕的公马，而且母马的肚子里还怀了一匹小马。这样一来，当初那些劝慰老人的好心人又都赶来恭喜他，并称赞他当时的预言太准了。但老人此时仍然非常平静，并表示这样的事情也不一定是好事。众人不理解，认为凭空多了两匹马，怎么可能是一件坏事呢？

又过了一段时间，老人的儿子外出归来，发现了那匹健硕的公马，于是就想征服它使其成为自己的坐骑。没想到这匹公马野性难驯，老人的儿子不但没有驯服它，反而被它摔到地上，并且摔坏了腿，落下了终身残疾。人们赶来安慰老人，可老人仍然一副泰然处之的神态，表示这同样可能是一件好事，而人们依旧持怀疑的态度。

结果当年国家战事吃紧，边塞养马的青壮年都被强征入伍，但老人的儿子却因为残疾而躲过了兵役。最后军队大败而回，边塞地区招去当兵的青壮年全部命丧战场，而老人的儿子虽然成了瘸子，但至少保住了小命。至此，当地的人们才对老人表示信服，认为他是一个目光高远的人。

福祸相倚的道理教导我们，不要被一时的境遇蒙蔽双眼，要将目光延展到过去和未来。得意时不要忘形，失意时也不要灰心，而是要善于发现，包括发现得意时可能存在的危机，失意时可能存在的希望。这样的能力可能并不容易获得，但首先必须有这样的意识，然后才能逐步培养出这种能力。只有最终具备了这样的能力，才能坦然处世，不被眼前的乱象迷惑——既不会在发生好事的时候忘乎所以，也不会在发生坏事的时候惊慌失措。这样一来，我们的心情自然就不会被眼前发生的事情牵着走，从而就能避免因心绪不宁做出错误判断，而能够做到处乱不惊，达到"不以物喜，不以己悲"的境界。

6. 道家"无为之治"到底有什么寓意？

　　"无为之治"出自《道德经》第二章："是以圣人处无为之事，行不言之教。"也就是"无为之治"。北京大学哲学（宗教）系教授汤一介先生指出，想要了解道家关于"无为之治"的思想，首先就需要弄清"无为"的含义。道家将世间万物都纳入"道"中，力图发现并遵循其运行的规律——这似乎跟"无为"的说法没有什么联系。其实，这里的关键在于"无为"的"为"字，因为实际上它应该是"违"字，经过种种演变才最终成了"为"。所以在道家思想中，"无为"应该是"无违"的意思，即不违背事物运行的各种规律，而"无为之治"就是按照事物本身的运行规律行事，不使自己有所违背。

　　按照道家的观点来看，人类生活在大地之上，因此需要遵循大地的运转规律；大地在气候的影响下存在，因此大地需要遵循气候的运行规律；天气受到整个地球综合因素的影响，因此天气需要遵循地球的运行规律；地球又在宇宙的规律当中，如果地球不按照它的轨道运行，随时可能撞上别的星球而毁灭，因此地球也必须遵守宇宙的运行规律。道家所说的"人法地，地法天，天法道，道法自然"便是这样，而这里所说的"法"，就是遵循、遵照的意思。也就是说，人、地、天、道、自然，都有自己的运行规律，而且前一种事物的运行规律又包含在后一种事物的运行规律里。

种种规律都是有迹可循的，我们生活在大地之上，只要按照这些规律生活，就可以从这些规律中找到自己的定位，找到自己的进退标准，并最终找到属于自己的幸福。

关于违反规律，道家也有相关阐述，比如："为者败之，执者失之；是以圣人无为，故无败；无执，故无失。"这就是说，对于世间万事万物的运行规律，我们的思想意识不能有所违背（为），否则就注定会失败；对于万事万物的运行规律，我们也不能固执地拒绝它的变化（执），否则我们就会失去对局面的掌控。所以，聪明人不会违背万事万物的运行规律，这样在做事的时候就不会失败；聪明的人也不会拒绝规律的变化，这样就不会失去对局面的控制。在这里，道家将"无为"上升到"无执"，实际上也就是从适应规律内部变化到适应规律外部变化的过程。也就是说，我们了解了规律并适应了它，但此时的规律由于受到外部环境的影响发生了变化，如果这个时候我们仍然坚持以前的规律，仍然会被无情地抛弃掉。

所以，一个人了解的规律越多，他根据规律做出的预判就越准确。由于预知能力是每个人都无比向往的，所以古往今来很多人都在孜孜不倦地追寻着"道"的奥秘。但是人类又不可能知道宇宙间中的所有规律，因为最基本的问题（即宇宙有多大，宇宙存在多长时间了）我们都无法搞清，我们也不知道宇宙之外是什么，更不知道宇宙存在之前是什么。至于我们人类的出现和发展，也不过是宇宙中地球的运行规律所催生的。因此，宇宙意识是高于人类意识的，早在人类意识形成（即人类出现）之前的万亿（虚数）年间，宇宙意识就已经形成了，它是绝对不会因为人类的意识而改变意识的。

所谓"治"就比较简单了，就是治理的意思，泛指对所有事情的处理。所以，人类的活动必须遵循自然的运行规律，即我们了解"道"，不是为了改变它，而是为了适应它。适应它之后，也不是从此就一成不变了，同样要为了适应它而随时做出改变，这也就是"无为之治"。

7. 道教的戒律有哪些？

　　道教早期的戒律比较简单，只有戒除贪欲和持守安静两种。但是北京大学哲学（宗教）系教授何怀宏先生指出，由于道家的思想是依循道法而生，所以他们的戒律都已经蕴含在了世间的万事万物之中。比如，道家思想认为"天地大德，好胜而无争"，所以他们对于世人的纷争从不关心。因此，道家的清规虽然少，但是想要修成一位德高望重的道学宗师，也是一件极不容易的事情。

　　两晋南北朝时期，道家的主要流派上清和灵宝等派吸收了佛教文化，先后为本教弟子制定了戒条；唐朝时，道家复兴，各家分派开始大融合，整个道家的戒条也逐渐开始规范。这些戒条在后来经过不断改善和添加，变得非常繁杂，但总体来说可以分为四大类，分别为戒律、斋戒、清规和禁忌。

　　戒律，是道家弟子必须持守的戒条，这些戒条是道教对弟子最基本的要求，也是道人有别于世人的主要标志。道士的身份可以分为三种，一种是居住在道观里进行修行的，称为道士；一种是居住在山林中的，他们或者住在小茅屋里，或者挖洞居住，称为隐士；还有一种是在家修行的，他们被称为居士。这三种道士由于修行的地点不同、修行的境界不同，所以持守的戒条也不同。

　　居士需要持守五戒，和佛教完全相同，即戒杀生、戒偷盗、戒淫邪、戒妄语、不饮酒。道家居士的名称、身份和戒条之所以与佛教相同，是因为道家的"居士"这一说法是从佛教借鉴而来的，而且其八戒的内容和佛教也相似，即五戒之外再加上戒卧高光大床、戒香油华饰、戒歌舞。但道教八戒和佛教八戒持戒的日期不同，佛家只要修够天数即可，道家却是逢初一、十五及道家各位先贤的生辰祭日等都需持守，而且要焚香沐浴，以示虔诚。道家十戒是针对小道士和小道姑的戒条，但内容与佛教八戒不同，分别为戒违逆父母师长、戒杀生、戒不忠家国、戒淫乱、戒毁谤、戒喧闹、戒欺凌孤寡、戒厌弃老人病人、戒饮酒、戒贪财。此外，还有太上老君戒、元始天尊戒、三堂大戒等，虽然名称和数目与佛教不同，但内容大抵一样，而且所体现的修道者的境界也不一样。

斋戒，这一戒主要是道家对食物的限制规定，总戒条的数目不详，但被道家广泛采用的只有三种，即粗食、蔬食、节食。其中，粗食指的是粗粮，如玉米、红薯、高粱等；蔬食指的是蔬菜，指没有主食情况下的汤食、煮食或生食等；节食，是指道士在规定日期必须持守更加严格的斋戒。如单数的月份需要持斋（六斋月），每月的初一、初八、十四、十五、十八、二十三、二十四、二十八、二十九、三十日需要持斋（十斋日），一月十五日、七月十五日、十月十五日需要持斋（上、中、下三元日），立春、春分、立夏、夏至、立秋、秋分、立冬、冬至日需要持斋（八节日），所有月份的初一日需要持斋（甲子日），本人生日需要持斋（本命日），等等。此外还有很多日期都需持斋，但由于都是随机而定，又需要繁杂的计算，所以在此不具体列出。很明显可以看出，道家的修炼在饮食上比佛家更节制，也更刻苦。

清规，就是对犯戒者的处罚制度，这些处罚制度由各家道观自行制定，所以关于道家清规的具体内容，同样无法具体列出，但大体可以分为跪香（罚跪一炷香的时间）、杖责（用板子打屁股）、迁单（去道观以外的地方修行）、驱逐（离开道观）、处死等几种。以隶属全真派系的北京白云观为例，该道观的处罚规定为，贪睡者跪香、功课未完成者跪香、不恭敬待人者跪香、嬉戏吵闹者跪香、出门不请假者跪香，拉帮结伙者迁单、公报私仇者迁单，毁谤者驱逐、斗殴者驱逐、饮酒吃肉者驱逐，奸淫劫掠者处死。

禁忌，是道家对一些细节的忌讳，要求的对象是对香客（去道观祈福的人）。如果香客触犯了这些禁忌，虽然不会受到惩罚，但会招惹道士反感，而且也会被视为心意不诚。比如，祈福焚香的时候要手指洁净，左手持香，右手点香，眼睛看着香，嘴不可以吹香，更不能触香。香的数目以三根为宜，也可以是一根，但不能是两根；与道士见面时要行抱拳礼，切忌行合掌礼；与道士交谈时不可以问道士的年龄，因为道家有"不言寿"的说法；祈福时如果是重大仪式，要行三拜九叩之礼，一般情况下可以行一跪三叩首礼和三鞠躬礼。此外，进入道观后要衣装严整，周身洁净，不可大声喧哗；如果自带饭食，切忌荤食等。

8. 道教为什么提出"我命在我，不在于天"？

《抱朴子内篇·黄白》中记载，"我命在我不在天，还丹成金意外年"，表达了道家对于生命的态度。《抱朴子》是我国古代一部记述神仙理论的著作，认为通过强身健体和服用一些灵丹妙药，以及运用占卜术数趋吉避凶，就可以达到长生不老的目的。后来，这部著作被道家所吸收接纳。北京大学哲学（宗教）系教授汤一介先生认为，"我命在我不在天"的本义指的并不是命运，而是生命。在这里，可以看出道教和佛教的一个显著不同：佛教主要是修持心性，认为心性的境界决定了未来和生死，而较为轻视对身体奥秘的探寻；道教则非常重视对身体奥秘的探寻，他们不仅节制饮食、锻炼身体，还会炼制一些丹药，用来增强体质。后来，道家的医药和养生术都成了我国灿烂的文化遗产，道家思想也因此更具影响力。

众所周知，修真者的终极目标是为了羽化飞升，为了达到这一目标，修真者会将自己毕生的精力投入其中。在这个过程中，修真者所得到的成就，又会为整个社会带来好处。比如，春秋时期的扁鹊、东汉的华佗、唐朝的孙思邈等，他们都是道教的修真者。其中，扁鹊是中国医药学的鼻祖。华佗不仅医术高明，还成功地掌握了史上最早的"外科手术"，以及手术用的麻醉药（麻沸汤）；此外，华佗发明的"五禽戏"也是世界上最早的"体操"。孙思邈的《千金方》是世界上最早的临床医学著作，他不仅继承了前人的精湛医术，还提出了很多创新的医学观点，为后世医药学的发展做出了巨大贡献。

此外，道教认为气候、时间和地理都会影响人体的状况，所以很多道学大家都对自然规律产生了浓厚的研究兴趣，如道家著作《道藏》中，就有很多天文地理方面的内容。唐朝大学者李淳风编著的《麟德历》，是唐朝农时制定、出征选日、宫殿选址等重大事宜的依据。他们所信奉的，正是"我命在我，不在于天"的道家思想。

经过一段时间的发展后，"我命在我，不在于天"上升为道家的核心思想，成为道教的标志性文化之一。这种思想为道教注入了积极的价值观，充分调动了修真者的积极性，使他们不断加强自身努力，一面清心寡欲，修身养性，一面炼制丹药，强身健体。很多人认为，道家的思想就是什么事情都不做，消极地听天由命，其实这是一种误解。道家的核心思想之一"我命在我，不在于天"，正是要求弟子充分发挥主观能动性，经过后天努力掌握自己的命运。也就是说，道教的清静悟道，并不是什么都不做，而是在做事前真正参透事情的道理，以求更好地掌握大道，从而达到事半功倍的效果。

北京大学哲学（宗教）系教授汤一介先生指出，道教思想因为与时俱进，所以在现代社会中依然有强劲的生命力。道教的"我命在我，不在于天"的思想，不仅适用于道家弟子，我们每一个生活在社会中的人，都可以从这句话中汲取力量。

9. 道家修行真的能够长生不老？

自古以来，无数人都在追求"长生不老"。秦始皇统一天下后，曾四处寻找仙药；汉武帝虽然在治国方面独尊儒术，但道家的"长生不老"思想同样对他有深刻影响；后来的宋真宗和明朝的万历皇帝，都曾下过大功夫修习道家法门。这些皇帝拥有的财力、物力，花费的精力，都可谓难以计数，但无一例外，他们没有一个实现了长生不老的愿望。北京大学哲学（宗教）系教授韩水法指出，道家所说的"长生不老"，并非人们认为的肉体永不死亡，而是指一种精神境界的超脱（相当于佛教所说的功德圆满，进入西方极乐世界，不死不灭）。在道教著作中有这么一则故事，巧妙地叙述了道家对长生不老的理解。

官宦子弟柳伯芽生来就聪明伶俐，但是他不追名，不逐利，一心只想长生不老。为了达成这个目标，柳伯芽舍弃万贯家财，进入一座寺庙修行，而且一修就是六十年。然而，天不遂人愿，无论柳伯芽如何努力，始终没能成功。

一次，柳伯芽在山中游览，望着满目美景却空自怨叹，正巧遇到一个道家宗师。这位宗师了解了柳伯芽的心结后，只用了一番话语，便使柳伯芽如醍醐灌顶，立刻醒悟。三日后，柳伯芽便开悟成仙。

佛门中的弟子都不相信柳伯芽三日成仙，纷纷前来与他斗法。柳伯芽此时已然成仙，自然所向披靡，来斗法的和尚都败下阵去。于是柳伯芽便要离开寺庙，前往别处修行。住持大师听闻此事后，亲自来到柳伯芽的禅房，二人面对面坐定，开始了一番对话。

大师问："心已入佛门，为何身不在佛门？"

柳伯芽答："心已入佛门，身又何必在佛门？"

大师问："既然你已经开悟，那么能否与我同游？"

柳伯芽答："荣幸之至。"

如果是儒家子弟读到这个故事，可能立马会想起孔子那句"未知生，焉知死"的教诲。这句话的意思是，连生活是怎么一回事都还没弄明白，又何必汲汲于考虑关于死亡的问题呢？就佛家或道家子弟来说，"长生不老"或"涅槃成佛"都不是修行的真正目的，他们仅仅就是为了修行而修行——如果痴心于成佛、成仙，就误入了歧途，与痴迷于世间万物的众生没有区别了。所以，道家所说的"长生不老"，指的并不是将有限的生命延长到无限，而是让修行者更深刻地体悟到生命的有限，从而放慢匆匆追逐的脚步，品味其中的每一分每一秒。

道家关于"长生不老"的说法，完全是就精神层面而言的，指的是洞悉大道之后的一种境界。佛家讲的是得道成佛，而道家讲的是得道成仙；佛家讲的是不死不灭，而道家讲的是长生不老。需要注意的是，道家的"长生不老"之术，有些方面对人的身体确实有好处。正统的道教都讲究"性命"双修，其中"性"是思想的部分，即需要通过参悟天地大道来洞察大道，需要通过持守各种道家戒条来提升自我；而"命"，指的则是道家对于身体奥妙的探寻。

道家的"长生之术"，主要包括两种类型或方法：一是通过食物和药物等物质对身体进行调理，达到营养的满足和均衡；二是通过适当的运动让身体保持活力，比如古时的五禽戏及各种调息和运动方法，现在比较流行的太极拳就是道家用来修炼身体的重要方法之一。

10．什么是"黄老之学"？

　　"黄老之学"指的是黄帝和老子思想学说的合成，实际上它也是初期道家思想的称谓，或者说是道教思想的前身。一提起道教，很多人认为老子是创始人，其实老子最多只能算是道家学说的创始人。据北京大学哲学与文化研究所考证，老子是周朝王室的"图书管理员"，博览群书，他的学识在当时堪称首屈一指。老子逍遥一生，无欲无求，如果不是在出潼关时守将尹喜强求，他甚至连五千字的《道德经》都不会留下传世。据《史记·乐毅列传》记载，道家学说的早期传播者为河上丈人和安期生，二人为师徒关系，后来也被道教供奉为仙祖。

　　黄老之学的特点之一是与世无争，道法自然。学术界普遍认为它起源于春秋战国时期。到了西汉初期，百姓刚刚经历战争之苦，国家百废待兴，民心思稳。在这种情况下，西汉初期的统治者使用道家思想治国，使百姓休养生息，黄老之学也得到长足发展，并形成了系统的思想理论，随后形成了道教。

　　那么，既然老子是道家学说的创始人，为什么会在他前面加上黄帝呢？这还要从黄老学说在齐国的发展说起。战国初年，田氏家族取代姜氏家族掌管了齐国政权，为了巩固政权，田氏家族急需为自己的"取而代之"寻找理论依据。经过一番发掘后，田氏发现自己是黄帝的后代，而姜氏则是炎帝的后代。众所周知，黄帝打败炎帝后得到天下，那么，黄帝的后代打败炎帝的后代得到齐国，也就顺理成章了。但仅仅为自己证明出处还不行，毕竟黄帝虽然道行高远，留下的思想学说却并不丰富。再次经过一番发掘，田氏发现自己的祖先是从陈国流亡到齐国的，而恰巧老子也是陈国人。就这样，"黄老之说"产生了，并在当时的齐国奉行了数十年之久。

　　黄老学说可以分为黄帝学说和老子学说。其中，黄帝学说提出了"宇宙大道"的观念，认为大道是产生一切的根本，人们必须遵守大道，才能做到无往而不利。老子学说是黄老学说的主要构成部分，其中一个具有变革意义的理论，就是提出了"万法自然"的新观点，认为人们应该尊崇的不是君王，而是自然规律，为道家学说和道教的基本思想奠定了基调。

此外，史学界也有人认为黄帝和老子的学说不同，没有必要强行放在一起。因为黄帝和老子的思想虽然大同小异，但是在治国和理政方面则完全不同。比如黄帝的学说中有"保持法度，天下可一"的说法；而老子则主张完全废除法度，人人自治，以达到天下大治。

11.　道教的"洞天福地"都有哪些？

"洞天福地"是道教的专用语，其中"洞天"指山中的洞穴，而之所以称之为洞天，是因为道教相信这些洞穴与天空相通。道教认为，有些地方可以帮助他们在修炼的时候事半功倍，尽快得道成仙，因此称为洞天福地。按照山洞的环境不同，又可以分为大洞天、小洞天和福地。这些地方最初都是道教弟子凭空想象出来的仙境，相当于佛教所说的净土，在现实中并没有实际的对应地点。另外，在道教典籍中，人界修行的神仙基本都依山傍水而居。在《西游记》中，孙悟空居住的花果山水帘洞，就是按照道家洞天福地的说法想象出来的。

洞天福地学说也被道家称为"道家仙境学"，是道家文化的重要内容之一。唐朝的司马承祯在王屋山（在河南济源，道教十大洞天之首）修道期间，对洞天福地学说进行了系统整理，首次提出了十大洞天、三十六小洞天和七十二福地的说法。司马承祯首先绘制出了天宫地府图，并据此图完成了洞天福地在现实世界中相应地点的命名，而且他还在每个地点"安排"了一个仙人坐镇。但是显然，现实世界中既没有仙境也没有仙人存在。司马承祯为了让人们相信，又说这十大洞天、三十六小洞天和七十二福地虽然在人世，但却与人世完全隔绝。

道教认为，洞天福地世界和我们的世界一样，也由日、月、山、川、星等组成，而且与我们现实世界存在一定的联系。成仙的人可以自由地出入两界，但凡人察觉不到他们的存在；凡人有时候也会误入仙境，不过往往是因为迷路，而如果得不到仙界之人同意，他们就无法回到现实世界。取得仙界之人同意最重要的条件，就是不能对凡人说自己到过仙界。总之，道家描述的仙界是非常神秘的，但同时也很美好，所以洞天福地也被道家弟子视为成仙后的去处。

北京大学哲学（宗教）系教授韩水法先生认为，道家洞天福地的说法，和我国先祖近水穴居的习惯相关，因为在当时，人们都是这样选择居住地址的。可以说，无论是哪家宗教，最初入门修行的人都会被推崇为重要人物，并受后人崇敬膜拜，而且他们的居住方式也会被神化，而这就是产生洞天福地学说的真实缘由。

12. 道教是如何定义"道士"的？

道士信仰道教的宗祖，持守道教的戒条，宣扬道家的思想，并以羽化成仙为终生修为的目标。"道士"一词始见于战国时期，但当时指的是方士，而方士就是一些被认为知晓大道的人，这些人通过五行、占卜、星相、数学、医学等各种方法分析预测事物的发展趋势。道教成立后，术士接受道家思想，全部被归于门下，并统称为道士。道士的称呼从隋唐时期开始有男女之别，男的继续被称为道士，级别高的被称为黄冠；女的则被称为女冠，级别高的被称为女真，俗称道姑。唐朝以后，道士的称呼被重新合用，一般只是在必要的情况下加上性别，同时也可以称男道士为乾道，女道士为坤道。南北朝时期，道教受到佛教影响，开始称居家的道士为"火居道士"，因为道士有吃生食的习惯，一般不起火。

道士的头衔及称谓比较繁杂，这一点也和道家有众多的流派有关。东汉末年，张道陵创立的正一教完成了道教的大规模融合，所以后世很多道教学派将他视为道教的祖师，道教比较统一的称谓也在这个时期开始形成。

天师，这是道教当中最高级别的称谓，基本相当于各宗教开山祖师的地位，目前被道教公认的唯一一个获此殊荣的就是张道陵。

法师，指道法高绝的道士，可以授学讲法，为人降福。一般比较隆重的道家仪式，也会请这类人进行主持。

炼师，炼师的主要成就是炼丹或者说制药，但必须掌握了比较高明的炼制方法，或者炼出了功效卓越的药品，才能被称为炼师。当然，炼师也需要系统的理论知识，对医理和冶炼有一定的造诣。

祖师，或者称为宗师，指各分流别派的开山道士。

真人，指道法精深、境界高超的道士，一般认为他们死后定然能羽化成仙。

黄冠，道士比较钟爱黄色，所以有些地方也称道士为黄冠，女道士为女冠。

先生，多用于道士的死后封号。

居士，居家修行道法的道士。

方丈，也称为住持或监院，是一座道观中众道士推选出的，主持道观内外一切事物。

知客，负责迎来送往的道士。

高功，指那些对经文典籍比较熟悉的人，道观内的道家仪式一般由其住持。

道人，指道学比较精深的人。此处所谓道学通常指综合道学。

道长，世人对道士的尊称，也是统称。

此外，不同地域的道观内对普通道士的称呼也有所不同，比如称道人、羽士、羽客、羽衣、羽人等。

金代以后，道教分为两大派别，一派是王重阳创立的全真教，另一派是张道陵创立的正一教。其中，全真教教众为出家道士，修行者需要持守的斋戒比较多，除了规定的道门戒条外，还包括蓄发蓄须、素衣素食等；正一教的大部分信众属于居家道士，也称为火居道士，可以结婚、食荤，须发也和常人无异，但是他们在斋戒日也会着道袍、守清规。但是所有道士的修行又都是一样的，按照道家的规定，修行者必须经过全部九个位阶的修行，才能成为真正的道士，然后继续精研道法，才有可能羽化成仙。

13. 古代的道士真的会 "炼丹术"吗？

北京大学哲学（宗教）系教授韩水法先生表示，炼丹术并没有我们想象的那么神奇，它实际上不过是一种比较原始的制药技术。我们的先民早在食物方面告别了茹毛饮血的时代，但是在药物方面，一直到周朝还只是生食或进行简单的熬制，而炼丹术实际上就是将药物制熟食用。我国早先的制药技术已经蕴含化学变化，并加入一些金属物质，只不过这些金属物质多数含有毒性，需要极高超的医术才能做到对症下药，否则病人很可能会因药丧命。由于这种药物危险性极高，后来逐渐在医学上被淘汰。但是在9世纪左右，我国的这种炼丹术经阿拉伯传入欧洲，并促进了西方现代制药文明的发展。

我国古代的炼丹术制药共分为两类，一类是内服，一类是外敷。其中的外敷类药物由于药效稳定被广泛采用，并一直沿用至今，我们常见的"金疮药"，就是这类药物的代表作之一。

炼丹术之所以会被广泛关注，是因为在我国古代神话中，它总是和长生不老联系在一起，丹药也因此被称为仙丹或长生不老药。比如在神话故事中，嫦娥原本只是一个平常的女子，但是吃了仙丹之后就飞升为仙了，这就是对炼丹术的一种渲染。我国关于炼丹术最早的著作源自晋朝，按照时人所作的《列仙传》记载，丹药的主要成分为丹砂（硫化汞）、云母（构成岩石的主要成分）、松子、桂子等矿物和植物。作为道教文化之一的炼丹术，一直以来总是被道教弟子所重视，秦始皇、汉武帝等一批想要长生不老的皇帝，都曾对道教的炼丹术寄予厚望。事实上，炼丹术能够延续下来的主要原因，还是因为它的医用价值。在东汉之前，实际上存在着两种炼丹术，一种是寻找仙药，另一种是炼制金丹，后来两种方法合而为一，创造出了大批可以用来治病疗伤的药物。

道教的炼丹术和长生不老思想是这样的：按照五行相生相克的道理，金属物质都是从土地里孕育出来的。比如，炼丹术中常见的雌黄，炼丹师认为它经一千年变化会成为雄黄，然后再过一千年变为黄金。还有炼丹术中更加常见的丹砂，炼丹师认为这种物质也会在一段时间后变成石头，然后变成铅块，再经过白银阶段的变化后，也会变成黄金。总之，自然界中的一切物质最终都会变为黄金，而黄金是不腐不朽的，如果人也可以不腐不朽，自然就可以长生不老了。那么，既然自然界中的万物都可以变为黄金，人自然也可以变成黄金，而之所以要炼制丹药，就是要炼制出使万物变成黄金的物质成分，然后给人服用，这样就可以使人快速成为黄金，达到长生不老的目的。这种技术在当时被称作"夺天地之造化"。

我国关于炼丹术最早的记录在战国时期，当时秦穆公的女婿就精通炼丹术。后来此人炼出了一种叫作"飞雪丹"的物质，可以涂抹在面部帮助女性润滑肌肤，文学作品中出现的"洗尽铅华"的"铅华"，正是这种物质。实际上，这种物质不过是以铅粉为主要成分的化学粉末，而这也是我国乃至全世界最早的关于化学产品的记载。后来这种技术经阿拉伯传入欧洲，推动了欧洲化学及医药科学的发展。

此外，我国四大发明之一的火药，也是炼丹术的产物。最初的火药，是在炼丹过程中发生意外爆炸时被发现的，后来的炼丹师对此产生兴趣，并最终成功炼制出了火药。但在当时，火药仅被用于治病疗伤或者制作烟花等，而被用于制作成枪炮等杀人武器，则是西方人开的先河。

14. 为什么道教把死亡称为"羽化"？

羽化原本是指昆虫破茧之后长出翅膀，由爬行动物变成飞行动物的过程，如蝴蝶和蝉等，道教以此来表明飞升成仙的愿景，认为人是可以通过修行而成为可以飞起来的仙人的。北京大学哲学系教授汤一介先生认为，研究道学思想要将"道家"和"道教"严格区分开来，正如"羽化"一说，是道教的专用语言，而并不见于道家典籍。道家思想认为，生老病死都是自然规律，是人无法主观控制的，只能坦然接受。道教虽然尊奉老子和庄子为祖师，并继承了他们清静无为的思想和《抱朴子》一书的养生理论，但对于生命的阐述，道教却提出了"我命在我，不在于天"的观点。

道教认为生命是需要人类探寻的终极奥秘，人是可以通过修炼而长生不老，即羽化成仙。

在当时的社会，由于科技和思想的落后，对于很多自然现象人们都缺乏科学的认识，认为自己面临的灾难都是上天或者鬼神在作怪，因此就希望通过一些方法加以规避，而道教的宗旨正好迎合了这种思潮（尤其是人们对于死亡的原始恐惧和哀伤）。既然信奉道教可以免除这种苦难，那么人们自然就趋之如鹜。其实，这也是世界上的诸多宗教能够存在的原因。但事实上，道教除了道家思想之外，还融合了其他许多技术和思想，比如与人们的鬼神观念有关的巫术、驱邪、占卜等，以及诸多天文、地理、气候等现代科学知识的萌芽，而其最终目的都是为了最大限度地趋利避害。

我国东晋时期的道学家葛洪对道教的发展有着杰出贡献，他在《抱朴子·论仙》中说："物我两忘、心游天地的人是上乘的修道者，可以称为天仙；游历各地、忘情山水的人是中乘的修道者，可以称为地仙；最次一等的是尸解仙，这类人在死前修道持戒，死后得以成仙。"而无论是天仙、地仙、尸解仙，其得道成仙的过程都可以称为羽化。在后世，对于那些未能得道成仙，但却经历了死亡过程、参破了生死大道的修道者，人们也称其死亡为羽化。所以，羽化就成了人们对所有出家人过世的敬称。

第五章

法

——以法为教的法家思想

历朝历代的统治者都希望自己的政权能永远稳固，于是，"君父伦理"这一传统理念便被提了出来。实际上，一味鼓吹"忠"并不能保证江山永固。诸多的研究者早就提出了这样的观点："封建伦理下的'忠'能够为统治者的政权带来积极效果，但是对于一些通过背叛先主而建立王朝的人来说，倡导'忠孝'就显得自暴其短了。事实上，法家思想才是封建帝王最为倚仗的保护伞。"事实证明，不论是哪个朝代，都必须依法治天下。然而在中国古代，"刑"和"罚"之间究竟有哪些不同？为什么问斩死囚要等到秋后？古代人到底发明了哪些残酷的刑罚？……当然，国学大师们研究的"法"，并不局限于惩处他人的刑法，还包括政治制度、朝廷法令等一系列问题，而这些都是支撑起政权的核心部分。

1. 我国历史上第一部刑法出自哪部著作?

据北京大学法学院教授陈瑞华先生介绍,周朝中期,社会矛盾逐渐加剧,穆王姬满为了缓解矛盾、震慑奴隶,特命吕侯编制法典。吕侯认为单纯依靠酷刑不但难以缓解矛盾,反而有可能激化矛盾,于是上疏建议减轻刑罚。周穆王最终认可了吕侯的建议,于是吕侯开始编著法典。因为这部法典是吕侯所编,所以被称为《吕刑》,这就是我国历史上第一部法律典籍。因为此法典分为轻典、中典和重典,所以《吕刑》也被称为"三典"。不过很可惜,这部《吕刑》现已失传,虽然很多史料中都有零星记载,但至今仍然无法恢复其完整内容。

现存《尚书》一书中有《吕刑》篇,全文共九百五十二字,但它并不是《吕刑》的内容,而是对《吕刑》成书过程和内容的简单介绍。《尚书·吕刑》分为四个部分,分别介绍了为什么要编著《吕刑》、《吕刑》的编著过程、《吕刑》对待犯人的政策和《吕刑》的内容简述。

按照《尚书·吕刑》的介绍,《吕刑》对我国古代法律的发展具有很大的推动作用。《吕刑》中最重要的一条规定为"刑罚视轻视重",意思是说,量刑时要根据具体情况来定,比如犯人是蓄意谋杀还是自卫误杀,其判决结果是不同的。在提到《吕刑》的成书目的时,《尚书》中说"罚惩非死,人极于病",表示《吕刑》的施刑目的是为使人们惧怕而不敢犯罪,而不是仅仅要杀死罪犯。由此可以看出,当时人们而且已经看到了刑罚对他人的警示作用。《尚书·吕刑》还涉及量刑时的态度问题,着重强调要慎重("惟察惟法,其审克之"),并对《吕刑》的进步意义进行了阐述,如"上刑适轻下服,下刑适重上服",这是说法官在量刑时要灵活处理,因为刑法条文是死的,但人是活的,犯人的罪行不一定都有明文的处罚规定。这样一来,刑法就赋予了法官一定的自主权,避免了审判过程中出现强审强判的情况。

此外,《尚书·吕刑》还提到《吕刑》对法官的要求:首先要有良好的个人素质；然后是对法律典籍熟识；最后，也是最重要的一点，法官在审判过程必须保持公正，尤其要杜绝谄媚和行贿。但与此同时，《吕刑》也存在着一定的弊端，主要表现在它的阶级性质。比如《礼记·曲礼上》中有记载："礼不下庶人，刑不上大夫。"说明《吕刑》并非适用于每一个罪犯，实际上它只不过是贵族阶级的统治工具。

2. 禹刑为什么被称为"五刑之始"？

　　大禹是夏朝的先祖，夏朝统治者为了纪念他，将国家的刑罚称为"禹刑"。在大禹之前（包括大禹时期），国家的统治者都是为人民服务的，著名的"神农尝百草"和"大禹治水"的故事，讲的就是统治者全心全意为人民谋福祉，后世的封建社会也经常用尧、舜、禹、汤四位贤主来形容在世帝王的英明。但是在大禹之后，他的儿子启建立夏朝，统治者便成为高高在上的君王，他们只享受权力，或为权力而斗争，不再重视民生。大禹之后，我国古代社会也从部族时期进入奴隶社会时期，而奴隶和奴隶主之间是必然存在矛盾的，在这种情况下，刑罚便产生了，而这也是我国历史上首次出现的刑罚，所以称为"五刑之始"。北京大学法学院教授陈瑞华先生指出，夏朝的刑罚虽然取名为禹刑，却和大禹没有直接关系，因为大禹执政时一心为民、任劳任怨，社会矛盾很小，所以不需要用刑罚来遏制民愤。

　　《左传·昭公六年》有文记载："夏有乱政，而作禹刑。"这里所说的"乱政"，指的就是奴隶和奴隶主之间爆发的矛盾冲突，而禹刑也是随着这种局面的产生而出现的。禹刑并没有明确的文字规定，也并非短时期内形成的，而是历经了夏朝和商朝两代才逐渐被广泛使用的。在当时的社会，主要罪行有四种，分别为昏、墨、贼、杀。其中昏指的是沽名钓誉，也就是没有高尚的德行，却通过欺骗的手段获得别人尊敬；墨是针对官员而言的，是指贪污腐败，无视法度，现在人们用的"贪墨"一词就源于这里；贼就是乱臣贼子，包括对主人和国家不忠者，以及毁坏民生的统治者，三国时期刘备说的"汉贼不两立，王业不偏安"中的"贼"，就是这个意思；杀，就是杀人。为了遏制这些行为，犯了以上四种罪行的人，都要受到惩罚。

针对犯罪情节的不同，奴隶社会的刑罚又主要分为五种，称为五刑或肉刑，即黥（"黥"音同"情"）刑、劓（"劓"音同"易"）刑、刖（"刖"音同"月"）刑、宫刑和大辟。其中，黥刑是在犯人的脸上、耳朵后面或者手臂等处刺字，作为终生警示和羞辱；劓刑就是割掉犯人的鼻子，这种刑罚比黥刑加重一个级别；刖刑通常被认为是剜掉膝盖骨，也有学者认为是割掉下肢或抽掉腓骨；宫刑就是切除（或摘除）生殖器官；大辟就是死刑。这五类刑罚又分别有不同的施行方法，以大辟为例，又分为枭首、腰斩和绞刑等。其中绞刑和后来的吊死不同，是用弓弦向后勒住脖颈，然后转动弓身，直到犯人断气。南宋岳飞父子，就是在风波亭被执行绞刑害死的。

五刑在夏商两朝逐渐成型，一直沿用到西汉文帝时期才被改变，并改用笞刑、杖刑、徒刑、流刑和死刑，这五种刑罚被称为封建社会的五刑。其中，笞刑就是用鞭子抽打犯人的身体，根据罪行的轻重决定抽打的次数。杖刑是笞刑的升级，对犯人的打击有可能致残，后来到了社会高度发达的明朝中后期，杖刑又有了不同名称。因为行刑者通过练习，在外行看不出来的情况下，对犯人的击打可以造成皮外伤、肉伤和骨伤等不同的伤害。审案的官员会根据情况，如是否收到好处等，从而下达"打""用力打"和"着实打"等不同的口令。徒刑，可以简单理解为现代社会的有期徒刑，即在规定时间和规定范围内完成刑罚。流刑，可以简单理解为现在的无期徒刑，通常犯人会被流放到边远地区，终生不得回归，其中还包括一人流放、全家流放和全族流放等。死刑通常就是砍头，也叫斩首，但如果罪孽深重，也会有一些残酷的死法，如凌迟。

禹刑的具体条目早已散佚，现代人只能通过甲骨文了解部分内容。东汉年间的著名学者郑玄，曾通过研究给出了禹刑的大概数目。按照他的说法，死刑有二百种，刖刑有三百种，宫刑有五百种，劓刑和墨刑都超过千种，可见该刑罚的残忍程度。此外，著名国学大师章太炎先生还做出补充，认为奴隶社会十分尊崇孝道，所以对那些不孝敬父母的儿女也有很重的惩罚，这一说法后来得到了学术界的认可。关于禹刑，有一点是

学术界都公认的，即它是我国历史上第一部国家使用的刑法，被尊称为
"五刑之始"。

3. "刑""罚"分别是什么意思？

刑罚是指执法者按照国家的律法规定，在确认了犯人的罪行后，对其
实行强制惩处的过程。在我国古代律法中，虽然"刑罚"常常作为一个词
出现，但刑和罚的意义实际上是有所不同的。北京大学法学院考证发现，
在我国古代律法中，刑指的是对犯人实行身体上的惩罚，比如黥刑、刖刑
等肉刑；罚指的则是罚没犯人的资产，或者在实现肉刑的基础上罚没犯人
的资产。而究竟要对犯人施行刑还是罚，或者二者兼有，需要根据犯人所
犯罪行而定。但是到了后来，刑与罚的概念开始模糊，并逐渐成为一个词
语，凡是对犯人进行惩处的措施和法律，都统称为刑罚。

我国古代对犯人施刑的手段非常之多，从早期的残害身体器官到后期
的限制人身自由等，都属于刑的范畴；而对犯人施罚的手段则比较单一，
我国封建社会有"妇人不着械"和"肉刑不加妇人"的传统，这是一种对
妇人的法外开恩，但同时要求妇人的丈夫代替受刑，对于妇人来说这就是
受"罚"了。当然，这种惩处也要视妇人的罪行而定，比如妇人犯淫乱
罪，其夫是绝对没有责任代替妇人受过的。封建社会时期的罚主要集中在
财务上，其中抄家是最严重的处罚，无论犯人家中有什么东西，一旦贴上
朝廷的封条，都会成为罚没的对象。

相对于罚而言，刑的方法就显得五花八门了，其手段也更加残忍。
如奴隶社会的黥刑、劓刑、刖刑、宫刑和大辟；还有封建社会的笞刑、杖
刑、徒刑、流刑和死刑。这其中的每一类刑法，又都分为若干个残忍的具
体条目，几乎每一个条目都会使犯人痛不欲生。制法者和执法者之所以实
施这么残酷的刑罚，除了要惩处犯人，更重要的是警示众人。在古代经常
有斩首示众的做法，军营中也有割首传遍三军的惯例，其目的都是为了威
慑那些怀有异心的人，让他们安分守己。

所以，虽然从某种角度来讲刑罚是对人权的践踏，但对于稳定社会秩序还是有一定的积极作用的。就总体趋势而言，刑罚也在从荒蛮、粗暴向文明和谨慎发展。比如在明朝时期，全国各地的死刑犯定案后，都必须经过地方政府、刑部和皇帝本人的审核，全部通过后才能正式执行死刑。

4. 我国古代对抢劫犯有怎样的惩罚？

据北京大学法学院教授肖蔚云先生介绍，我国最早关于惩罚抢劫罪行的规定出现在秦朝。据秦朝史料记载，有五个人抢劫了一户地主人家，在官兵赶来之前逃进深山，最后被抓捕归案。对他们的惩罚是：在脸上刺字，斩去左脚脚趾，并发配到边军中做苦力。后来这一案例被写进《秦简·法律答问》，成为同类案件的判罚依据。不过在当时，抢劫罪和盗窃罪是合而为一的，因为都是在侵犯别人的财产，所以统称为"群盗罪"。

汉朝以后，盗窃罪和抢劫罪被分离，抢劫罪被正式命名为"强盗罪"。由于当时社会私有制进一步发展，国家法律更加重视保护私人财产，对于那些侵犯别人利益、威胁社会稳定的犯罪行为，政府也加大了打击力度。汉朝法律规定，强盗犯一旦定罪，就要被处以死刑，如果罪行严重，还会被施以磔（"磔"音同"折"）刑，即五马分尸。

唐朝时律法更为完备，形成著名的《唐律》，在这部法典中，罪犯行为被区别对待。其中，抢劫犯所得的赃物数量，抢劫过程中是否伤害到受害人的身体，都作为量刑的依据。唐朝之前的法律都是因人而施，比如奴隶和奴婢不是独立的法人，而是其主人的私人财产，如果被人抢夺可以依法要回，并惩罚抢夺者，所以奴隶和奴婢是没有安全保障的。唐朝时这种因人施刑的规定被逐渐打破，凡违法者，都要受到相应惩罚，所以有"王子犯法与庶民同罪"的说法。

唐朝是我国历史上的繁盛时期，法律作为社会基本制度的保障，也逐渐完善。就强盗罪来说，如果罪犯实施了抢劫行为，但没有抢到财物也没有伤人的话，处以劳役刑罚；抢到财物而没有伤人的罪犯，没收全部个人财产并充军；如果在抢劫过程中有伤人意图，那么不管罪犯有没有抢到财物，都要没收其个人财产，并视伤人的严重程度判处劳役、流放或者绞刑；如果在抢劫过程中有伤人事实，那么除了没收罪犯的个人财产，还要处以死刑，而且这里的死刑不保留全尸，通常是斩首、腰斩甚至五马分尸。

不过可惜的是，因为安禄山叛乱，从中唐开始国家吏治出现混乱，司法得不到应有的尊重。为了起到震慑的作用，中唐之后的法律规定，被定了强盗罪的罪犯，都要从重从严处理，不少人就直接处以死刑。

宋朝基本沿用了唐朝的律法，并进行了一些完善。比如除了处罚罪犯，还要处罚知情不报或窝藏罪犯的人，相应的法典有《窝藏重法》《重法》和《盗贼重法》等。宋朝的法律规定，窝藏罪只比所窝藏罪犯犯下的罪行低一个等级，如果所窝藏罪犯的犯罪情节严重，窝藏犯也有可能被判处流放、充军甚至死刑。对于强盗犯的惩罚更为严厉，其中最主要的一个特征就是罪及家人，强盗犯一旦被定罪，不但罪犯本人要被处死，其父母、妻儿甚至亲戚朋友都要被发配充军、为娼为奴，甚至处以极刑。

元朝的统治者他们将全国人民分为四个等级，下一等级的人如"南人"（主要为汉人）对于较上等级的人如"蒙古人"就没有什么权利可言。对于强盗罪，元朝给予的打击力度也比较大。

明朝有自己的律法，称为《大明律》。关于这部律法，史学界的评价是"轻《唐律》之所轻，重《唐律》之所重"。意思是说，《唐律》中比较轻的处罚，《大明律》更轻，《唐律》中比较重的刑罚，《大明律》会判得更重。比如，对抢劫未遂且并无伤人、杀人行为的罪犯，《唐律》给予的判处是劳役，《大明律》则只是打两板子予以警示。而《唐律》中处罚比较重的犯罪行为，如对抢劫财物时又有杀人情节的罪犯，《唐律》给予的判罚是处死，《大明律》则规定要处以剥皮、磔刑甚至凌迟之刑。此外，《大明律》中还有一项规定，即对在白天实施抢劫的强盗犯，较之在晚上实施抢劫的强盗犯，处罚更为严厉，如果有伤人甚至杀人情节的，则直接处死。

清朝对强盗罪的惩处又有了新的进步，主要表现为量刑时考虑到犯罪行为对受害人造成的威胁和对当地治安造成的影响。尤其是在1910年颁布的《大清新律法》中，关于抢劫犯的量刑规定出现了"有期徒刑"的字样，十分接近今天的司法规定。

5. 谁是我国古代受刑最为残酷的人？

在很多人看来，死是最为恐怖的事情，但实际上，比死更难忍受的还有生不如死和求死不能。据北京大学法学院教授刘剑文先生介绍，秦朝时的名相李斯，是我国历史上受刑最为惨重的人。极具戏剧色彩的是，他所承受的刑罚正是他自己所创的。

李斯是法家学派的代表人物，主张使用严酷的刑法统治百姓，为秦王朝的统一立下了汗马功劳。秦王朝建立以后，李斯为了帮助秦始皇统治天下，制定了一系列严酷的刑罚，其中最著名的一条叫作"具五刑"。这里的"五刑"是一个虚指，实际上是要使受刑者经受过每一项刑罚后才能死去。秦始皇死后，李斯和赵高联手谋害了皇太子扶苏和大将蒙恬，拥立胡亥为帝。但是后来，赵高和李斯相互猜忌，并最终以李斯落败而告终。

秦二世的昏聩是李斯惨死的根源。当初李斯为了保住自己的相位，拥立胡亥为帝，却不想此人昏庸无比，生活奢侈无度，为修建宫殿而劳民伤财。李斯虽然私心很重，毕竟还顾念着国家百姓。于是他屡次上疏，要求秦二世体恤民情，停止对天下百姓的残害。秦二世一开始还感念李斯拥立有功，久而久之就有些烦了，再加上赵高从旁煽风点火，秦二世对李斯逐渐厌恶起来。

赵高抓住时机，利用一次李斯冒犯秦二世的机会将其下狱。本来此事不大，李斯也在狱中接连写信给秦二世，承认错误并请求原谅，但这些信件都被赵高截了下来，秦二世根本看不到。同时赵高又捏造证物，陷害李斯谋反，还一边怂恿秦二世醉生梦死、花天酒地，一边重刑逼供李斯认罪。李斯自知大势已去，只求一死，于是签字认罪。秦二世被赵高欺骗，真以为李斯要"谋反"，怒火中烧，下令将李斯"具五刑"。

公元前208年7月，李斯被执行"具五刑"。刽子手为防李斯咬舌自尽，先割去了他的舌头，然后在他身上分别施以大枷、强索、笞、杖、凿、锥、斧、钺、刀等刑。李斯的头骨被凿穿，腮部被绳索穿透固定，鼻子被割掉，双手双脚被砍去，然后是剥皮、割肉、剔骨。为了不让李斯在行刑过程中死去，刽子手还一边行刑一边对李斯进行救治，并在他昏厥后暂停用刑，等把李斯弄醒后再行刑。最后，李斯被腰斩，并在他仍有知觉时枭首，挂在旗杆上示众。

据史料记载，李斯"身具白骨而四眼之具犹动，四肢分落而呻吟之声未绝"，其情其景，怎一个惨字可以形容！可怜一代名相，建立了不世功勋，最后竟落得如此下场。而秦朝皇帝如此，官吏如此，酷法如此，又焉能不亡？

6. 古代行刑为什么要在秋后并且是在午时三刻？

这里先要了解"午时三刻"的概念。我国古代的计时方法是，将一天分为十二个计时单位，从晚上十一点到一点开始，两个小时为一个计时单位，称为一个时辰，也就是一天共有十二个时辰。这十二个时辰按照十二地支的顺序分别予以命名，分别为子时、丑时、寅时、卯时、辰时、巳时、午时、未时、申时、酉时、戌时、亥时。计时工具除了圭表和日冕，还有漏壶，这是一种十分精确的计时工具，它不受天气和季节影响，所以在我国古代被广泛使用。漏壶就是在一个容器外壁上记好刻度，将容器下方的小孔打开，以容器内水的高度对应刻度来计时。这种计时方法通常将一天分为一百个时刻，今天我们还会提起的"一刻钟"，来源就是这种计时方法，当时的一刻钟大约等于今天的十五分钟。

古人之所以将行刑时间定在午时三刻，根据的是天气和气候。按照规定，行刑时间必须是秋天之后，也就是我们在各种影视作品中常见的"秋后问斩"。根据我国古代计时方法确定的午时三刻，正好是一天中的正午时分，判断这个时间点的最简单方法，就是在这个时候阳光下的物体阴影最短。

古人认为，午时三刻是一天中阳气最盛的时刻，此时行刑能使犯人被杀后无法到人间作祟，所以无论是围观的百姓、监斩官还是刽子手，都不用担心被恶鬼报复。另一种说法是，人们在午时三刻意识最昏沉，也就是说神经反应最迟钝，此时行刑，可以尽量减缓犯人死亡时的痛苦。后一种说法通常不被采信，因为如果行刑者想要让犯人死去时不那么痛苦，显然有更多更有效的方法。

之所以要在秋天之后问斩，首先是为了给犯人一个悔过的时间。我国古代人民认为，一个人即使罪大恶极，只要真心悔过，死后一样可以投胎转世。如果判刑之后立即执行，就没有悔过的机会，犯人死后也就不能转世为人了。所以，很多犯人在受刑前常常会大喊"十八年后又是一条好汉"，意思就是死后立即投胎，十八年后长大成人，继续做好汉。

另一个原因考虑到"大赦天下"。古时的统治者也不愿意杀孽太重，因此皇家有喜事时，皇帝有可能宣布大赦天下，即所有罪犯都可以减刑一等，或者干脆赦免。所以在当时，只要不是立即执行的死刑，罪犯通常有活命的机会。因为死刑申请批下来需要很长一段时间，而且行刑时间还在秋后，皇帝家喜事又多，赶上皇帝大赦天下，就能保住性命了。

据北京大学法学院考证，秋后问斩的另一个原因是考虑到尸首的保存。如果是在炎热的夏季行刑，犯人被处决后尸体很快就会腐烂，围观者少而示众警戒作用减弱，而且这样一来也容易发生传染性疾病；并且，我国是一个传统的农业国，在春、夏、秋三个季节里，人民都在田里劳作，只有到了秋后，也就是到了冬天，才会空闲下来。这个时候处决犯人，观看行刑的人就会增多，警示效果也就更为深远。考虑到这一点，也需要在秋后行刑。

7. 历史上真有丹书铁券和免死金牌吗？

丹书铁券和免死金牌指的是同一样东西，也被称为丹书铁契或金书铁券等。最早的时候，牌文是用红色笔墨写在铁制的牌子上，因此得名丹书铁券。唐朝时改为在铁制的牌子上凿刻字迹，然后嵌入黄金，所以也被称为金书铁券。免死金牌则是民间的叫法。北京大学法学院教授陈瑞华先生指出，丹书铁券的功用极大，它由皇帝颁发给亲信大臣，通常情况下都是颁给一些开国元勋，或是一些开创盛世的能臣，意思就是如果此人或他的子孙犯了罪，可以免死甚至免罪，但一般也会有次数限制。因为丹书铁券可以传给子孙，所以拿出来使用的时候，往往离颁发之时已经隔了几十年，所以为了防止假冒，丹书铁券通常会由两部分组成，而且通常是制作完成之后再一分为二，朝廷和被赐的人各留一半。

丹书铁券最早出现于西汉，汉高祖刘邦为了奖赏他的大臣，特赐丹书铁券。但在当时，丹书铁券只是一种荣誉凭证，作用大概相当于今天的勋章，并没有免死的功用。到了南北朝时期，丹书铁券开始具有免死功用，比如一国皇帝在招抚对方势力归附自己时，为了表示诚意，就会赐予丹书铁券作为保障。

我国现存最早的丹书铁券来自五代时期，收藏于国家历史博物馆。当时的唐昭宗为了奖赏钱镠讨伐董昌之功，特赐铁券丹书。这面丹书铁券的总体形状与古代瓦片相似，长约五十二厘米，宽二点五厘米，高三十厘米，上面刻有楷书金字三百五十个，记录了钱镠讨伐董昌的时间、经过和赐予他铁券的皇帝名号等。当然，最重要的部分还是关于"免死"的文字，其文中有记载，"卿恕九死，子孙三死"。也就是说如果犯了罪，只要手执铁券，钱镠本人可以免死九次，他的儿孙可以免死三次。

宋朝和金朝基本沿用了唐朝的丹书铁券制度，明朝开始将丹书铁券分等级赐予。据史料记载，朱元璋共赐予丹书铁券公爵六面、侯爵二十八面，后来又追赐给公爵两面。朱元璋四子朱棣篡位后，也给有功之臣赐予了丹书铁券，但数目不详。

丹书铁券的内容可以分为四个方面：首先是赐予的日期和被赐者的姓名、官职以及属地；其次是被赐者的功绩；再次是皇帝许下的诺言，其中最主要的当然就是免死或免罪的部分；最后就是皇帝的誓言，这是给丹书铁券赋予法律效力，证明丹书铁券的内容是合理合法的，记录在案后便受国家律法的保护。

丹书铁券的形状分为两种：一种是圆筒状，刻字镶金后一分为二，朝廷（一般是皇家的内务府）和被赐者一人一半，能合在一起的便是真品；另一种是瓦片状，这种丹书铁券不分开保存，而是全部赐给受赏者，朝廷只留下文字记载。

8. 王安石变法为什么会失败？

北宋初期，统治者为了拉拢特权阶级，允许土地买卖，这就造成了严重的土地兼并现象。有权势者的土地越来越多，无数普通农民却无立锥之地。当时社会实行的"人丁税法"也极不合理，税法规定地主和农民以及佃户，都按照人丁缴纳相同的赋税。据北京大学法学院考证，截至王安石变法时，北宋已经有三分之一的农民沦为佃户。再加上当时的生产力落后，接连发生自然灾害，百姓无以为生，只好参加暴动，大宋王朝的统治根基摇摇欲坠。同时，外部环境也促使北宋朝廷必须做出改变。当时的西夏和辽国在北宋边境虎视眈眈，常年和北宋军队发生激战，如果北宋国力不能支撑军需，国家就会灭亡。在这种内忧外患的情况下，北宋朝廷内部的先进势力（包括统治者宋神宗在内）开始集中发力，强烈地要求改变国家现状。

1068年，宋神宗召见王安石，向他询问治理国家的方法。王安石随即说出了变法的主张，即改变社会风俗，建立新的法律和社会规范；而要做到这些，最主要的就是让朝廷中的君子越来越多，小人越来越少。宋神宗认可了王安石的看法。1069年年初，王安石正式开始推行新法。

变法的首个措施是改革政府机构。北宋统治者为了防止出现权臣，分割了宰相权，不但同时任命多人，还设置了枢密使（军事部门）、参知政事（政务部门）、三司使（财政部门）。这样一来，虽然加强了皇权，却也造成了各官员之间相互推诿的恶习，办事效率极低。王安石首先从财政部门下手，设置"制置三司条例司"一官，加强对国家财政的管理。之所以最先改革财政部门，是因为一方面，行政和军事部门的势力太大，从财政部门着手改革，阻力较小；另一方面，这样可以解决变法所需的资金问题。王安石的这一手，不可谓不精明。

接下来就是"市易法"，这实际上是调控市场的一种措施。具体为由国家出资成立"市易司"（相当于今天的商务部），对市场进行宏观调控，在货物滞销时购入，缺货时再投放市场，避免不法商人囤积居奇，鱼肉百姓。此外，国家还鼓励商人进行贩运，把货物从盛产地区大量地带到稀缺地区，以互通有无，平抑物价。为了打破大商人的垄断地位，国家还提供贷款给中小商人，并收取一定的利息。这样一方面可以使国民经济得到复苏，另一方面也能大幅提升国家的财政收入。

然后是"保甲法"，它的目的是恢复社会生产和秩序。新法规定，农民以家庭为单位，五家为一"保"，五保为一"大保"，五大保为一"都保"，以此来明确责任和权利。在参保的农户中，如果一家有两个或两个以上成年男子，就要派一人去服役。服役人员称为"保丁"，农忙时耕种，农闲时接受军事训练，打仗时应召入伍。地方社会以自治为主。各家各户推选出保长，保长推选出大保长，大保长推举出都保长，但这些负责人通常都是当地最富的人。

还有"募役法"，它是对传统劳役制度的改进，简单来说，就是农民若不想担负属于本人的劳役，只需缴纳一定的财物就可以免除。政府机关可以用这些缴来的财物招募自愿担负劳役的人，这样就使劳动力得到了更加合理的分配。

土地改革也是新法的重中之重。按照规定，当地的负责人需要每年丈量土地，将之平均分配给百姓，赋税则改为按照拥有土地的面积缴纳，此法称为"方田均税法"。很明显，这一措施虽然惠泽百姓，提高了国家财政收入，却损害了地主阶级的利益。

"青苗法"实质上就是政府实施的农村信贷政策。在当时的社会，由于生产力低下，又要缴纳诸多捐税，农民的粮食经常不够食用。很多时候，他们就连次年的粮食种子也吃掉，到了来年的播种季节，就只有向地主借种子，接受地主的盘剥。为了避免地主对农民的这种盘剥，政府设置官方的粮种租借部门，定下合理的价格和利息。但由于缺乏有效监督，这一措施的实施者变成了新的地主阶级，这也是王安石变法被顽固派攻击的主要论据之一。

再有就是对军队的改革。其中包括"裁兵法"，兵员五十岁以后复员，在服役兵员中进行考核，不合格者降级。"将兵法"，即重新划分军队编制，让有经验的军士军官操练士兵。"保马法"，边疆草原等适合养马的地区，农民以马匹缴纳赋税。政府提供种马给贫困人家，但马匹若有死伤，农民要做出相应赔偿。但这种集中圈养的方式也有弊端——1072年的一场瘟疫，就使大批良种战马病死，使国家蒙受了巨大损失。此次瘟疫过后，战马又恢复散养和牧养的方式。"军器监法"，国家设立专门的部门管理军队装备，以提高军需品的质量和安全。

军队的改革在壮大宋朝的军事力量的同时，也不可避免地侵犯了军中既得利益者的利益。也就是说，王安石的变法虽然有利于富国强兵，因为触动了顽固派的利益，必然会受到他们的抵制。变法开始实施后，顽固派的抵制也变成了疯狂的反扑。王安石虽然顶住了各方面压力，竭力推进改革，但是随着改革的深入，顽固派的反扑也越来越疯狂。1073年，天下大旱，此时又正是王安石变法青黄不接之时，一时间朝廷内外怨声载道，王安石成为众矢之的。1074年，宋神宗开始动摇，为缓解压力，他将王安石调离工作一线，变法改由韩绛和吕惠卿等人继续推行，却使场面乱上加乱。1075年，王安石被召回，但是此时的他已经无力回天。1076年，王安石的儿子忽然病逝，使他遭到沉重打击，万念俱灰中向宋神宗请辞，从此隐居金陵，潜心著书，不再过问世事。

王安石隐退后，司马光执掌朝政，主张变法的"元丰党人"和反对变法的"元祐党人"从此开始了相互攻击、责难。1093年，宋神宗驾崩，新主政的太后奉行祖宗制度，元祐党人趁势兴起，王安石变法宣告失败。

9. 古人也有维权意识吗？

北京大学法学系教授韩水法先生表示，由于我国古代市场经济发展迟缓，基本属于自给自足的小农经济，人民的维权意识比较薄弱。正所谓"君子喻于义，小人喻于利"，我国古人多以孔孟思想的"仁义"为终生追求，而排斥那些唯利是图的商人，并将其斥为"小人"。由于商人逐利的特性，所以商品交易中经常出现缺斤短两、以次充好的现象，使得人们对于商人的评价更为负面。与此同时，商人的活动也潜在地威胁着专制统治的制度，所以我国历代统治者基本都施行重农轻商策略。

唐朝时国家规定，不论是官用度量衡器具还是私人用的度量衡器具，都必须按期到相关部门进行检验矫正。检验合格后，官府统一发放印信。消费者也有权利和义务进行监督，政府对不合规格的度量衡器具予以严厉打击。此外，监督官员还会随时巡检，如果发现商户有欺诈行为，就可以当场逮捕，查实后还要当众惩罚。官府还鼓励消费者和商户签署交易合同，如果在规定时间内商品出现质量问题，有权要求退还钱款。如果商户不签署交易合同，或者在出现质量问题后不予退还钱款，消费者可以报告官府，查实后也要对商户进行惩罚。由于当时的统治者施行重农抑商的政策，这些规定大都得到了执行。但是很明显，这种政策是单方面倾向于消费者的，没有考虑到商户的利益，不利于商品经济的发展。

商品活动中的维权意识在宋朝有所进步，尤其是制瓷业和茶叶行业发展起来以后，政府加强了与海外市场的联系，商品经济的意识得到提升。比如，当时的法律规定，市场上的非官方度量衡器具一律没收，全部使用政府统一制造的度量衡器具，并对这些器具定期检查，发放合格印信后方可使用。

宋朝是一个比较特殊的王朝，在重农抑商思想严重的我国古代社会，发展出了真正意义上的资本主义萌芽。据相关史料记载，北宋时国家财政收入激增，最高时达到一点六亿两白银。在我国历史上，财政收入能接近这个水平的只有两个时期：一个是南宋，其商品经济也高度发达；另一个就是明朝的鼎盛时期。但这两个时期的最高年财政收入都在一点二亿两白银之下，和北宋最高年财政收入相比还要差四千万两。而我国人民引以为傲的唐朝盛世，最高年财政收入还不足一亿。

当然，随着商品经济的发展，我国人民的维权意识也越来越强。由于商品经济的发展，宋朝时已经出现假货和假官方印信，而且造假和以次充好现象日趋严重。宋朝统治者为了杜绝违法商业行为，维护消费者权益，还特地成立了相应的部门，称为"和剂局"和"惠民局"，这就是我国历史上最早的市场管理部门。这两个部门一家管造假，一家管质量。在当时，如果商家的产品没有这两个部门的印信，消费者是不敢购买的。当然，这两个部门也有监察和处罚的权力，官府还制定了相应的法律，称为《伪造条例》，可见当时的商品经济和相关法律体系已经相当发达。

10. 什么是"五听"断案法?

　　"五听"断案法是我国古代司法实践的宝贵遗产,它体现出我国古代的审判官已经开始注意到犯人的心理变化,并以此作为断案的一种依据。

　　据北京大学法学院教授陈瑞华先生介绍,最早提到"五听"断案法的文献是周朝的《周礼·秋官·小司寇》,其具体内容为:辞听、色听、气听、耳听、目听。东汉末年的经学家郑玄曾经为此作注,认为:"观其出言,不直则烦;察其颜色,不直则赧;观其气息,不直则喘;观其聆听,不直则惑;观其眸视,不直则眊('眊'音同'冒')然。"意思是说,在审讯的过程中,犯人讲真话会理直气壮,讲假话则会不停地绕圈子、找借口;犯人讲真话,面容会很严肃,讲假话则会面有愧色;犯人讲真话,气息会很均匀,讲假话则会呼吸不畅;犯人讲真话,听到审判官的话反应会很快,讲假话的犯人则会很慢;犯人讲真话,眼神会坦然坚定,讲假话眼神则会飘忽不定,不敢直视审判官。

　　由此可见,早在周朝时期,我国古代审判官对犯人的审讯就已经细致入微了。虽然这种"五听"法存在一些问题,但基本合乎常理。在当时的社会,犯人不会像今天这么狡猾,审判官也多为一些明辨是非、持守纲纪的正人君子,所以运用"五听"法基本不会出现纰漏。

　　即使是在后来,"五听"法同样是一种辅助性审判工具。比如在唐朝,《唐六典》就有关于"五听"法的明文规定,内容为"凡察狱之官,先备五听",也就是说所有的审判官都要掌握"五听"法。后来到了宋朝,审判过程更为细化,甚至出现了专门负责察言观色的官员,这类官员会在审判结束后将所得结果上呈审判官,作为最后断案的部分依据,而这类官员所依据的理论和方法,就是"五听"法。

11.　"监"和"狱"有什么不同？

　　自古以来，政府的一项主要职能就是审判案件，但是案件的审查需要一个过程，而且很可能一个审判机构要同时处理多宗案件，所以就需要有一个对嫌犯进行暂时关押的地方。北京大学法学院教授姜明安先生指出，我国历史上最早只有"狱"的概念，而且这一阶段的"狱"也仅限于临时关押的功能，因为一旦判决结果出来之后，犯人就会被行刑，如在脸上刺字（黥刑）、割去鼻子（劓刑）、砍脚（刖刑）等。汉朝以后虽然肉刑被废除，对罪犯的惩罚仍然不包括监禁，所以"狱"的功能仍然只是短期关押。

　　明朝以后，开始出现监禁类型的判决，即将犯人关入固定地点，等到服刑期满或皇帝大赦才能出来。这种地方被称为"监"。此时，狱的作用仍然是关押嫌犯。但是我国古代人民多数搞不清两者之间的区别，认为狱和监是一回事，所以后来也就统称为"监狱"，视之为关押、囚禁犯人的地方。

　　"监狱"一词始于明朝，指的是"三班"和"六房"，　实际上是政府办事机构的简称。三班是指皂班、快班和状班，其中皂班主要负责社会治安，快班负责缉拿，状班负责审讯，是国家的司法机构；六房指的是六部，分别为吏部、礼部、户部、兵部、工部、刑部。由于明清两代的政府机构都称为"房"，所以六部也称为六房。从这里可以看出，三班和六房都是政府的办事机构，之所以和监狱联系在一起，是因为百姓的错误观念。

　　在我国古代人民看来，政府就是一座冰冷的衙门，而既然政府在当时被称为监狱，那么进衙门打官司就成了"进监狱"。对于那些需要临时关押的罪犯来说，被关押也就成了"坐班房"。总而言之，狱、监和监狱的概念完全被混淆了，后来将错就错，监狱就成了现在人们所理解的意思。

12. "监狱"是怎样产生的？

据北京大学法学院考证，早在远古时期，我国就产生了"狱"的概念。提出这个概念的人是"上古四圣（尧、舜、禹、皋陶）"之一的皋（"皋"音同"高"）陶，他是黄帝的孙子，在尧舜执政时期担任司法官，本来在大禹之后应该是他即位，但是皋陶在大禹之前就过世了。相传，皋陶长着一张鸟嘴，公正严明，他有一只叫作獬豸（"獬豸"音同"谢至"）的神兽，头上有一只角，即传说中的独角兽。这只独角兽有一种神奇的功能，就是能够判别是非，认清谁是罪犯。所以皋陶判案遇到困难时，就会牵出独角兽来帮忙，独角兽在判别后会用角去顶有罪的人，此人就会受到惩罚。但即使有独角兽的帮助，也不可能一下子审完所有的嫌犯，为了方便管理这些人，皋陶命人筑起一圈土墙，称为圜（"圜"音同"元"）土，这就是狱的前身。所以后人认为皋陶是狱的创始人，在狱中都会供奉他的画像。而犯人为了祈求自由，也会向他虔诚膜拜。

在夏朝，狱被称为夏台或夏宫，是用来关押君王的地方。夏朝最后一个君王夏桀凶残无道，弄得人人自危，民不聊生，商朝的创立者商汤便要起兵讨伐他。夏桀的耳目暗中探听到这个消息，夏桀便将商汤诱捕于国都，并囚禁在夏台。后来商汤的臣子进献了无数财宝和美女，商又和夏订立了盟约，商汤才被放出来。夏台作为狱，不仅能关押受审前的嫌犯，还有囚禁的功用。

商朝之时，狱的名称为羑（"羑"音同"由"）里，功用和夏朝大体相似，更加相似的是羑里也关押了一个与商汤类似的人物。商朝的末代皇帝商纣贪色暴虐，但西伯侯姬昌却非常仁德，势力也越来越大。商纣担心姬昌对他的统治构成威胁，于是将他囚禁于羑里。据《史记》记载，这位后来的周文王，就是在囚禁于羑里期间推演出周易。

周朝的时候狱叫回圜土，功用沿袭了商朝的传统。秦朝时将狱称为囹圄，现在人们将入狱服刑称为"身陷囹圄"，源头就在此处。由于这是我国从奴隶社会向封建社会转型的时期，秦始皇又实行郡县制，全国各地的权力统一于中央，因此这一时期的狱不再限于都城，而是全国各地的司法部门都有设置。汉朝之后，狱正式被命名为狱，而且狱的数量也开始增多。据《汉书·张汤传》记载："中都官狱二十六所。"（这里的中都指的是长安）。也就是说，仅长安一城就有狱二十六所。到了南北朝时期，官府开始掘地造狱，称为地牢，但功用并没有改变。

唐朝进一步完善了狱法，监狱的职能得到细化。比如在都城长安，大理寺、刑部和御史台都设有自己的狱所。其中，大理寺是中央审讯部门，所属狱所关押的多为受审前的官员和徒刑犯；刑部虽然没有直属的狱所，但全国的狱所包括大理寺都在它的管理范围内；御史是负责监察的官员，但由于直接由皇帝本人领导，也会私下进行一些审讯，所以后来设置了自己的东西两狱。此外还有专门囚禁皇家贵族的狱所，这些人多半是在宫廷斗争中失败又没有被杀害的，对他们的审讯和囚禁都不会通过国家司法程序，狱所也在特殊地方。至于地方政府的监狱，就更加五花八门了，据《新唐书·刑法志》记载，贞观十三年时，全国共有三百五十八个州，一千五百五十一个县（唐朝政府的行政分为州、县两级），每个地方政府都设有自己的狱所，全部统计下来将近两千处，而且后来还有增加。

宋朝的监狱基本沿袭了唐朝的制度，不同的是除了狱所外，朝廷还开发出了相应的空地，用来让被关押或囚禁的人放风，此时狱的基本构架已经和今天大体相似。这一时期的狱所制度得到了进一步完善，比如男人和女人有不同的狱所、病人和健康的人有不同的狱所、贵族和贫民有不同的狱所等。

明朝时，狱开始同时成为犯人服刑的场所，服刑过程称为"监"，后世遂将"监"和"狱"合在一起使用，称为"监狱"，并沿用至今。

13. 中国古代有哪些残酷刑罚？

封建社会的集权专制，决定了统治者和被统治者之间存在着不可调和的矛盾，而统治者总是妄图通过各种恫吓和威胁手段迫使被统治者屈服。

在这种情况下，各种残酷的刑罚应运而生。据北京大学法学院考证，我国古代各种刑罚未计入法典的不计其数，尤其是在狱中对犯人使用私刑的手段，五花八门又残忍至极；就是那些记入法典、成为官方正式规定的刑罚，也让人触目惊心，难以置信。

剥皮，这一刑罚的首创者是朱元璋。朱元璋对贪官污吏恨之入骨，所以在即位之后，曾严令禁止官员贪污。但是依然有官员顶风作案，朱元璋盛怒之下，命令将一对父子贪官处死剥皮，并用这两张人皮制成一面大鼓，每天敲击以警示天下官吏。后来，朱元璋的剥皮刑罚被列入国法，凡是官员贪污的财物达到一定数额，就要处以剥皮之刑。之后，剥皮刑罚发展为在犯人活着的时候剥皮，而且是在背后沿脊柱切开，然后向两端分开，完整地取下整张人皮，最后再在人皮内填充草物，挂在旗杆上示众。不仅如此，还有一种做法更加变态，即将犯人全身埋入土中，只留一颗脑袋，在头顶切开一个大十字，然后注入水银。注入的水银会让人体皮肤和肌肉完全分离开，这个时候犯人的痒痛和土地的压力会迫使犯人将身体从头顶挤出来，而留下一张完整的人皮在土中。最后在人皮内填充草物，高挂示众，警戒世人。

腰斩，这种酷刑早在周朝就已经出现了，直到清朝雍正年间才被废止。我国宋朝著名官员、被称为"包青天"的包拯，就在堂前备有虎头铡，专门用来腰斩犯人。和斩首不同，腰斩是用铡刀将犯人的腰部斩断，由于人体的主要器官都在上半身，所以犯人受刑后并不会立即死去，其残忍程度远超过斩首。明朝朱棣篡权后，曾要求大学士方孝孺执笔书写即位诏书，方孝孺不仅不肯屈服，反而大骂朱棣篡权谋逆。朱棣威胁要诛灭其九族，方孝孺大义凛然，说即使诛灭十族也在所不惜。最后，方孝孺除父母、兄弟、亲戚等九族被株连外，就连他的朋友也被牵连在内，即所谓十族。方孝孺本人被腰斩，行刑后，方孝孺仍有神志，他一手撑地，一手蘸着自己的鲜血，在地上接连写下十二个半"篡"字，以表明他至死都不屈服于朱棣。

五马分尸，也被称为车裂。行刑时将犯人头部和四肢分别拴在绳索上，由五匹马牵引飞速向不同方向狂奔，瞬间将犯人撕扯成碎片。对于犯人而言，这种刑罚极为恐怖。通常情况下，犯人的身体不会一次被分成五块，因此要反复行刑，直到犯人的头部和四肢全部分开。

凌迟，也被称为磔刑，民间称千刀万剐，是我国古代写入法典的最残忍的刑罚。这种刑罚的最初形式，是将人处死后剁成肉泥，称为醢（"醢"音同"海"）刑。周文王姬昌的长子伯邑考和孔子的弟子子路都是受此刑而死。五代时期，这种刑罚才被称为凌迟，并在辽国时被写入法典，一直沿用至清朝覆灭。凌迟这种刑罚的名目极为细致，其中有割一百零八刀让犯人断气的，有割一千零八十刀让犯人断气的，还有割三千六百刀让犯人断气的，残忍至极。行刑之时，还规定需先切眉，再切肩，然后切乳，接着切腿等。明朝末年，抗清名将袁崇焕就被处以此刑，受官方舆论影响，还有无知百姓在行刑前生生咬下袁崇焕身上的肉。很多人为了吃到袁崇焕的肉以解恨，还花钱向刽子手买他切下来的肉，以至于出现了刽子手切下一块肉，便转身向人群叫价这种令整个民族蒙羞的场景。袁崇焕死后不久，明朝灭亡。

烹刑，也叫汤镬，就是把犯人放入煮沸的水中活活烫死。关于烹刑，我国历史上还有一个"请君入瓮"的著名典故。说的是武则天执政时，有人告发丞相周兴谋反，武则天令来俊臣查证。来俊臣得令后请周兴到家中饮宴，席间提问："审讯犯人时，如果他不肯招供怎么办？"周兴不知事情败露，还兴致高昂地说："只要把他放入瓮中烹煮，就不怕他不招。"来俊臣听闻此言，就命人支起大瓮，并点火煮水，对周兴说："有人告发你谋反，请你进入瓮里，我要把你煮熟。"周兴这才知道事情败露，随即伏地请罪，交代了自己的罪行。

刖刑，我国古代关于刖刑的记载不一，主要有两种说法：一是截去某一只脚或者两只脚都截去；一是剜掉膝盖骨。主流学者一般采信前一种说法，即断脚。这种刑罚在秦朝时也称为斩趾。战国时孙膑受庞涓迫害，受的正是刖刑。孙膑在受刑后，无法行走和骑马，只能依靠拐杖和战车来行走和打仗。

针刑，多施用于后宫中的女人和侯门女眷，比如皇后对付皇妃，或者老宫女对付新来的宫女等。这是一种暗中使用的刑罚，因为如果被发现谁使用这种刑罚，施刑者可能也要受到惩罚。针刑的主要施用部位在指甲缝或骨缝等部位，这些部位神经敏感，而且不易被他人发现。

宫刑，也被称为腐刑。对于男性来说，宫刑就是切除阳具。这种刑罚最早是为了惩罚犯有淫乱罪行的男性，犯人伏罪后将其阳具放在木板等硬物上，用利器切掉，犯人以后便无法进行性事。后来，为了不使专门服务于皇宫及侯门的男人和主人的妻妾有染，便对他们实施宫刑，这种人就被统称为太监。切割方法为先用细线勒紧性具，包括睾丸，待其因血液不通而坏死，便进行切除手术。切除后用鹅毛梗插入尿道，维持其正常排尿功能，并用香灰止血，整个过程称为净身（净身成功后就有了进宫的资格）。如果净身失败，轻者致残，重者致死，因此净身术在古代也是一门高超的技艺。

此外还有黥刑，即在面部刺字；劓刑，就是割掉鼻子；笞刑，也叫杖刑，就是用鞭子或木棍等打屁股；大辟，即砍头；炮烙，就是用炭火烧热铜柱，将人绑在铜柱上烧死，即坠炭上烧死；弃尸，就是处死后将尸首扔在街市上示众等。

14. 杖刑的演变过程是怎样的？

自汉朝废除"旧五刑（黥、劓、刖、宫、辟）"之后，"新五刑（笞、杖、徒、流、死）"被后继的朝代沿袭使用。其中杖刑因为兼具惩罚和羞辱的作用，而且对人体的实际伤害相对较轻，成为各朝代最普遍使用的刑罚。宋朝时，犯了通奸罪的男女都要被处以杖刑，而且是去衣受杖，以达到侮辱罪犯的目的——行刑之时一般都有很多人围观，罪犯当众被脱掉裤子行刑，自然就会有羞耻感。

据北京大学法学院教授刘剑文先生介绍，杖刑中最为奇特之处是行刑者的手段。行刑者不甘心只拿俸禄，就通过在行刑时施展手腕而牟取利益。比如，对于那些不重要的犯人，如果行刑者又收取了他们的好处费，他们在行刑时就会将其打得表面上皮开肉绽，实际上内伤很轻，拖下去之后一剂药敷完便无大碍；如果是那些上司交代重打的罪大恶极的犯人，或者没有拿到好处费，行刑者就将其打得内伤难治，犯人是死是残或者当场毙命，全看其身体素质。

不一样的结果源于不一样的手段，而要拥有这种手段，也是要刻苦练习的。在唐朝时，行使杖刑的官员称为皂吏，这些人练习杖刑的方法很简单，但需要下苦功夫。练习的具体方法为：将一块豆腐平稳放好，在上面蒙一层薄纸，然后用木杖击打薄纸。练习到最后，可以收放自如地达到两种境界，一种是薄纸不破，但下面的豆腐已经稀碎；另一种是薄纸稀烂，但下面的豆腐却完好无损。皂吏只要练到这两种境界，就可以出师了。

宋朝时负责杖刑的吏卒的行刑水平有所下降，因为他们的俸禄比较优厚，而且官员的素质也比较高，不值得为了一点灰色收入丢掉饭碗。但这不代表没有人作弊。比如对一些官位比较重要的人使用杖刑时，行刑吏卒不敢真的将其打伤，却又没有"纸破豆腐却完好无损"的手段，所以只能在刑具上下功夫。他们想到的方法是把木杖掏空，看上去这些木杖跟一般的刑具没有两样，打起来也虎虎生风，落在犯人屁股上却如同挠痒。当然，如果要对谁下狠手，他们就在空心木杖里灌满铅汁，这样的木杖比一般木杖威力更大。

明朝时行使杖刑的人称为校卒，这些人的功夫可谓登峰造极。据清末法律学家沈家本的《历代刑法考》记载，明朝校卒为了增加行刑效果，对犯人行杖刑时通常都是劈头盖脸，浑身上下全都"照顾"到。这些校卒的练习方法是：用布袋缝制成人形，然后在里面放上稻草，练习目标同样针对表皮和内里。前一种情况是布袋完好无损，但里面的稻草却碎如粉末；后一种情况是布袋绽裂，但里面的稻草却完好无损。只要能做到这两点，校卒就可以出师了。明朝杖刑非常多，校卒可以说是财源广进。明朝的皇帝大都特别热衷于杖刑，并命令宦官监督行刑过程。有明一代，经常可以看到皇帝命人把官员拉出午门施以杖刑的记录。官员为了自保，但凡上朝或者和皇帝议事，都会在袖袋里装好银票，以备在挨板子时向太监行贿。

15. 古代有哪些刑罚专门针对女性？

我国古代有"妇人不着械"和"妇人无肉刑"的说法，但随着时代的发展，统治者或者刑罚部门为了威慑民众，也逐渐开始对女性施以极为残酷的刑罚。据北京大学法学院考证，我国历史上施用于女性的刑罚数不胜数，很多时候其用意不是置人于死地，而是为了让人生不如死。比如最残忍的吕雉，在刘邦死后居然将戚夫人剜去五官，削去四肢，制成"人彘"，其心肠之狠毒、用意之毒辣，已经到达了人类所能想象的极限。还有更多的女性，被写入法典的酷刑所残害。这些酷刑在全国范围内推行，它们的存在，说明在文明开化的社会之中，也有着残忍、暴虐的流毒，值得警惕。从唐朝以后的五种针对女性的刑罚就可以看出，人权曾经遭到怎样的践踏。

刑舂（"舂"音同"冲"），这是一种劳役形式的惩罚，包括发配到边远地区的地主家中或军营中从事一些妇人的工作，如舂米（即淘米）、洗衣、晾晒等，工作十分繁重。但是在受此刑之前，女犯通常会被施以黥、劓等刑罚，以剥夺她们的女性权利。这种刑罚虽然不会使女犯丧命，但她们接下来的生活无不悲惨至极，可以说生不如死。而且，获这种刑罚的女犯通常是由于株连等莫名其妙的原因。

拶（"拶"音同"攒"）刑，拶子是一种专门用来夹手或者夹脚的行刑工具，主要部分由硬木条组成，以绳索相连接。行刑时将女犯的手指放入拶子，再由绳索牵引夹紧，严重时甚至可以将女犯的手指夹断。所谓十指连心，不要说夹断，即使是普通的用刑，也不是女性的纤纤十指可以承受的。而且我国古代女性主要是靠灵巧的双手工作生活，一旦手指残废，对她们将是极大的打击。这一刑罚始于唐朝，一直到清末才被废止。

杖刑，是指去衣受杖，也就是要剥光了打。在我国古代，女性是不能轻易抛头露面的，何况是被当众脱去衣裤？这一刑罚除了要将女犯的臀部打得血肉模糊外，还有一种羞辱的目的。受此刑罚的女性，多数是因为通奸淫乱。但是受儒家思想的影响，在后来的行刑过程中，只要不是罪大恶极，女犯一般会得到从宽处理，比如行刑时留有内裤、行刑者手下留情等。此刑罚同样始于唐朝，但是宋明清三朝硬性规定要去衣受刑时，行刑者就不敢轻易手下留情了。

赐死，这种刑罚始见于商代，一般是对身份比较特殊的人使用，比如皇家的妻妾等，原则上要保证她们有尊严地死去。赐死的方式有很多，比如赐毒酒、赐绫缎、赐长剑等，女犯得赐后谢恩退出，自行了断生命。

宫刑，这一多见于男性犯人的刑罚，实际上最开始却被用于女犯。早在我国秦汉时期，女子如果犯有通奸淫乱等罪，就会施以宫刑，即将女犯捆绑在木桩上，行刑者用木棒等硬物猛击其腹部，致使其性器脱落，失去生育和性事能力。

16. "浸猪笼"用于惩罚什么罪行？

猪笼最开始称为竹笼，后来才逐渐被叫成猪笼。这是一种装运家猪的工具，用竹条制成，整体为长筒形，网状，一端有开口。捉猪时用食物引诱，待猪进入笼后便关闭开口，提起运走。浸猪笼作为一种刑罚古时就有，出现的具体时间已无法考究。严格来讲，其实这是一种私刑。北京大学法学院教授陈瑞华先生表示，我国古代的婚姻制度非常严格，合理合法的婚姻必须要经过"父母之命，媒妁之言"。对于男女婚前和婚后的性行为，古代法律风俗更是有严苛的规定，如果有人违反，就有可能被浸猪笼。

浸猪笼这种刑罚通常施用于女性。如果一名女子在婚前和男子有性行为，或者婚后与丈夫之外的男人有染，就可以把她抓去浸猪笼。也就是说，浸猪笼用于惩罚有通奸罪的女性。其具体操作过程为：将人捆绑后装进猪笼，封好开口，用绳索吊起浸入水中。如果犯人罪行较轻，可以露出头部让她呼吸，只浸泡一段时间进行警示。但如果犯人的罪行严重，行刑时就要将她整个浸入水中，直到窒息而亡。通奸的男子同样逃不过制裁。在我国古代社会，村中有名望的老人握有很大实权，只要证据确凿，且得到这些老人的首肯，人们就可以将通奸的男子用乱棒打死。有些地方也有将男子浸猪笼的做法，但不多见。

之所以用浸猪笼的方法惩戒犯人，其中一层含义是为了羞辱，寓意犯人猪狗不如，死后也不得转世为人。由此也可以看出，我国古代人民的思想意识受到儒家和佛家影响很深。一方面村中有威望的老人多数为孔孟传人，礼法观念强烈；另一方面人们也相信轮回和堕入畜生道的佛家思想，所以才用浸猪笼的方式对犯人施用诅咒性惩处。此外，也有学者认为，浸猪笼这种刑罚的出现是由于取材方便——我国古代先民早有养猪的习惯，猪笼也是家中常备的物品，因此浸猪笼的刑罚很容易执行。

17. "一条鞭法"对社会进程的推进

北京大学法学院教授陈瑞华先生指出，我国自古就是农业国家，经济围绕农业展开，因此土地就成了稀缺资源。既然是稀缺资源，有权有势的人就会强取豪夺，以致土地兼并成为历朝历代都难以避免的现象。明朝也不例外。明朝万历年间，全国土地基本上都掌握在地主阶级手中，加上官僚腐化和战争，人民赋税很重，国家的根基已经动摇。为了摆脱这种弊病，以张居正和桂萼为首的统治阶级开始实施税务改革，也就是推行一条鞭法。

一条鞭法最初叫作"一条编法"，也有的史料记载为"一条边法"，但后世多称为"一条鞭法"。

此法的主要内容分为三点：一是重新丈量天下土地。这是因为在社会的发展过程中，一些地主的土地是开荒得来的，或一些百姓开荒的土地又被地主兼并。这些土地的拥有者自然不会主动向国家报告自己真实拥有的土地数量，一些人甚至会刻意隐瞒。据史料记载，此次清查出的土地比官方记载共多出将近三亿亩，国家财政收入因此大幅提升。二是将赋、役分开执行，这里的赋指赋税，役就是劳役和兵役。比如一户人家原来需缴纳一百斤粮食、两个人的劳役、一个人的兵役，但是在一条鞭法施行之后，这户人家便可以不再承担兵役和劳役，只需多承担相应的田赋即可。而如果这家人没有田，却有很多人，也可以多服劳役或兵役，而少缴或不缴赋税；三是所有赋役都可以折为现钱，以现钱形式完成赋役。

在唐朝以前，我国的税收基本都是征收实物。唐朝以货币形式统一全国的征收标准，但仍然需要按物价折回当地的实物进行收缴。宋朝王安石变法后有赋税折现的政策，但这只是昙花一现，并没有得到广泛推行。元朝的税收制度中，虽然对丝料、包银、俸钞等贵重物品的税收使用现银，但粮食产区的税收还是以实物为主。

明朝，张居正的一条鞭法实行之后，全国的赋税才统一规定为征收现银。自此之后，除了江浙一代的主要粮食产区仍以粮食缴税，供国家统一调配，其余主要地区基本都是现银缴税。税款由地方政府代为征收，然后统一运到京城入库封存。这样做在减轻运输成本的同时，也大幅降低了贪污的可能。

明朝政府及时推出的一条鞭法主要有两点作用：一是赋役的货币化，也就是将条目繁多的赋役（包括税赋和劳役、兵役等）进行简化，统一用货币支付。从此之后，农民便可以安心在田地里进行生产，只要缴纳相应的货币，就不用再承担其他任务。这样一来，既可以减轻百姓负担，又可以增加国家财政收入。二是国家财政收入增加之后，就能够培养更多的职业军人（职业军人才是最能打仗的）。这两点都反映了明朝社会商品经济的发展和农民在封建社会中人身依附关系的松弛。更值得注意的是，明朝政府的这一措施，还有效地促进了当时社会工商业的发展。我国历史上除宋朝外，也只有这一时期出现了短暂的资本主义萌芽。

还有一点就是"摊丁入亩"，这一政策使百姓受益良多。所谓摊丁入亩，就是国家按照纳税者拥有土地的面积来规定缴纳税赋，土地多的多缴，土地少的少缴。在一条鞭法实施之前，国家的税收是按照人丁（指十六到六十岁的男性）来计算的，即一户人家人丁多，就要承担更多的税赋，而不论他们拥有多少土地。

为了不使改革出现副作用，即那些没有税赋压力的青壮劳力不去劳动，明朝政府还制定了相应的鼓励生产措施，即有人无地的纳税者也需要承担少量税赋；有人有地的纳税者承担相应税赋；而人少地多的纳税者，也就是地主阶级，需要承担大量的税赋。但是这样一来，也使一些地方的不法官员有机可趁。据史料记载，由于地区的监管力度不足，一条鞭法并没有得到有效实施，个别地方甚至出现了百姓税赋加重的现象。可是总体来说，一条鞭法还是对明朝的兴盛起到了极大的推动作用，当时甚至出现了国家一年的收入可以负担八年的支出的状况。

18. 《天朝田亩制度》有哪些积极的法学思想？

《天朝田亩制度》针对的同样是土地问题，这说明作为农业国家的古代中国，土地问题是一切问题的核心。北京大学法学院教授湛中乐先生指出，太平天国提出《天朝田亩制度》，是有其相应的历史背景的。唐朝初期的"均田制度"促成了贞观之治；明朝初期国家抑制地主阶级兼并土地，使国家富强、民族强盛。其他朝代所有盛世的出现，也都是因为人民和土地之间关系和谐，即太平天国提出的"耕者有其田"。而各朝代乱世末世的出现和发展，也都是因为土地兼并现象严重，百姓失去土地，忍无可忍，因而揭竿起义，给国家造成动乱，甚至摧毁旧的国家机器，建立起新的朝代。清朝末期，土地兼并现象极为严重——百姓饿死路边，地主家的粮食却在仓库里发霉。在这个时候，太平天国推出以"均田地"为主要思想的《天朝田亩制度》，自然受到百姓的追捧，洪秀全也因此建立起了他的太平天国。

《天朝田亩制度》的主导思想就是平均分配。其规定有：天下所有的田地按照肥沃程度分为九等，然后按照每家每户的人口进行分配，无论男女老幼，人口多的家庭多分，人口少的家庭少分。在分配过程中，在土地质量问题上也体现平均原则，比如一户人家应该分得十亩田地，就会分别得到五亩良田和五亩贫田。所谓"不患寡而患不均"，受尽了饥寒和不平等待遇的农民，在太平天国"无处不均分，无人不饱暖"的口号的号召下，无不心向往之。因此农民纷纷参加太平军，为了将来能分到土地而奋勇作战，使太平天国占据了半壁江山。

在当时，平均主义非常具有革命性。几千年来，我国人民在专制统治下艰难地生活着，只能把希望寄托于统治者的英明神武。专制统治者认为"普天之下莫非王土"，百姓不过是他们蓄养的家奴罢了。而更严重的是，我国古代人民已经习惯了这样的统治。所以，"平均地权"这一口号的提出，不仅是对专制制度和封建传统的打击，也是一种思想的解放。但是由于各种原因，《天朝田亩制度》根本无法实施，实际上也没有得到有效执行，以致支持洪秀全的农民纷纷离去，太平天国的统治也由此失去民意基础。

同时，绝对平均的思想也是不切实际的。众所周知，公正必须建立在力量均等（至少是各种力量相互制衡）的基础上，而在我国古代，皇帝和人民纯粹是统治者和被统治者的关系，他们之间找不到制衡或均衡的可能。只要封建的生产关系没有根本改变，平均主义就只能是一种空想。从另一个角度来看，平均主义只是弱势群体的一种愿望，绝对的平均在任何时代都是无法实现的，因为它有悖人类社会的规律——参差不齐才是社会的常态。当然，这里不是说人类社会无法达到平等，而是说这种平等只能是人格上的，而无法在物质上实现绝对的平均。

19. 最早学习西方体制的《资政新篇》

我国历史上的农民起义都带有不同程度的宗教色彩，比如东汉末年的黄巾军起义，元末朱元璋的明教起义，清朝的白莲教起义等。太平天国作为我国近代史上最大规模的农民起义，虽然也有宗教背景，但其思想却来自西方。据北京大学法学院考证，洪秀全的"拜上帝会"来源于基督教，洪秀全拜耶和华为天父，耶稣为天兄，他自己则为"天弟"。在这种思想背景下，洪秀全派他的族弟洪仁玕去香港进行系统学习。1859年，洪仁玕学成归来，并一举成为太平天国的第二号人物。同年，洪仁玕撰写的《资政新篇》得到洪秀全认可，太平天国开始实行变法。

《资政新篇》的主要内容分为四个方面：首先是国家政治方面，主张依法治国，统一全国政令，以便于国家制度的推行。废除此前的举荐和任命制度，改为在各地设立投票站，各地方官吏由民众选举产生；在全国各地设置新闻官，新闻官隶属中央，负责监察全国官员，并听取最底层民众的舆论，方便中央随时整治地方的违法行为。

其次是经济方面，主张重点发展工商业，并学习西方的管理经验和先进技术。由国家出资，奖励新技术和新发明，崇尚创新，鼓励学习西方文化。

再次是向西方学习。比如在社会保障制度方面开办保险等；在文化教育方面，开办西式学校，教授医科、算学、化学、冶炼等新兴工业知识。严厉打击人口贩卖、吸食和买卖鸦片行为。

最后是外交方面，主张与其他国家进行自由贸易、文化学习以及一切基于平等原则的相互交流。实际上，这一点是太平天国对西方列强做出的让步，因为当时中国的工商业十分落后，自由贸易会使列强掠走大量资源。当然，太平天国对外国也有限制条件，那就是不许外国干涉中国内政。

在提到具体的变法措施时，洪仁玕提到交通在现代经济中的重要性。他认为应该学习西方发展火车和轮船事业（"兴舟马之利"），洪仁玕称火车为"火轮车"，日行七八千里，利用火力和风力运行的轮船，更是轻巧坚固、刀枪不入。在当时的中国人看来，这些就像神话传说一样，因为当时的人只知道神行太保戴宗才日行千里，武艺高强的人才有可能刀枪不入，因此有许多人根本不相信洪仁玕说的火车、轮船。

洪仁玕在他的变法方案里还提到"因时制宜"，这一思想也是他的变法总方针。更加难得的是，洪仁玕已经对世界有了比较清醒和准确的认识。《资政新篇》里面提到，当时世界上最强大的国家是英、美、法，这些国家工业发达，国防坚固，法制严明。他在具体分析时指出，英国为当时世界上最强大的国家，其强大的原因就是能依法治国；美国（洪仁玕称为"米利坚"）的统治者由人民选举产生，在职时有薪资，五年一任，任满后由国家供养；法国（他称为"弗朗机"）是工业最为发达的国家，其他国家的工业文明都发源于此，而且其工业文明也一直保持领先。洪仁玕还提到了沙俄，说沙俄一直遭到英、法等国的欺辱，所以派遣子弟伪装成普通人去偷师学艺，几年时间便使国威大振，不再受人欺辱。此外，洪仁玕也提到一些故步自封的国家，比如当时的土耳其，不知变通，国势不振，常年受到沙俄的侵扰。提到故步自封时，洪仁玕认为中国才是各国之最，认为中国应该学习沙俄的做法，以土耳其为戒，因时制宜地向西方国家学习，以达到富国强兵的目的。

《资政新篇》最了不起的地方在于提出了"法制"的概念。洪仁玕没有将目光停留在西方列强的坚船利炮上，而意识到他们强盛的根本在于法制（"尤善法也"）。比起落后腐朽的清朝统治的思想，甚至比起后来的洋务派，洪仁玕的思想不知要先进多少倍。不过很可惜，《资政新篇》的内容并没有得到有效推行，洪仁玕执政时期，太平天国由于内耗和清廷的绞杀，已经无力回天，而且洪仁玕的变法也缺乏一定的民意基础。以《资政新篇》为指导思想的太平天国变法，作为我国历史上第一次学习西方的尝试，最终以失败告终。

20.　结束君主集权统治的"三民主义"

1894年，救国心切的孙中山在美国檀香山成立兴中会，誓言"驱除鞑虏，恢复中国，创立合众政府"。这也是继太平天国之后，我国革命者的又一次伟大实践。与太平天国的《资政新篇》不同的是，在孙中山拟定的兴中会纲领中，第一次提出了民主及共和的概念，并且明确反对帝制，倡导建立联合政府。1895年，广州起义失败后，孙中山流亡海外，为了建立系统的革命理论，他悉心研读了西方政治和经济著作，并在西方各国进行实地考察。随后，他提出了民族主义、民权主义和民生主义的"三民主义"，而兴中会的纲领也发展成为"驱除鞑虏，恢复中华，创立民国，平均地权"。

民族主义是三民主义最重要的论点，这个口号的提出在于唤醒中国人的民族意识。想我泱泱亿万国民，不仅要屈服于满人的压迫统治，还要遭受西方诸国列强的侵略，其主要原因，就在于清朝统治者的愚民政策和高压统治。基于这种认识，孙中山提出"民族主义"，号召全民族团结起来进行抗争，寓意凡我族人，都是我兄弟姐妹；凡我河山，都是我肌肤血肉，决不允许受到外族一丝一毫的侵犯。

民权主义是三民主义最核心的论点。在我国古代社会，人民是没有任何权利的。经董仲舒改造后的儒家思想，主张君权神授，基本就是说君主享有一切权利，人民只能承担义务，即使受到再大侵犯，也只能忍气吞声，甚至以德报怨。同时佛家思想也会消除人民的反抗心理，即反抗就是种下孽因，死后要进入下一道轮回，只有忍受苦难才能功德圆满，升入上一道轮回。针对这种情况，孙中山提出了"民权主义"，揭示了君主专制的实质就是压榨和鱼肉人民，一味地隐忍只会让自己的权利被统治者更加肆无忌惮地践踏。他还指出，只有推翻帝制，建立民主共和，人民的权利才能得到保障，才能永远不受侵犯。

民生主义是孙中山发展国民经济的纲领。他主张通过走资本主义道路富民强国，废止一切封建经济形态，建立起完善的社会保障制度，使人民免受疾苦，充分享有自己应有的权利。与此同时，孙中山也没有脱离中国国情，知道土地问题是中国人民的根本，所以在提出三民主义之后，又在兴中会纲领中加上了"平均地权"这一条。此外，发展实业也是孙中山的重要思想，他提出的《实业计划》就系统地阐述了我国应如何建设实业，其中包括电力、水利、交通等多个方面。

三民主义继承了农民运动和维新运动的积极部分，又从西方社会学到了民主主义的理论思想，再加上资本主义的经济主张，成为当时社会最先进的民主革命纲领，也成为千千万万仁人志士的指导思想。在当时半封建半殖民地的中国，人民受到多方面的压力，生活苦不堪言。三民主义作为新时代的新思想，完全契合了人民和广大救国先驱的需求。它一方面提出反对专制统治，主张推翻满清专制统治；另一方面反对帝国主义的侵略，要求得到平等权利，得到了社会各界新兴势力的普遍支持，为最终推翻专制统治、驱逐列强奠定了重要基础。

第六章

兵

——上兵伐谋、居安思危的兵家谋略

在中国五千多年的历史中，打仗的时间占到一半以上，所以说在很多时候，一个人只要懂得统兵驭人，就能赢得天下。对于中国历史上的兵家谋略，专家学者更多的是从战术理念和人心驾驭等方面进行研究的，当然这也是战争最核心的部分。《孙子兵法》中的战争原则、冷兵器时代的军用战鸽、骑兵团的战法等等，这些在今天看起来或许显得有些落后，但是毫无疑问，正是有了前人的辛苦探索，才有了后来的军事家们精彩的谋略和思想。西夏人对于飞鸽的神奇运用众说纷纭的《武穆遗书》传奇色彩强烈的"娘子军"等战争故事到底是怎样的？这些问题就是本章要给读者解答的。

1. 《孙子兵法》是怎样成书的？

《孙子兵法》的作者是孙武先生，因此这本书也被后世称为《孙武兵法》。据北京大学古代史研究中心考证，孙武是春秋战国时期齐国人，父亲孙凭官至齐国国卿，为少年孙武营造了很好的学习环境。孙武成年后来到吴国，和楚国旧臣伍子胥一起辅佐吴王阖闾，一度征服了强大的楚国，但是后来在一次对越国的作战中失利，吴王阖闾重伤身死。孙武和伍子胥继续辅佐新王夫差，不仅消灭了越国，还联合鲁国打败了强大的齐国，从此称霸于诸侯。吴国称霸后，夫差开始得意忘形，尤其是得到勾践进献的美人西施后，夫差更加肆无忌惮。相国伍子胥因为劝谏心切，又被小人挑拨，最后落得惨死的下场。孙武知道吴国大势已去，就退隐山林，潜心著书，留下了这部《孙子兵法》。

1972年，在山东临沂出土了一部古本《孙子兵法》，共八十八篇，但因为时间久远，其中一些字迹已经无法辨认，因此可以确定的内容只有八十三篇。但现在流传的《孙子兵法》，实际上为曹操修改后的著作，全书共分为十三篇，分别讲述了战争中各个环节的奥秘。

第一，始计篇。讲庙算（谋划）。孙武讲"知己知彼，百战不殆"，主张不打没有把握的仗，也就是要在战前充分考虑敌我情况，知道敌人和自己的优势、劣势，然后制订作战计划，力图在战斗中做到扬长避短。

第二，作战篇。讲如何做战前动员，以及如何在战后快速补充兵员，并做好这些新兵（主要是俘虏）的思想工作。孙武在这里提出了"越战越强"这一军事思想，改变了每打一仗就要消耗一部分军队力量的情况，其关键就在于如何补充兵员，始终保持军队的作战能力。

第三，谋攻篇。讲"攻心为上，攻城为下"，意思是说，军事攻击要服务于政治攻势，在作战时应该用尽一切方法，以保存实力和迫使敌人投降为目的。如果只是单纯地使用军事手段，很有可能就是"杀敌一千，自损八百"。孙武说的"上兵伐谋""不战而屈人之兵"，都是这一思想的体现。

第四，军形篇。讲物质基础在战争中的作用，其中包括军队的作战能力。主要强调的是尊重客观情况，既不能盲目，也不能保守，抓住自己的优势大做文章，同时防止自己的劣势被敌人利用。

第五，兵势篇。讲的是要在战争中时刻保持警惕，因为无论准备得如何充分，一定还有一些因素是不可控的。这里提出要充分考虑战争中的偶然因素，比如在战场上各个部位都安排兵力后，还要留出一支预备队，以应付有可能出现的意外情况。

第六，虚实篇。讲如何在战场上占据主动权，总体来讲就是要虚虚实实，不让对方知道自己的真实意图，迷惑对方指挥官，使之无所适从。比如，敌人粮草充足，正等待决战，要先断他的粮草，然后发动进攻；敌人得到充分休整后，正等待决战，要先不停地侵扰他，让其疲惫，然后发动进攻；敌人构筑了坚固的工事，正等待决战，要先从内部想办法，或者围困，或者将敌人调出防御工事，然后发动进攻；等等。

第七，军争篇。讲作战要讲求"天时地利人和"。在双方势均力敌的情况下，外在因素就很可能决定战争的胜负，那么一旦处于劣势，就要想办法扭转乾坤。比如，和敌人抢占一处有利地形，敌人近而我方远，就要想办法阻止他们。这个时候，哪怕牺牲一部分利益，甚至是牺牲一部分军队，也要保证大部队先于敌人占据有利地形。总的来说，就是要变被动为主动，在战斗打响前占据有利因素。

第八，九变篇。讲的是要在瞬息万变的战场环境中做到随机应变。在本篇中，孙武还提出了"将在外，君命有所不受"的理论，强调的就是领兵作战的将领要根据战场的实际情况进行应变，如果君主的命令有可能导致战争失败，也可以不执行。

第九，行军篇。这一篇的内容包括驻军、行军和渡河，以及如何分析判断敌军的驻军、行军和渡河方法。其中涉及一些具体方法，比如：驻军时要注意排水和通风；行军时要注意容易遭到敌人伏击的地形，如密林、峡谷、绝壁等；渡河主要是"击敌半渡"和防止我方军队被敌人"击敌半渡"。再有就是观察敌情，包括敌人是想掩饰还是在试图迷惑我方等。

第十，地形篇。这一篇讲的是如何利用地形增强自己的作战优势，得到战场主动权。孙武将地形分为六种加以分析：一是方便相互进攻的地形，需要居高临下；二是方便一方进攻的地形，可以发动突然袭击，也要防止敌方突然袭击；三是相互都不方便进攻的地形，要后发制人，让敌方先进攻，我方以防御为主，等敌人退走时进行追击；四是狭窄的地形，我方需要先占领，如果对方先占领，则看他是否已经构筑工事，如果没有，就要以迅雷不及掩耳之势攻陷此地，如果对方已经构筑好工事，就只好放弃；五是险要的地形，我方需要提前布置兵力，如果被敌方抢占先机，就只好放弃；六是双方都在自己的据点里远距离对峙，这个时候就要做好持久作战的准备，贸然进攻只会丧失主动权，取胜方法可以参考第三种地形。

第十一，九地篇。孙武在这一篇列举了九种战争环境，并分析应该如何应对。我方在自己的国土上发动战争称为散地，即内战，是要诫勉的；在敌方的势力范围作战称为轻地，如果没有取胜的把握就要尽快撤离；有地形优势的战场称为争地，需要提前抢占，如果被敌方先占领，不能强攻；敌我双方势力交错的地方称为交地，要联合其他的势力共同进退；敌我之外的第三方势力的范围，谁先去谁就可以与其结盟的地区，称为衢（"衢"音同"渠"）地，要尽快与其联合；敌人的势力范围的腹心地带称为重地，应尽快抢掠以补充物资；密林、沟壑、沼泽等危险的地方称为圮地，要尽量避免涉足，万不得已必须涉足时要尽快通过；入口狭窄、出路漫长的地方称为围地，一旦落入这样的地区，要沉着应对，积极谋划；奋起反击还有可能侥幸生存、失去战斗意志就必然会被消灭的地域环境称为死地，如果不幸落入这种环境，就要有"置之死地而后生"的意志。

第十二，火攻篇。讲如何运用火攻取得胜利，其中包括使用火攻的时机、自然环境和攻击目标等。比如，时机需要天干物燥，环境需要风向适宜等，目标包括敌方的人马、粮草、辎重、仓库和器械等。

第十三，用间篇。讲如何在战争中使用间谍和情报人员。其中包括因间，就是利用敌方的普通人为自己提供情报；内间，指收买敌方的官员为自己提供情报；反间，就是收买敌方的间谍为自己服务；死间，即利用敌方收买的我方的间谍传递假情报，因为他们的情报而造成对方战事失利，最后他肯定会被对方处死，所以称为死间；活间，所有间谍的总称，但主要是指那些专门从事传统情报工作的人，因为很多时候他们一死就会失去情报线索，因此生存下来也是一种工作需要，所以称为生间。

2.　《孙膑兵法》与《孙子兵法》有哪些区别？

在我国传统文化中，习惯称贤者为"子"，因而孙武和孙膑都有"孙子"的称呼，所以很多人将《孙子兵法》和《孙膑兵法》混为一谈。据北京大学文化产业研究院考证，《孙膑兵法》最早称为《齐孙子》，作者为孙宾，后来孙宾受到迫害，被施以膑刑，为了提醒自己报仇雪耻，孙宾将自己的名字改为孙膑，所以他所著的兵书最终被称为《孙膑兵法》。

孙膑据传是孙武的后人，生长于齐国，和庞涓一起学习兵法。后来庞涓学成出山，做了魏国的大将军。庞涓念及师兄弟的情谊，把孙膑引荐到魏国当官。但是很快，庞涓发现孙膑的才能比自己高，生怕孙膑威胁到自己在魏国的权位，就设谋陷害挖去了孙膑的膝盖骨，使他不能再骑马打仗。后来孙膑发誓报仇，便装疯卖傻，忍辱负重，终于逃回齐国，拜在田忌门下为幕僚，最终打败庞涓率领的魏国军队，并将其乱箭射死。后来，田忌遭到排挤流亡楚国，孙膑便辞官归隐，潜心著书，写成了这部《孙膑兵法》。

1972年，《孙膑兵法》在墓葬中被发掘出来，终于重见天日。不过可惜的是，这次发现的《孙膑兵法》不是完整的版本。

1975年，中国文物出版社整理出版了《孙膑兵法》，全书分为上、下两编，每编十五篇，共三十篇。其中上编的具体篇目分别是：擒庞涓、见威王、威王问、陈忌问垒、篡卒、月战、八阵、地葆、势备、兵情、行篡、杀士、延气、官一和强兵；下编十五篇是否为《孙膑兵法》的内容还存有争议。

1985年，中国文物出版社再版的《孙膑兵法》为上编十五篇加下编的五教法篇，合计十六篇，这就是今天我们常见的《孙膑兵法》。《孙膑兵法》继承并发扬了孙武和吴起的军事思想，又在诸多方面有新的建树，为后世兵家学者提供了宝贵的思想财富。《孙膑兵法》的价值主要体现在以下这些方面。

　　首先，提升了审视战争的高度，即战争是政治意志的表现，必须服务于政治。在《威王问》中，孙膑明确表示，战争是君主施行政治主张的保障。国家可以用战争的手段禁止战争，开创和维护和平社会，但是国家绝不可以单纯地依靠战争去达到上述目的，只有政治清明、君臣廉明才是治国大道，战争只能用来消灭那些破坏秩序的不法之徒。因此，发动战争一定要谨慎，因为战争胜利固然可以扩大实力，但一旦失败，国家就面临着灭亡的危险。

　　在《强兵》中，孙膑还提到了经济在战争中的作用，认为强大的经济是军队的后盾，而强大的军队又是国家发展经济的有力保障。因此，强兵必须和国家的经济建设结合起来，才能相辅相成，使国家富且强。孙膑提出的这一理论，显然已经不再完全着眼于军事范畴，而是有了更为高远的全局眼光。

　　其次，《孙膑兵法》在战争理论方面也有创新。《孙子兵法》的作战思想主要是了解局势，然后根据局势的发展进行分析判断，这就是孙武的"任势"理论。而孙膑则在此基础上提出了"因势利导"的理论，认为将领通过努力可以建立，至少可以改变战争的局势。比如，在两军交锋时，我方士气比较低落，将领就应该想办法激励士兵，使他们的士气高涨起来，然后抓住时机向对方发动反冲锋，而不是一味地避其锋芒，龟缩在自己的阵地上。孙膑在《威王问》中说，若两军实力相当，战场优势也不相上下，那么，在做好打持久战准备的同时，也应该派出小股部队袭扰敌方，让敌方不能安稳地进行战争准备，逼他动手，然后我军见机行事。

　　再次，孙膑在《月战》中提出"天地之间，莫有贵于人者"，确立了"以人为本"的思想，这是孙膑对兵家理论的又一发展。这一理论充分肯定了人在战争中的主观能动性，从此以后，"天时、地利、人和"的顺序被倒置，军队统帅开始注重士兵在战争中的作用。除了重视士兵的身体素质，尤其注重对他们的思想教育建设，越来越多的士兵不再是为了吃粮拿饷而作战，而是为了保家卫国而奋勇杀敌。

　　最后，孙膑对两军交战时的阵法使用提出了很多见解，极大地发展了阵法在战场上的作用。春秋时期，各国之间的战争以战车为主，冲锋时双方都是标准的方阵，差别也只在于方阵联合方式的不同。到了战国时期，步兵成为主战力量，骑兵和战车成为护翼，作战时需要多兵种联合，这样一来，就增加了排兵布阵的可能性和难度。经过分析、归纳，并结合自己的战场经验和理论知识，孙膑总结出了十余种阵法，如索形阵法，用来追击、消灭敌人；囚逆阵法，用来围困疲弊的敌人；危型阵法，用来承受敌人的冲击；云型阵法，这是一种使用弓弩进行攻击的阵形；雁行阵，这是用来行军的阵型，可以在受到攻击时快速反应；锥形阵，这是用于火攻的阵型。此外，还有封形阵、赢（"赢"音同"雷"）形阵、阖燧（"燧"音同"岁"）阵、皮傅阵、错形阵等。

3. 《孙子兵法》为什么会被尊为"兵经"？

　　我们习惯于将一部集大成的作品称为经典，《孙子兵法》作为我国现存最古老、最权威的兵法典籍，作为兵家的开山著作，当之无愧地获得了"兵经"的美誉。在世界范围内，《孙子兵法》又与《五轮书》《战争论》合称为"三大兵书"，影响极其深远。据北京大学考古文博学院考证，我国现存最早的《孙子兵法》文本，是1974年在汉墓中出土的竹简钞本。此外，我国历史上的很多著名人物都曾对《孙子兵法》作过注解，最早是曹操的《孙子略解》，欧阳修也曾在他的著作中提到"孙子十三篇"，宋朝吉天保著有《十一家注孙子》，清朝孙星衍著有《魏武帝注孙子》，新中国的开国元勋刘伯承元帅也曾深入研究《孙子兵法》的奥妙。

　　实际上，早在孙武著书之前，我国已经出现了一些简单的兵书，比如《军志》《军政》和《司马法》等，这些兵法著作非常艰涩，其中包括了辩证思维、统体思维和象类思维等多种思维形式。如今这些著作都已经失传，如果不是孙武集众家著作而成一家之书，后世学者将无法目睹先贤哲人的智慧结晶和思想魅力。与此同时，《孙子兵法》也是对此前兵法理论的一次提炼和升华。

　　在《孙子兵法》最初著成的时候，并没有得到广泛传播，一是因为当时的传播途径有限；二是对于这样一部用于指导战争的经典著作，吴国统治者有意进行封锁，不使之流传到国外。但是《孙子兵法》的魅力很快得到释放，至战国末期，凡兵家学者，几乎人手一本。到了汉朝高祖皇帝在位时，官方系统而周密地编著《孙子兵法》，将之定为官方的军事教材。三国时期，曹操对《孙子兵法》的推崇让更多的人了解了这部著作，他编著的《孙子十三篇》也成为今天最完整的《孙子兵法》版本。宋朝真宗皇帝在位时，官方编著了"武经"版本的《孙子兵法》，成为后世流传最广的版本。元、明、清三代，虽然《孙子兵法》的注释基本上是民间行为，但《孙子兵法》作为兵家经典的地位却更为巩固。

民国时，《孙子兵法》开始和西方文明融合，一大批近代兵家学者纷纷涌现，使《孙子兵法》焕发了新的生机。新中国成立后，国家成立了专门的《孙子兵法》研究机构，标志着《孙子兵法》的研究进入现代化。随后，郭沫若、吴如嵩、杨丙安、陶汉章等多位学者都对《孙子兵法》进行了注释，使《孙子兵法》的智慧被越来越多的人熟知。如今，不仅是亚洲的朝鲜、日本、越南等国熟知《孙子兵法》，就连欧洲的英、法等国都有专门的《孙子兵法》研究机构。此外，很多国际知名大学还将《孙子兵法》列为教材。可以说，《孙子兵法》现在已经不仅是中国人的兵经，而且是世界人民的兵经。

4. 古代的"三军"都指哪些军队？

据北京大学文化产业研究院考证，在我国古代，人们对"三军"的认识并不一致，不过最早的时候，它指的是军队的数量。周朝时，国家对军队数量有明确的规定，其中一万两千五百人为一军。天子（即周天子）可以拥有六军数量的军队，合计七万五千人；接下来的诸侯国，可以拥有三军数量的军队，合计三万七千五百人；然后是大国，可以拥有两军，合计两万五千人；最后是小国，只能拥有一军，也就是一万五千人。

公元前770年，周平王东迁洛邑（今河南洛阳），实际上进入了诸侯国掌管实权的时代。虽然这时诸侯国的军队数量已经完全打破了周朝规定，但是诸侯国仍然称自己的国家只拥有三军。由此，"三军"不再指实际的军队数量，而变成了当时军队的统称。比如，孔子在《论语·子罕》中曾经提到"三军可夺其帅，匹夫不可夺志也"；班固也在《汉书·灌夫传》中提到："身荷戟驰不测之吴军，身被数十创，名冠三军。"上面说到的"三军"就是"军队"的意思。

三军也是对军队组成部分的称谓。比如在春秋战国时期，晋国的军队分为上、中、下三军；韩国的军队分为左、中、右三军，都是对军队的划分，以方便调配，提升作战能力。对于这一类划分，后世兵家多采用前、中、后三军的称呼，前军是负责侦查、铺路、向导等的少数精锐部队；中军是主要的作战力量，也有人将中军细分为左、中、右三军，三者相互照应；后军是后勤部队，担负运输粮草、器械和医疗等任务。唐朝以后，这样的军队形态逐渐成为定式，为后世兵家所沿袭。至于军队的具体人数和编制，汉朝的时候是五人为一伍，两伍为一伙，五伙为一队，两队为一官，两官为一曲，两曲为一部，两部为一校，两校为一裨，两裨为一军，军就是最大的编制单位。汉朝前后，军队的编制和数量都有所不同，但形式上都与此差别不大。

三军的另一种说法是步兵、骑兵和战车兵。夏朝形成后，战车逐渐成为战场上的主要作战武器，"军"这个字的由来，也正起源于车。据《吕氏春秋》记载，夏朝和商朝进行的戊（"戊"音同"月"）邑之战，动用了战车七十乘；而商朝和西周进行的牧野之战，战车数量已经上升到三百乘；到了春秋末期，一些大的诸侯国，如晋国，其战车数量已经达到四千乘以上。但是到了战国以后，战车逐渐退出战场，武装步兵开始成为战场主力。随后，骑兵成为战场主力，车兵在经过一段时间之后，完全退出历史舞台。

此外，还有一种说法认为三军是步兵、骑兵和水军的统称。我国早在春秋战国时期就已经出现了水军，比如在水网密集的吴国、越国和楚国，都有水面船只交战的记载。但是这一时期的水军都集中在内陆水域，而且作战规模不大，战争中的主导力量还是步兵。汉朝时，我国加强了和外界的水路连接，海上丝绸之路的开通加快了造船业的发展，海上军事用船开始出现。到三国时期，尤其是在南方，水战已经成为战争的重要组成部分，曹操和孙刘联盟进行的赤壁之战，就是典型的水战。但我国水军发展的巅峰还是在明朝，朱元璋和陈友谅的鄱阳湖大战，为明军打下了水军基础。后来的郑和下西洋及万历年间的抗倭援朝，都使水军得到了不同程度的发展。

如今，三军的概念已经演变为海、陆、空，而且随着时间的发展，未来战争也势必会发展成为海、陆、空、天、电的全方位立体战争，也就是说，三军时代即将退出历史舞台。

5．军机处为何被称为清王朝的"内阁"？

清朝政府基本沿袭了明朝的行政制度，设有内阁机构管理国家政务，其职能相当于古时的宰相和今天的国务院总理，只不过权力分散为数人。清初真正的权力机构却是在努尔哈赤时期建立的"诸王贝勒大臣会议"，后来发展成"议政王大臣会议"，包括拥王、立储等朝廷大事在内，都要通过这个机构的审议。清军入关后，这个机构掌管一切军国大事，权力极大，以至于在康熙即位之时，以鳌拜为首的权臣竟威胁到了皇帝的统治。后来，康熙收回军政大权，设立南书房处理军国大事，并将内阁的权力集中于此。康熙死后，雍正为了处理政务的方便，设立独具特色的军政机构军机处，虽然军机处最初只是个临时机构，但自从军机处设立之后，这里就成了清王朝的权力中枢，所以军机处也被称为清王朝的"内阁"。

雍正皇帝设立军机处后，规定这里的官员只有执行权，没有参政议政的权力，所以他们并不能对军国大事产生多大影响。而由于军机处实际上相当于皇帝的私人办公室，所以配给官员也就相当于他的私人秘书，都是临时的，既无品级也无官衔，而且雍正皇帝可以任意挑选或罢免其成员。但是从另一个角度来看，在军机处任职的官员，又都是雍正最亲近、最信任的官员。比如，军机处满族官员首辅是雍正的十三弟允祥，此人为雍正的继位立下过汗马功劳；汉族官员的首辅是张廷玉，此人是历经康熙和雍正两朝的重臣。由此也可以看出雍正对于军机处的重视。

值得一提的是，在紫禁城外，也就是今天的海淀区境内，清政府还设有另外一个军机处。清朝皇帝在夏季都会去避暑，圆明园建成以后，雍正就经常在园内办公。由于他政务不离身，也就必须给他的随行军政大臣安排办公地点，这就是海淀区军机处的由来。海淀区军机处由于后来聚集了很多官员，所以逐渐形成一条胡同，称为军机处胡同。不过很可惜，这条胡同后来被北京市市政建设占用，除了北京大学校园占去的一部分，其余的已经面目全非。

截至1911年清政府覆灭，军机处一共存在了一百八十年，其间处理了清政府的几乎所有军国大事。中国近代所有著名的历史人物，如左宗棠、张之洞、袁世凯等，都曾在此任职，领受钦命。可以说，一部军机处的兴衰史，演绎了半部清朝的历史。

6. "杯酒释兵权"是怎么回事？

唐朝以后，大臣篡位成为每个皇帝的梦魇。五代十国中，很多将军或宰相都篡位成了皇帝，其中包括北宋的开国皇帝赵匡胤。赵匡胤是行伍出身，崛起于后汉，因为拥立后周皇帝得到重用。在后周世宗皇帝时，赵匡胤已经官至殿前都点检（相当于现在的三军总司令），并兼任宋州节度使，督军归德（今河南商丘南部地区）。按照当时的社会风气，赵匡胤的下一步就应该是当皇帝。

而接下来发生的事情可谓天助赵匡胤。959年，世宗柴荣驾崩，其幼子即位，赵匡胤的部将便在行军途中要求他称帝，并把象征皇帝身份的黄袍披在他的身上。赵匡胤假装推托一阵后就接受了，接着回军攻下京城，灭亡后周，建立赵氏宋朝，史称宋太祖。"黄袍加身"从此成为皇帝加冕的代称，而赵匡胤兵变的地方叫作陈桥驿，所以此次事件也称为"陈桥兵变"。

夺取天下后，赵匡胤有感于当时"废帝自立"的社会风气，每天觉都睡不安稳，于是他召见宰相赵普。赵普此人不学而有术，号称"半部《论语》治天下"。他跟赵匡胤说，地方势力要强大少不了三点，一是钱，二是权，三是兵，只要他们没了这三样东西，想造反也造不成。赵匡胤深以为然，下定决心后便宴请手握重兵的将领，并在宴会上说："都是因为你们把黄袍披在我的身上，我才被迫当这个皇帝的。现在我心神不宁，每天提心吊胆，可怎么办才好？"

众将不解，纷纷伏地叩问原因，赵匡胤说："我担心的事情只有一件，就是你们把黄袍加在我身上，我便称帝了。如果有一天，你们的部将贪图富贵也把黄袍加在你们身上，你们是不是也要称帝呢？"

众将惶恐不已，赶忙问如何是好。赵匡胤说："你们的年纪也大了，应该回家享受一下清福了，军国大事怎么还敢劳烦诸位？"众将听后立即表示同意，赵匡胤便和他们喝下最后一杯散席酒。次日，众将接连递上辞呈，赵匡胤逐一批复同意，这样一来，即使是那些有异心的部将也无法作祟，赵匡胤的江山也就不用再怕来自手下大臣的威胁了。这就是我国历史上著名的"杯酒释兵权"的故事。

值得一提的是，宋太祖杯酒释兵权以后，建立了我国历史上国家制度最完善的王朝。北宋的经济文化发展程度是我国古代社会最高的，无论是之前的文景之治、贞观之治，还是之后的康乾盛世，都无法望其项背。据北京大学历史系教授荣新江先生介绍，宋朝统治者相对比较仁厚和节俭，比如宋太祖赵匡胤不仅在建国后没有诛杀大臣，而且因为他篡夺的是后周柴氏江山，还曾在大殿内亲笔御训后世子孙，要优待柴姓后人，所以在北宋一朝，柴姓家族都是皇亲贵族。

7. 古人都有"重文轻武"的思想吗？

北京大学历史系教授赵世瑜先生指出，宋朝"重文轻武"政策的根源要追溯到唐朝。唐朝建立了藩镇制度，设立节度使统领地方大权，为了限制节度使的权力，各地又设有刺史职位，直属中央政府。唐朝末期，刺史的权力畸形膨胀，取代了原本掌握实权的节度使，成为各藩镇势力的统领。又因为中央政府缺乏对刺史的有效监督，致使藩镇势力越来越大。唐朝后期，藩镇势力过大，中央政府被完全架空，天下大事都是由军事力量强大的藩镇统领决定，社会风气逐渐开始崇尚武力。

宋太祖赵匡胤以武立身，以武装政变立国，深知武力也可能葬送他的赵氏江山。为了避免发生这样的事，平定天下后，他首先削去了几位大将的权力，为各藩镇势力做出榜样，希望天下藩镇统领都可以交出权力。但是自唐朝以来，藩镇势力已经根深蒂固，而且这样的势力大大小小还有很多，赵匡胤如果贸然行动，恐怕会生出叛乱，到时候不仅他的皇位坐不稳，还要使生灵涂炭。

关键时刻，宰相赵普提出了一个解决方案，基本思想就是"将要取之，必先予之"，下令将各个藩镇统领的权力分配给下一级军官。藩镇统领不想交出权力，他们的下一级军官倚仗皇命又想获得权力，就这样，各藩镇势力内部出现裂隙。这时候，赵匡胤忽然宣布各地方权力归中央所有，内部斗得你死我活的地方势力这才知道中计，却已无力抗拒。几股小的叛军力量被强大的中央政府的军队扑灭后，天下权力尽归中央，就这样，地方的藩镇势力正式退出历史舞台。

接下来，赵匡胤下令将全国各地的赋税全部运往京城，各地方官员的俸禄由中央统一发放。于是，各地的财政为之一空，其势力也被大幅削弱，而中央政府却强大起来。随后，赵匡胤将天下兵马分为禁军和厢军。禁军就是中央军，由朝廷直接掌控；厢军是地方军队，负责地方维和与大规模劳役。国家规定，禁军中的淘汰者降入厢军，厢军中的优秀者升入禁军，这就有力地保证了中央军的战斗力一直优于地方军。

宋太祖赵匡胤雄才大略，他知道自古以来以武打天下，但必然要以文治天下。将地方的权力、财政和兵权收归中央后，他开始大力倡导以文治天下，而这就是中国政治中重文轻武思想的由来。

宋朝的重文轻武政策主要表现在以下三个方面：首先是设置规模庞大、分工细致的官员体制。其次是确立科举制度。宋朝为了招揽天下贤士，规定凡是通过省一级考试的，也就是所有的进士都可以做官，而殿试只作为官职分配的依据。而且，宋朝朝廷录取进士的名额也在逐步增加。比如太祖时进士录取名额大约为三十名，但是到了神宗时已经增加到四百名以上，其他科目，如武举、医科、工科等录取的名额则更多。此外，宋朝虽然规定开科取士为三年一次，但历任统治者多有加考，称为"开恩科"，最多的时候几乎每年都要进行科考。最后是宋朝实行高薪养廉政策，读书人一般当上官之后就可以吃喝不愁了。以省一级的官员为例（当然也包括中央的部级官员），一年的俸禄折合今天的人民币大约为三百五十万，但与此同时，宋朝对贪官污吏的惩罚又很重，不仅要没收财产，开除编制，还有可能面临充军和流放等刑罚。所以，宋代的吏治还算清明，被誉为"读书人最幸福的朝代"。

重文轻武策略最显著的效果就是全民读书。在当时，如果一户人家出了一位进士，那绝对就是飞黄腾达、光宗耀祖。如此一来，优秀的人才就都去读书了，并且在读书之后加入到国家的官僚体系之中，所以宋朝的文化和经济在我国历史上都是最为繁盛的。

重文轻武策略的另一项贡献是产生了大批才子佳人，宋词这一中国文学的瑰宝，就要归功于此。以苏轼、辛弃疾为代表的豪放派词人，以柳永、李清照为代表的婉约派词人，将我国的文学艺术再次推向了高潮，为我国人民留下了宝贵的精神财富。

8. 军鸽的使用在我国历史上有怎样的记载？

据北京大学历史系教授赵世瑜先生介绍，早在隋唐时期，在我国广东省，就已经有人开始圈养家鸽。根据史料记载，唐末的陈海酷爱鸽子，曾在家中圈养一千多只。另据《唐国史补》记载，唐朝时外国来的船只都要放白鸽为信，传递和平及善意的信息，以防唐朝的边防军队武力袭击。

鸽子用于军事战争，最早还是在宋朝，而使用鸽子的军队却是西夏军。《宋史·夏国传》记载，宋仁宗在位时，派桑怪（"怪"音同"易"）率大军征讨西夏。深入西夏的势力范围后，宋军开始谨慎行军。途中，宋军侦查部队发现路旁摆放着一些盒子，而且里面似乎有活物。底层军官不敢大意，立即命传令兵上报，结果桑怪亲自前来查看。在做了一些必要的措施后，他命令军士将盒子打开。一时间，里面冲出许多鸽子，扑棱着翅膀纷纷飞上天空。正在宋军慌乱之际，忽然探子来报，西夏军望鸽行军，已经从四面八方包围而来。宋军知道中了西夏军的埋伏，随即摆好阵形迎战，但毕竟西夏军早有准备，宋军最终落败。

南宋人周密编纂的《齐东野语》中，在描写泾原都统（军官名）曲端的故事时，也提到了军鸽。曲端当时是泾原都统，以治军严明著称，但是在一次战事中，他的叔叔却因为临阵脱逃而导致宋军大败。曲端虽然心有不忍，可是军法无情，只好下令将叔叔斩首示众。但是作为侄子，曲端出于孝心，随后为叔叔举行了隆重的葬礼，并在祭文中用两种身份落款，一个是"斩将者曲端"，另一个是"祭叔者曲端"。自此之后，曲端治下的军队军纪严明，作战勇猛。当时的高级将领魏公好奇于曲端的治军严谨，亲自到曲端营中考察。曲端却提着一笼五只军鸽陪侍，魏公不解，曲端便解释说，他的军队隐匿在深处，但只要见到军鸽上天，便会立即赶来。魏公不信，让曲端放飞其中一只，曲端依言放飞了那只鸽子。只见原本安静的山林突然颤动起来，一支虎狼之师奔涌而至，并且秩序井然，列队等待检阅。魏公大喜，命令曲端放飞另外四只军鸽，曲端再次依言行事，果然又见四支军队转瞬而至，魏公于是拜服。

宋朝使用军鸽有可能是受到了西夏的启发，因为后来不仅是军中，而且上到天子（宋高宗）、下到百姓，都有圈养鸽子的嗜好。据说宋高宗圈养的鸽子不仅品种优良，而且数量繁多，当时就有学子作诗道："万鸽盘旋绕帝都，暮收朝放费工夫。何如养取南来雁，沙漠可传二圣书。"用以警示宋高宗切勿玩物丧志。宋高宗读此诗后龙颜大悦，不仅从此不再养鸽，还将作诗的学子加官晋爵，一时传为美谈。目前，我国最著名的世界名鸽"中国粉灰鸽"，就起源于唐宋时期的军鸽，已有七百多年历史。

9. 我国历史上有哪些著名的娘子军？

娘子军，顾名思义就是由女兵组成的军队。北京大学历史系教授李孝聪先生表示，我国历史上最早的娘子军出现在唐朝初年，首领就是开国皇帝李渊的三女儿，即后来的平阳公主。李渊被李世民撺掇造反后，平阳公主和其夫柴绍（凌烟阁二十四功臣之一）当时都在长安，隋炀帝就下令逮捕他们。平阳公主便与丈夫柴绍商量，柴绍直奔太原，而平阳公主则留在后方进行各种安排。

所谓"虎父无犬女"，留在后方的平阳公主很快到了李氏庄园（今陕西户县），女扮男装，自称"李公子"，变卖家产，招募队伍，帮助父亲对抗朝廷。但是当地的男丁大部分已经被征召入伍，平阳公主就决定招募女兵参军。由于当地的民风比较彪悍，土地也比较贫瘠，所以当兵吃饷可以说是农民们最好的活路。于是，平阳公主竖起大旗后，一时应者如云，很快就建起了一支由七万女兵组成的队伍。

平阳公主本领非凡，从小就熟读兵书，深谙谋略。在挂出娘子军的旗帜后，她日夜加紧操练军队，制定了严密的组织和奖惩制度。由于平阳公主指挥得当，没过多久娘子军就打出了名号。平阳公主再接再厉，娘子军在西北地区的势力越来越大。617年，平阳公主的娘子军与李世民率领的部队在渭北地区会师，标志着隋王朝的统治在西北地区名存实亡。平阳公主因此成为唐王朝的开国元勋，而娘子军也从此留名青史，成为女子军队的代名词。

除此之外，在历史上留名的还有太平天国时期的娘子军。男女平等是太平天国的重要思想，妇女得到解放后，积极参加到革命运动当中，成为革命洪流中的一抹绚丽色彩。太平天国女兵的组织正规而严格，其作战能力毫不逊色于男兵。据史料记载，太平天国的女兵以军为单位，每军两万五千人，又分为左、中、右、前、后五个部分，每个部分有五千人，作战时都有明确的分工，无论是进攻还是防守都丝毫不乱。据统计，太平天国的娘子军最盛时达到了四个军，十万人以上。

太平天国的女兵以广西的客家女人为主，因为是少数民族，她们得以免受缠足之苦，所以行走起来健步如飞。后来的湘军首领曾国藩，还曾吃过这些女兵的苦头，并称呼她们为"大脚蛮婆"。后来，这些娘子军成了天王府的守卫者。1856年，太平天国陷入内战，天王府被叛军的部队包围，就是在这些娘子军的守卫下，天王府才得以幸免于难。1864年，又是这些娘子军，和攻入城内的清军展开了殊死搏斗，在清军成功突破天王府后，这些娘子军点燃了宫殿，并集体扑进熊熊燃烧的烈火。而那些湖南和湖北的娘子军，因为对太平天国的信仰不是很坚定，没有自焚而死，兵败后等待她们的是被屠杀、虐待和沦为奴隶的命运。

10. 古代骑兵是怎样发展过来的?

我国古代最早使用马匹的是西北边疆少数民族,他们大体居住在今天的陕甘北部和宁夏一带。据北京大学历史系教授荣新江先生介绍,早在商代,我国古代人民就已经将马匹用于军事,但受限于当时的生产力水平,骑兵的实力在作战时无法完全发挥。这是因为当时的金属以青铜器为主,难以铸造在马上使用的长兵器。而且当时也没有马鞍和马镫,骑兵都是骑在光秃秃的马背上,作战极为不便。所以,在这一时期的战场上,骑兵的作用不是很明显。

周朝时,战车作战越来越重要。和骑兵相比,战车具有强大的防护能力,同时战车上的士兵也更容易自由活动。在这一时期,马匹主要配备给将佐和斥候(情报人员),用来代步和传递信息。

到了战国时期,战车作战发展到巅峰,当时诸侯国衡量国力都是依据战车数量。与此同时,骑兵的相对灵活和强劲的畜力,使得骑兵作战逐渐在各诸侯国兴起,比如秦国在战国末期已经发展出了当时最强大的骑兵。但即使是这支最强大的骑兵部队,实际上也仅仅配备了弩射武器。也就是说,这支军队只能用于偷袭、追击和快速反应作战,而不具备近战的能力。不过,当时的少数民族士兵由于常年生活在马背上,所以相对而言,他们更依赖骑兵。当时已经发明了早期的简易马鞍,很大程度上提升了对马匹的操控能力,也为后来的正规骑兵作战奠定了基础。

战车作战有其先天局限性,其一,需要投入巨大的物力,建造和维护战车的成本非常高。其二,笨拙的战车在战场上遇到了越来越多的克星,比如陷坑、障碍物和士兵阵法的变化,都可以让战车失去战斗力。其三,战车最主要的软肋就是仍需马匹牵引,当战场上出现了一批专门砍马腿的士兵后,战车开始逐步退出历史舞台。

我国古代对骑兵作战贡献最大的人,是战国时的赵武灵王。当时的赵国位于我国北部边疆,常年与狄戎、楼烦、匈奴等国作战,少数民族的骑兵作战虽然仍处于起步阶段，但相对于以步兵作战为主的中原部队已经显示出巨大的优势，武灵王为此吃尽了苦头。经过仔细研究，武灵王发现克制骑兵的最好方法就是骑兵本身。于是，武灵王对赵国的军队进行了一系列改革，从武器到服饰以及士兵的训练，全面学习少数民族，这就是史上著名的"胡服骑射"。这样一来，赵国军队不仅有效地抑制了少数民族骑兵的侵扰，也建立了对中原各诸侯国的军事优势。中原各诸侯国自然不甘示弱，纷纷效仿赵国军队的改革，骑兵开始正式登上历史舞台。这是历史上骑兵的第一次大发展。

汉朝以后，冶铁技术有了新的发展，制作出精良的马上作战武器，这是我国古代骑兵的第二次发展。

但是长期以来都有一个问题困扰着骑兵作战，那就是着力问题。众所周知，我们手臂上的力量很大程度上是从腿上来的，而骑兵上马后一直面临着无法着力或者着力不足的困境。西晋时期，我国又出现了最早的铸铁马镫，基本解决了骑兵在马上的着力问题。这一问题的解决，也促使了少数民族骑兵的战斗力飞速发展，随后便出现了少数民族驰骋中原的局面，从某个角度来说，这项技术也是"五胡乱华"的罪魁祸首之一。中原地区则再次开始了艰难的骑兵学习，极大地提升了骑兵的作战能力。在与少数民族骑兵的相互促进下，我国古代骑兵迎来了第三次大发展。

蒙元时期，是骑兵最为辉煌的历史时期，蒙古铁骑横扫欧亚大陆，是世界历史上最强大的骑兵力量。但是由于对世界文明的严重破坏，蒙古骑兵很快被淹没在历史长河中。尤其是火器出现之后，骑兵的锋芒被有效扼制。明朝建立后，骑兵逐渐没落。清朝初期的骑兵作战是我国历史上骑兵的最后一个高潮，但是受到火器的影响，清兵在入关后骑兵的作用也逐渐弱化。

清末骑兵和西方列强的对战，成为我国古代骑兵的绝响。当时英法联军进逼北京，出身蒙古贵族的清军骑兵将领僧格林沁率众阻击，布防于今北京市通州区张家湾到八里桥一带。僧格林沁的骑兵是当时清朝最精锐的部队，作战英勇，弓马娴熟，在平定太平天国的战争中积累了丰富的实战经验。不过很可惜，当时的清军仍然停留在冷兵器时代，而英法联军当时却已经进入热兵器时代。当时，僧格林沁麾下共有清军十多万，蒙古骑兵部队也有一万，而英法联军进行登陆作战的却只有两千人，战斗的结果是英法联军伤六人，死一人，僧格林沁麾下部队全军覆没。

　　需要注意的是，我国古代骑兵实际上并不仅仅指骑马作战的士兵，还包括利用其他各类动物的兵种。比如云南、广西一带的象兵，就是骑着大象和敌军作战，这是因为这一地区不适合马匹的奔袭作战，而更能发挥大象威猛的优势。其他地域的各类骑兵也有很强的地域色彩，比如沙漠地带的骆驼兵、高原地带的牦牛兵等。也就是说，马匹作战虽然具有不可替代的优势，比如奔袭和大规模冲锋，但也有一些不可避免的劣势，比如山地作战和攻城战等，而这也是后金部队虽然拥有"天下第一骑兵"的称号，却无论如何也攻不破明军长城防线的原因。

第七章

医

——从生命真谛中看中医的高度

中医在世界医学史上具有强大的影响力。与西方医学理念相比，中医更追求从整体的角度上来看待病理问题。作为传统国粹，古往今来的专家、学者都对中医有着深入的研究。当然，由于传统中医理论中植入了类似于"阴阳五行""经络穴道"，甚至是"气功"这样相对抽象、奇幻的元素，所以人们在审视中医理论的时候会产生一些怀疑。但是古往今来的医学研究专家一致认为，这些看上去相对玄虚的理论，实际上是符合生命真谛的。奇经八脉、阴阳调和、脏象脉象……这些乍一看来让人摸不着头脑的概念，实际上构成了传统中医最核心的内容。

1. 中医为什么讲阴阳五行？

阴阳五行学说对我国古代医学理论的建立有着重大意义，是我国古代医学理论体系的核心组成和概括总结。如果想要成为一名医术高超的中医，除了一些口传心授的偏方、秘方和各代编著的医药书籍外，还必须深入了解中医的理论基础；而想要了解中医的理论基础，首先必须弄清阴阳五行的概念。

我国古代先民认为，世间万物都是由五种自然元素构成的，即金、木、水、火、土。这五种自然元素并非处于一成不变的状态，恰恰相反，它们时刻都在发生转化，而促使它们不断转化的原因，就是阴阳变动。比如光明、温暖、充足易于生发，称为阳；阴暗、寒冷、贫瘠不易于生发，称为阴。此外，这五种物质特有的属性造成了它们之间的"生克"关系，这里的"生"是滋生、产生和帮助的意思，"克"是克制、消耗、破坏的意思，两者的意义完全相反。需要注意的是，这里的"生"和"克"虽然意义完全相反，但它们却处于一种相互制约和相互滋生的平衡关系，并不会因为相互之间的"生克"而出现问题。

这里说的有三层意思：首先，一种物质可以影响另一种物质，其中促进、增强一种物质的生发，称为"生"，克制、抑制一种物质的生发，称为"克"；其次，阴阳的变动促使了这种转化，因此在进行主观调节的时候，必须注重阴阳的变化；更重要的一层含义是，五行是一个整体，我们使用某种物质影响另一种物质时，一定要注意这种物质可能对其他物质产生的影响，这样才能达到良好的效果。

具体来讲，五行之间的关系有四种，分别为生、克、乘、侮。其中，"生"和"克"维持了平衡与和谐，五种自然元素相生相克，各种物质顺利转化，则自然和谐，而一旦它们之间的生克关系失衡，转化出现问题，就会导致混乱。如果五行相生相克太过或不及，正常的生克关系就会遭到破坏，出现"相乘"或"相侮"的状况。五行中一种物质对另一种物质克得太过，如木过于强盛或土过于虚弱，木克土时土就更为虚弱，就会造成木对土的"乘"。若五行中被克物质过于强盛，造成其对"克我"物质的反噬，如土过于强盛或木过于虚弱，木克土时土就会对木进行"侮"。

举例来说，金、木、水、火、土的生克关系是金生水、水生木、木生火、火生金；金克木、木克土、土克水、水克火、火克金。如果五种自然元素的运转保持平衡，称为"生克"关系；如果失衡，就会被称为"乘侮"关系。比如元素木，五行中的关系是金克木、木克土。如果木元素太盛，金和土仍保持正常状态，那么金便无法克木，称为木侮金，而木克土则更容易了，称为木乘土；如果木元素不足，金和土仍保持正常状态，那么金克木就更容易了，称为金乘木，而且木也无法克土了，称为土侮木。

了解了阴阳五行的概念和相互关系后，就可以学习中医常识了。比如，肝和胆属木、心和小肠属火、脾和胃属土、肺和大肠属金、肾和膀胱属水，这就是我国古代医学中五行和内脏的匹配。此外，还有五官（目、舌、口、鼻、耳）、五形（筋、脉、肉、皮毛、骨）、五液（泪、汗、涎、涕、唾）、五情（怒、喜、思、悲、恐）等，这些与五行的匹配都是木、火、土、金、水。了解了这些，就可以根据身体表征的状况，找出不协调的身体组织，再按照"强者弱之，弱者强之"的思想进行调节。

比如一个人容易发怒，那么肯定和他的筋、目、泪、肝、胆有关。他在发怒的时候会青筋突进、眼睛充血、泪腺分泌，肝胆也会有相应地剧烈活动，以至于抑制和加大其他身体组织的活动量，造成整体的不协调。如果一个人经常发怒，那么他身体的各个组织的相互平衡就会被打破，造成疾病。

北京大学医学院教授马文昭先生表示，我国古代医学多数是建立在临床实践的基础上，因此不仅自身理论具有较强的事实依据，也为后世医学提供了重要的研究资料。

2. 中医为什么被称为"岐黄之术"？

"岐黄之术"中的"岐黄"实际上是两个人的简称，其中"黄"就是黄帝，"岐"则指的是岐伯。据北京大学医学院教授刘其端先生介绍，岐伯和黄帝是同一时代的人，其人以医学精湛著称，曾经负责黄帝部族的医疗和卫生工作，是我国历史上的第一位医学家。《帝王世纪》中曾经写到，黄帝命令岐伯尝草记效，然后登记造册，负责治疗族人病患。后世的《黄帝内经》等书，都是以岐伯的记录为基础写作的。后世为了表达对岐伯和黄帝的敬意，把医术称为"岐黄之术"。岐伯的名字排在黄帝之前，充分说明了他对我国古代医学的贡献之大。

岐伯在医学上的贡献主要记载于《黄帝内经》，据说当时还有与之对应的《黄帝外经》，却不幸失传了。《黄帝内经》实际上不是岐伯的著作，但也不是黄帝的著作，而是经过多位医家之手。直到秦汉时期，《黄帝内经》才最终定型。对于《黄帝内经》贡献最大、最早的人，无疑就是岐伯。但是由于世人对皇权的崇拜，岐伯这个贡献最大的人却被渐渐遗忘了，还好，一个"岐黄之术"的中医别称，让我们知道岐伯这位医药界的先驱。

《黄帝内经》最大的贡献在于建立了医学理论。全书共分为两个部分，即《素问》和《灵枢》，其中《素问》是对医理的阐述，《灵枢》则主要阐述如何利用针灸治疗各种疾病。《黄帝内经》的内容非常繁杂，后世很多医药学者都整理出过新的作品。明朝张景岳所著《类经》一书比较系统，他按照不同的病理将全书分为十二类，分别为摄生、阴阳、脏象、脉色、经络、标本、气味、论治、疾病、针刺、运气、会通。

此外，《黄帝内经》的内容不仅涉及医学，还包括哲学、天文、地理等，全面阐述了人体构造及其运行规律，以期最大限度地说明医学理论和治疗方法。因此，后世对于《黄帝内经》的研究也不仅仅限于医药学者，这也让《黄帝内经》获得了"上穷天纪，下极地理，远取诸物，近取诸身，更相问难"的美誉。而每一个研究我国古代医学的人，都不应忘记对这部著作贡献最大的岐伯。

3. 古人为什么用"大夫""郎中"来称呼医生？

据北京大学医学院教授谢少文先生介绍，我国古文字中"医"字的写法分为两种，分别为"醫"和"毉"。我国先民造字很有讲究，第一个医由"医""殳（'殳'音同'书'）"和"酉"组成，其中"医"代表病，"殳"代表工具，"酉"代表酒，连起来的意思就是用工具以酒治病；而后一个"医"字则更加有趣，可以理解为使用巫术治病，这一点在古时非常普遍。这是因为古时人们的思想比较愚昧，通常认为生病是神明对自己的降罪，所以就会请巫师来驱邪避凶。

我国古代对医生的称呼五花八门，如大夫、郎中、太医等。"医生"一词最早出现于《唐六典》："医生四十人。"但这个"医生"指的是一些学习医药的生员，而不是我们现在所说的治病的医生。宋朝时期，医药事业得到极大发展。当时的朝廷设立太医局和御药房，并设有官员专门负责宫廷内的医疗工作。在民间，朝廷也设立了专门的医疗机构，称为惠民局，由政府派遣官员负责百姓的疾病治疗，这些官员还分为食医、疾医和金疮医，分别负责百姓的食物安全、疾病治疗和受伤后的救护。

要弄清大夫和郎中为什么成为医生的别名，先要弄清这两个词的来源。其实，大夫和郎中都是官阶的名称，宋朝以前，各朝代多有这两级官阶，但各朝代对它们的使用又不统一。以宋朝朝廷的六部（吏、户、礼、兵、刑、工）为例，一级官员称为尚书、二级官员称为侍郎、三级官员称为郎中、四级官员称为员外郎，而太医院在朝廷中的编制大体与六部平级，但毕竟分量不一样，为了区分，太医局的一级官员称为大夫，二级官员称为郎中，三级官员称为员外郎等。随着时间的发展，人们为了表示对医生的尊敬，开始以大夫和郎中这样的高级医官名称来称呼医生。这样的做法后来成了习惯，以至于到今天，大夫和郎中成了医生的别称。

一种比较有意思的现象是，我国北方民间普遍称呼医生为大夫，并且以将"大"的音读成"大（'大'音同'带'）"；而南方则普遍称医生为郎中。如南宋著名文学家洪迈，就曾在他的作品中提到："杜泾郎中，河府荥河县上原村人也。世为医，赀（'赀'音同'资'）业稍给。"至于这种差异是怎么造成的，已经无法考证。

此外还有一种说法认为，坐堂看诊的医生叫大夫，而行医卖药的则叫郎中。古有"江湖郎中"一说，却没有"江湖大夫"的称呼，可以说是对这一说法的佐证。到了今天，大夫和郎中的称谓已经比较少见，尤其是在城市和年轻人中，大家都用医生来统称为我们看病拿药的人。与此同时，还有一些地方将医生称为"先生"，这同样是一种尊称，只不过这种称谓的使用范围更小一些。

4. 古代的药铺是什么样子的？

我国古代药铺产生的具体时间已不可考证，但至少在唐代已经出现。据北京大学医学院教授陈同度先生介绍，唐朝大诗人王维的妻子就是王维在药铺中结识的。当时的少年王维来到长安赶考，因为突发疾病去药铺买药，没想到负责抓药的是一位貌美如花的年轻女子。王维心动不已，又羞于表达，只好挥毫写下了一篇特殊的药单，希望女子可以看懂其中玄机。不过，因为古时信奉"女子无才便是德"，王维奉上药单后又感觉无望，一时心情灰暗。没想到，抓药的美丽女子不仅诗文高绝，而且对王维也是一见钟情。于是，姑娘回复了一篇表示自己心意的文字，等到王维科考高中后，二人便结为了夫妻，成全了一段才子佳人的美谈。

虽然药铺出现的具体时间不可考证，但药店的发展脉络却比较清晰，而且其繁荣期一定是在宋朝。宋人张择端绘制的《清明上河图》中，有数处关于药铺的绘制，而且门内顾客络绎不绝，一派繁荣景象。同时代的文学作品《东京梦华录》也有记载，当时的开封城中有一条"马行街"，这条街上的店面基本都是出售药材的。由于是出售药材的聚集地，马行街上的药铺后来还衍生出很多"专卖店"，比如专卖檀香的刘家、专卖煎剂的曹家、专治骨伤的独胜元和专治口腔咽喉的金钩家等。

南北宋之交，不愿做亡国奴的汉人大规模渡江南迁，连带经济重心和社会文化也一举迁到南方。南宋首都临安府（即今杭州）的繁华，也带动了药店的蓬勃发展。据记录当时民风的《梦粱录》所述，临安府中的"药店一条街"几乎照搬了马行街的药铺，不仅药铺是老药铺，甚至来买药的很多面孔都是老熟人，可见当时临安府的药铺也是非常繁荣的。和开封相比，临安的药商们在经营上还有新的突破。比如当时临安府的太庙附近有一家陈氏药店，除了出售各种药材，这家药店还出售一种泥质儿童面具。这种面具虽然是玩具，但制泥中却加入了各种特殊的药物，可以让孩子在玩耍时得到治疗。

需要知道的是，我国古代最早的"医"和"药"是不同的。比如，一人不幸生病，不是到医生那里去治疗，而是把医生请到家里来，医生进行诊断之后会开出药单（包括药方和剂量）。到这里，医生的工作就完成了，病人需要向医生支付医费。然后，病人或病人家属便拿着药单到药铺抓药。药铺和医生在经济上毫无关系，因此病人买药仍然需要付钱，买完药后病人便可以回家按照药单煎制。这就是整个治病过程。不过到了后来，由于医生的地位越来越高，财富也越来越多，一些有经济头脑的医生自己开设药铺，并且在药铺中坐堂诊病，但开药单抓药的传统却一直延续了下来。

5．什么是"四诊八纲"？

"四诊八纲"是中医特有的诊断方式，千百年来，古代中国人都是利用这种方式诊断疾病的。北京大学医学院教授陶善敏先生表示，由于缺乏现代科学发明出来的检测和治疗仪器，古人只能利用实践中积累起来的经验治疗疾病。这种方法虽然笨拙，但是由于中华文化历史悠久，积累起来的医学经验已经使医疗水平非常高超。但是由于缺乏理论性指导，很多神奇的医术都不幸失传了，这也是一种无形的文化流失。比如，我国历史上著名的神医华佗，已经开发出了十分先进的外科手术方法，并且发明了相配套的麻醉技术，即麻沸汤。据说经华佗治疗后的伤者，虽然经过"开膛破肚"式的治疗，却能够在几个时辰后行动自如，这种效果是现代医疗手术也达不到的。但是很可惜，这种神奇的医术未能延续下来，毕竟掌握神奇的技艺需要神奇的天赋，不是每个人都可以达到华佗那样的医学境界的。

要想具体了解"四诊八纲"，先需分清"四诊"和"八纲"。其中"四诊"指的是望、闻、问、切，"八纲"指的是阴、阳、表、里、寒、热、虚、实。

望诊，就是医生通过观察病人可见的病症进行判断，包括观察病人的气色、精气神、面色等，以便大体确定患病的类型和原因，以及可能的发展方向。

闻诊，就是听听病人的声音，比如呼吸、发声、咳嗽等。人体的声音基本都是由肌肉牵引发出的，因此有经验的医生可以通过听声音确定病人的病症。

问诊，就是和病人交谈，以可能造成病症的食物、环境、行为作为询问重点，确定病人发病的原因。问诊是中医疗法中的重要一环，这一环节除了有助于找出病因外，还是下药时必须考虑的因素，即药物造成的副作用会不会造成病人的不适应。

切诊，就是感受病人手腕处脉搏的变化，分为切、按、触、叩四种方法。医生不仅要感受病人心脏的跳动，还要感知病人的身体温度、皮肤干湿、弹性强弱等，这些都有助于判断病人的发病原因。切诊是四诊中最难领悟的方法，仅脉象的大致分类就有二十七种。人体的发病部位和发病程度，都会通过脉搏的跳动表现出来，有经验的医生一触即知，没有经验的医生则毫无头绪。虽然切诊可以言传，但更注重实践经验的积累，因为实际情况可能发生各种变化，而这也是中医易学却难有大成的原因所在。

八纲，对此不能分开独立说明，因为它表示的是治疗过程的变化。比如，表面病症重于肌理病症，说明病情在好转，直到肌理的病症消失，表面病症也会随后痊愈，反之则是在加重；如果体征由热变寒，说明身体被病症压制，病情逐步加重，反之则是身体压制了病症，病情在逐步减轻；如果病情由实入虚，具体为病人开始意识模糊、病痛加剧等，就是病情在加重，反之则就是病情在好转；而阴阳则是一个比较综合的考量，比如发热、变净、变清、变实，都可以归入阳的范畴，反之则属于阴的范畴。但需要注意的是，并不是所有的病症都是从阴变阳就是好转，有的病症也需要由阳入阴。综合来讲就是"阳则阴之，阴则阳之"，最主要的是阴阳协调，相互滋生又相互克制，也就是本章第一节中所说的阴阳之间的和谐、平衡。

6. 中医七大流派都有哪些？

在我国古代，读书人大都向往"学而优则仕"的人生道路，但饱读诗书却无法做官的也大有人在。为了谋求出路，这些人只好效仿儒家先贤孔子，在民间开坛布讲。久而久之，在知识界就形成了各种不同的思想流派。我国自古就有"医人"和"医天下"的观念，认为"不为良相，则为良医"和"不居朝廷，必隐于医"，这种观念为中医的发展提供了大批高素质人才。因为参与者众多，所以中医也分成了很多流派，但总体状况可以说是"一元多流"。医家的各种流派数目众多，有的虽极盛一时却又迅速消亡。在这里，我们无法将所有的医学流派逐一详解，只能摘要录之。

中医流派众多的另一个原因与其传承方式有关，即师徒相授。这样一来，一位医学家的出现，就会决定其身后无数继承者的研究方向，这也势必会造成不同地区、不同领域的医学者之间缺乏联系，而仅仅发展各自的医学流派。这些医学流派都为我国古代医学事业和人民健康做出了卓越贡献，当然也为现代医学的发展奠定了基础。北京大学医学院教授马文昭先生表示，现在被学术界公认的中医学派可分为七大流派，分别为寒凉学派、补土学派、滋阴学派、易水学派、攻邪学派、伤寒学派、温病学派。

寒凉学派，创始人为金代的医药大家刘完素，因为他是河北河间人，因此他创立的医学流派也被称为"河间派"。刘完素最突出的医学贡献是"火热论"，认为"六气皆从火化"，这里的"六气"是虚称，泛指一切病症；"火"指的是毒素，这句话的意思就是"所有疾病都是因为毒素而产生的"。所以这一派的用药多属寒、凉、清、素。

补土学派，又称温补学派，创始人是金代医药学家李杲。李杲认为胃是身体之木，胃的功能强大，可以帮助身体各个部位变强壮；胃的功能虚弱，身体各个部位的成长和工作都会受到抑制。此外，李杲还非常注重身体本身的强健。他认为病毒无处不在、无时不在，虽然无法避免，却也无须恐惧，只要身体强健，自然百毒不侵。所以补土学派主张补充营养，精于各种补药的炼制。李杲提出的"脾胃论"和"内伤论"对后世都有很大影响。

滋阴学派，创始人是元朝时期的医药家朱丹溪。朱丹溪分别继承了刘完素的"火热论"和李杲的"内伤论"，提出了"阳常有余，而阴常不足"的新理论。按照易经的理论，"天之道，损有余而补不足"，所以朱丹溪认为应该以"滋阴抑阳"为宗旨调理身体，使人的身体趋于静、凉、素、轻。

易水学派，创始人是金代医学家张元素，他是河北易水人，所以他创立的学派以此命名。张元素的医学思想主要受到《内经》和《中藏经》影响，主张利用五脏六腑间的虚实、寒热进行诊断和用药，重视执简御繁。张元素对脏腑机理有深入的研究，并取得了重大的突破和成就，为我国古代医学对脏腑的认识做出了重要贡献。他创立的"腑脏机理学说"，对后世中医影响极为深远。

攻邪学派，创始人为金代医学家张从正。张从正的医学观点是"病由邪生，驱邪愈病"，即人体的疾病是由于毒素（即病毒）产生的，如果将这些毒素排出体外，自然可以机体健康。所以，攻邪学派的主要成就是吐毒泄火，以排除毒素见长，反对盲目地摄入各种补品。张从正的"驱邪"理论是中医史上一个很大的进步，从此毒素的研究得到了重视。虽然攻邪学派和补土学派的观点有一定的冲突，但聪明的古代医者没有固执己见，而是相互学习，相互促进，取长补短，共同推进中医的发展。

伤寒学派，创立于西汉时期，代表人物为著名的医药学家张仲景，其代表作为《伤寒杂病论》。张仲景在我国医学史上的地位极高，他的《伤寒杂病论》对伤寒（即感冒）进行了系统的分析研究，有很多建树性的突破，至今仍被奉为经典，并具有极高的研究价值。张仲景因为对中医的突出贡献，被后人尊为"医圣"。

温病学派，创始人是明代吴又可。温病指的是大范围传染的流行性疾病，我国古代通常将其称为"瘟疫"，其性质和前些年出现的"非典"相似。瘟疫的出现，显然无法通过"伤寒论"疗法治愈，于是吴又可便开始了针对瘟疫的研究。这一学派传承到清代叶天士和吴瑭手里时，温病理论学说达到顶峰，使预防和治疗瘟疫在当时成为可能。

7. 什么是"奇经八脉"？

人类体内气血运行的通道统称为"经络"，包括"经脉"和"络脉"。其中，"经脉"是指气血运行的纵向主干道，负责气血的远途传送；"络脉"则是附着在"经脉"上的中小通道，其运行方向不一，纵横都有，呈网状分布在人体皮层之下。"经脉"分为"正经"和"奇经"，"正经"有十二条，分别为手太阴肺经、手阳明大肠经、足阳明胃经、足太阴脾经、手少阴心经、手太阳小肠经、足太阳膀胱经、足少阴肾经、手厥阴心包经、手少阳三焦经、足少阳胆经、足厥阴肝经；"奇经"有八条，分别为督脉、任脉、冲脉、带脉、阴跷脉、阳跷脉、阴维脉、阳维脉。

北京大学医学院教授刘其端先生表示，这八条"奇经"虽然属于纵向主干道，但是它们既不和内脏相连，也不和皮肉相连，只是静静地附着在人体内，而且又有自己的独特运行规律，非常奇怪。所以，我们在说这"八脉"的时候，通常会在前面加上"奇经"二字，称之为"奇经八脉"。奇经八脉的作用有两点：首先是贯通十二正经，保持它们的连接通畅，可以统筹气血、调节阴阳。其次是积蓄和供应十二正经的气血，起到必要的调节作用。比如，人体内气血旺盛，奇经八脉就会把气血积蓄贮存起来，等到人体气血虚弱之时，奇经八脉又会把气血供应给身体。当然，这里所说的气血主要行走于十二正经。

督脉，起于小腹内胞宫，下出会阴部，上行经小腹正中线进入脊柱内，一直到钻出脑后，继续上行过头顶，从额头垂下至鼻梁部位为止。督脉主要连接全身阳脉，包括手、足三阳经和阳维、阳跷脉，所以也被称为"阳脉之海"。

任脉，起于小腹，下出阴部，上行进入小腹，经肚脐一直过前胸中线到喉咙，继续上行环绕口舌后，再至眼眶处为止。任脉主要连接全身阴脉，包括手、足三阴经和阴维、阴跷脉，所以又被称为"阴脉之海"。

冲脉，起于小腹，下出阴部，从气街部与足少阴经相并；上行过小腹进入脊柱，过喉咙后环绕口舌而止。冲脉上到头部，下到足部，贯穿全身十二经脉，所以也被称为"十二经之海"。此外，冲脉和女性的月经有关，所以又被称为"血海"。

带脉，起于腋下，向下行至小腹侧面，然后横向绕着身体行走一周。带脉在人体内的分布大致相当于我们的腰带，可以约束纵向运行的各条经脉。

阴跷脉，起于脚弓靠后部位，过脚踝内侧，经大腿内侧入阴部，再过腹部，经胸腔内壁延伸到锁骨，然后再经过颈部从脸侧到颧骨，进入目眦后与阳跷脉相交为止。

阳跷脉，起于脚跟外侧，过脚踝外侧，再经大腿外侧到腹部外侧，然后经肋骨外侧过腋后上延到颈部，最后绕过口角，经鼻根入目眦，与阴跷脉相交，再从前额穿过，经头顶至后颈，到枕骨下的风池穴为止。阴跷脉和阳跷脉的共同作用是濡养眼部，负责眼睑的睁闭和下肢的运动等。

阴维脉，起于小腹，经腹部过胸部，到颈部与任脉相交为止。作用是维系身体各阴脉之间的贯通。

阳维脉，起于脚跟外侧，经脚踝外侧沿腿外侧到髋关节外侧，然后再经肋骨后侧一直上行到肩部，然后到颈部与督脉相交为止。作用是维系身体各阳脉之间的贯通。

8. 什么是脉象学?

　　脉象就是因经脉的变化而出现的表征。有的中医学者认为，气血在经脉内活动，经脉又依靠气血的活动来发挥各种作用。气为阳，血为阴，气血的变化也就是阴阳的变化，也要遵循阴阳运行规律。北京大学医学院教授谢少文先生表示，所谓脉象学，可以简单地理解为气血学。如果掌握了气血运行的规律，那么人体所有经脉的问题都将迎刃而解，而所有经脉上产生的疾病也都可以药到病除。《脉象指南》一书中指出："远古的时候，医生诊脉只有很少的名目，但是患者的病情却可以诊断得清清楚楚；后来诊脉的名目越来越细、越来越多，但是诊断的效果却越来越不理想。其原因就是一味追求脉象的变化，而忽略气血运行的规律。"

　　抛开气血和脉象的关联不谈，中医常说的脉象主要分为十二种，这十二种脉象基本涵盖了人们日常生活中常见的各种疾病。

　　浮脉，是指脉象非常浅。有些浮脉甚至可以用肉眼看到皮肤的跳动，只要手指搭在手腕处就会感到强有力的反弹。这种脉象说明病情较轻，外侵的邪毒才刚刚进入体内，人的身体本身尚有能力压制邪毒；还有些浮脉显得比较无力，虽然脉象很浅，但感觉非常松散，这说明邪毒虽然刚刚侵入，但病人的体质却很弱，对邪毒的压制有限。此外，如果是久病见浮脉，再加上身体沉重、意识模糊，则是病情加重的体现。

　　沉脉，与浮脉恰恰相反，指脉象很深，轻按根本感觉不出来，只有重按才能感觉得到。沉脉也分为两种：一种是沉而实，就是重按之下能够感觉到有力的脉象，这说明邪毒虽然已经侵入机体，但身体的抵制仍然奏效，且不落下风；一种是沉而虚，即重按之下脉象仍然非常松散，则说明身体的抵制已经失去效力，不用药的话只会越来越危重。此外，水肿也会显沉脉，虚实看病人体质和病情轻重。

　　迟脉，是指脉象较慢。古时计算脉象是一呼一吸间四次，基本等于现在的每分钟六十次以上，如果明显低于这个频率，就可以称之为迟脉。迟脉一般是寒邪入侵，中医讲"寒则血凝"，所以脉象会减缓。迟脉也分虚实，脉虚称虚寒证，原因可能是因为寒邪入侵，也可能是因为心气太弱；脉实则称为实寒证，说明心气正常，是单纯的寒邪入侵。

数脉，与迟脉相反，脉象在呼吸间有五次以上，即一分钟九十次以上，如果明显高于这个频率，就是数脉。数脉分虚实，称虚热证和实热证。实热证是身体与外侵热邪作斗争，治疗时只需祛热邪；虚热证说明热邪已入内脏，治疗时不仅要祛热邪，还要调节内里。

细脉，就是脉象很细小，像一条丝线，但清晰有力，轻按之下就可以感觉得到。细脉说明病人气血不足，包括气不足、血不足和气血都不足。其中，气不足则脉象浮大无力，血不足则脉象窄细，气血都不足则脉象沉微。

濡脉，最大特点是柔软，脉象好似乳酪、果冻一般，所以也被称为软脉。濡脉说明病人是被湿邪所侵，气血遭到侵染，所以脉象浮细绵软。

弦脉，脉象如琴弦，跳动时犹如一根绷紧的琴弦，且直起直落，上下波动幅度较大。弦脉主要是病症发生在肝胆上，如我们现在常见的动脉硬化，就显示为弦脉。

滑脉，脉象如皮球入水，浮而无着，一按之下总是从旁溜走。滑脉主痰疾，气血被痰饮阻塞，时而不通，时而奔涌，因此不稳。此外，孕妇的气血受胎儿影响不稳，也呈明显滑脉特征。

涩脉，与滑脉相反，脉象如薄刀刮纸，轻而有力。涩脉主气亏血少，运作艰难，如果涩而有力，则主气血瘀滞不畅。

结脉，脉象不规则，时快时慢，时强时弱。结脉主病人被气邪侵入，致寒痰、瘀血和包块等阻塞脉道。因为气邪成毒的大小不同，结脉的程度也不同，大体来讲是脉象越明显则病情越重。若偶尔出现一次结脉则无大碍，若结脉持续出现则需治疗，否则病情会加重。

代脉，相对结脉而言，代脉是规则的脉搏暂停，比如三次后暂停一次，五次后暂停一次等。代脉主心脏方面的疾病。

促脉，脉象急且有不规则暂停。促脉主热邪侵入病人身体，如果快而有力，说明脏器未受损，只是被热邪所迫；如果快而无力，说明脏器官已受损，治疗应从速。

需要注意的是，以上所述脉象极少有单独出现的情况，基本都是三种以上的脉象同时出现，这是因为每种病症都具有复杂性和并发性。其实道理很简单，经脉是游走于全身各处的，一旦气血不畅或被邪毒侵入，病症自然向身体其他部分蔓延。治疗时则只需针对发生病症的原因即可，即所谓"对症下药"。但"下药"时仍需全面考量全部经脉情况，以防止副作用导致其他病症，甚至是其他更严重的病症发生。

9. 什么是藏象学说？

"藏象学说"指的就是"脏象学说"，古文中"脏"被写作"藏"，所以当时称之为"藏象学说"，沿用至今。北京大学医学院教授陈同度先生表示，脏象学就是我国古代医学家研究人体脏腑的学科，包括每个内脏的功能、变化以及与其他内脏之间的联系。对此研究的最早记录出现在《黄帝内经》中，值得称奇的是，当时已经有医学家进行过人体解剖。《灵枢·经水》中记载道："若夫八尺之士，皮肉在此，外可度量切循而得之。其死，可解剖而视之。其脏之坚脆，脏之大小，谷之多少，脉之长短，血之清浊……皆有大数。"这说明当时的"脏象学说"已经对人体有了十分科学的认识。

在解剖学的基础上，我国古代医学家又经过漫长的医疗实践和经验积累，总结出了一套细腻的脏象学说。比如，脾胃的消食化瘀功能，邪毒可以通过毛孔侵入使肺部致病，肺部受到刺激皮毛也会做出反应等，从而得出了身体各部分脏器官虽然相对独立，总体上却也存在某种联系的结论，为各种疾病治疗的标本分离和标本兼治打下了基础。像治疗耳鸣和失聪应从肾脏入手治疗，因为中医认为肾与外界接触的部位是耳朵（"肾开窍于耳"）。

阴阳五行学说极大地推进了对脏象学的发展。阴阳作用下发生的五行生、克、乘、侮，被我国古代医学家引入到五脏间的相互作用中，使五脏的相互滋生和抑制作用得到全面阐述，和谐平衡的概念也被一并引入。由此，脏象学建立起了一套完备的理论体系，也使得脏象学的不断发展进步成为可能。

后世中，扁鹊的《难经》对脏象学及解剖学起到了极大的推动作用。"左肾右命门"观点的提出，使中医对人体脏器官的研究更加深入。唐代的著名医药学家孙思邈先生，更是在他的《千金方》一书中对五脏的轻重、大小、长短和容量等进行了详细记述。随后，孙思邈又将五脏和五时（春、夏、长夏、秋、冬）、五方（东、南、西、北、中）、五体（筋、脉、肉、皮、骨）相结合，系统阐述了人体五脏和自然界的关系，为五脏学注入了新鲜血液。宋朝儿科医学专家钱乙还根据五行学说总结出了心主惊、肝主风、脾主困、肺主喘、肾主虚的医学理论，对脏象学说产生了深远影响。

10. 什么是经络学说？

经络学说主要分析人体经络的分布、功能和关联（关联又包括经络之间的关联和经络与身体其他部位之间的关联），是我国古代医学理论的重要组成部分，为我国古代和现代医学做出了重要贡献。北京大学医学院教授陶善敏先生指出，经络学说是藏象学说的一大补充，经络学中关于传导和连接脏腑的研究，极大地丰富了藏象学说的理论。我国古代医学家认为，人体内除了五脏六腑间的经络，还有很多经络，这些经络都有各自的位置，功能不尽相同却又构成了统一的整体。这些经络最重要的功能，就是把人体内脏组织和表层组织相联系——邪毒可以通过体表传入内脏，同时内脏的病变也会在体表显示迹象，不同的发病部位和发病原因，在体表上显示的迹象也有所不同，这就是中医诊断所依据的原理。

经络学包括"经脉"和"络脉"两部分学说。其中，经脉主要为纵向主干道，不仅沟通上下至头足，而且沟通内外至内脏和皮肤，在全身经络中的作用甚大；络脉分布则横纵都有，遍布全身上下，大体呈网状分布在身体表层，即皮肤和肌理之间，而且比经络细小。按照《灵枢·脉度》的说法："经脉为里，支而横者为络，络之别者为孙。"意思为人体的经络分为"经脉""络脉"和"孙脉"，其中经脉在内为主，络脉在外为辅，孙脉则是络脉的分支，其细小程度有些甚至肉眼难辨。

经脉，分为十二正经和奇经八脉。

络脉，分为十五络脉，具体为手太阴络脉、手少阴络脉、手厥阴络脉、手太阳络脉、手阳明络脉、手少阳络脉、足太阳络脉、足少阳络脉、足阳明络脉、足太阴络脉、足少阴络脉、足厥阴络脉、任脉之络、督脉之络、脾之大络。

孙脉，是络脉的分支，因此也被称为孙络或络脉。据《灵枢·邪气脏腑病形》记载，人体内的孙脉共分为三百六十五条，但实际上这三百六十五条并没有解剖学作为依据，而是我国古代医学家根据每年的天数来划定的，这是因为孙脉的形体极其微小，难以辨清。

11. 什么是运气学说？

据北京大学医学院教授马文昭先生介绍，运气学说分为两部分，即运和气。运指的是物质内在的变化规律，气指的是外界自然规律的运行。我国古代医学家根据阴阳五行学说，认为宇宙中的自然元素分为金、木、水、火、土，称为五行；而自然气候分为厥阴风木、少阴君火、少阳相火、太阴湿土、阳明燥金、太阳寒水，称为六气，它们之间的相互作用，就促成了自然界中的万物变化。因此，运气学说也被称为五行六气学说。因为人生活在自然界中，自然环境的变化必然会影响到人体的变化，所以运气学说也就成了中医研究人体变化的重要理论。

东汉医学家张仲景在他的《伤寒杂病论》中说："夫天布五行，以运万类，人禀五常，以有五脏，经络腑俞，玄冥幽微，阴阳会通，变化难极，自非才高识妙岂能探其理哉！"意思是说，天地遵循五行而生万物，人体也有五脏六腑，再加上经络血脉的运行规律像天地一样精妙，没有高绝的学识是无法洞悉其中奥妙的。从这段话中可以看出，人体的各种变化是由运气促动的，是可以通过深入探究而掌握其运行规律，并据此治疗各种疾病的。

运气学说理论的构建配合了我国古代计时法，即天干地支。天干是甲、乙、丙、丁、戊、己、庚、辛、壬、癸，地支是子、丑、寅、卯、辰、巳、午、未、申、酉、戌、亥。以天干甲配地支子开始（甲子），然后是乙配丑（乙丑），如此顺推，到癸酉之后再以甲配戌（甲戌），继续顺推，直到下一个甲子出现，总共为六十年，也被称为一甲子年。古人认为，一甲子正好是自然界中气候变化的一轮大循环，运气学说也是根据这种循环变化而推演出各种疾病可能降临人世的时间。比如，2009年的"甲流"，按照运气学的说法，这一年是甲巳年，行土运，运气学中称为"土运土气"，土气太重，主湿天，太阳行寒水运，又居泉位。所以，这一年的湿气太重，在中医中属于典型的湿邪病症环境，因此我国中医学者在这一年之前就做出预判，并做了大量准备。

五运部分，又被分为大运、主运和客运。大运主一年的气候变化，也就是说这一年的气候变化有大致的规律可循，因为主管一年，所以大运也被称为岁运。大运又分为太盛和不足，太盛就是这一年的情况会非常严重，不足就是情况不太严重。

主运是将一年平均分成五个部分，每一部分为七十三天零五刻，分别配以五行。第一主运从二十四节气中的大寒日开始，配以木行，然后是火行、土行、金行、水行，每年如此，反复不止。这五运当中，每一运的五行变化都和人体内的五行变化相连，平衡和失衡都在阴阳变化间。

客运是一种异常运行，和主运一样，它也是分别主管一年中的五个时间段，但它的开端是以这一年的大运为开端，比如这一年的大运是木运，那么这一年的客运开端就是木运，然后按照相生的关系延续；如果这一年的大运是金运，那么客运的开端就是金运，接下来再按照相生的关系延续，以此类推。运气学说认为，五行运转协调，主一年内无灾无病，太盛或者不足都是反常情况，会有不同程度的灾病出现。

六气部分，也被分为主气、客气和客主加临三种情况。主气管一年的气候情况，平均分为六个阶段，每个阶段分管六十天零八十刻，这六十天零八十刻再分管四个节气。六气具体特征为风、寒、暑、湿、燥、火，因为其中的暑和火同属于火，所以又被称为君火和相火，再加以阴阳（三阴、三阳）变化之后，就分别成为厥阴风木、少阴君火、少阳相火、太阴湿土、阳明燥金、太阳寒水。然后从每年的大寒日开始，第一阶段配以厥阴风木，第二阶段配以少阴君火，之后以此类推。

客气除了分管二十四节气外，还管上半年（称为司天之气）、管下半年（称为在泉之气）。因为客气每年只需两气主管，而实际上共有六气，所以六气需要轮流主管，排列顺序和主气相同，只不过主管时间为半年。

客主加临是将主气和客气进行综合分析，如果客气和主气之间的关系是相生，则说明这一段时间相安无事；如果相克则有可能出现祸病。

运气学说就是研究气候变化和人体变化之间的关系，从而得出疾病出现和消亡的规律。其实，这其中的变化无外乎盛、衰、生、克，若平衡则无病，若失衡则生病。

12.　"四诊法"是谁总结出来的？

四诊法就是中医常说的"望""闻""问""切"。这四种被我国古代医学家普遍使用的诊断方法，成型于战国时的名医扁鹊。北京大学医学院教授刘其端先生表示，在扁鹊之前，中医的各种诊断方法多得出奇，但多数只在一地一域使用，并且没有坚实的理论基础，而是靠实践经验摸索来的。扁鹊医学大成后，便四处拜访名医，最终结合自己的医学知识，总结出了"四诊法"。

《史记·扁鹊传》中记载了这样一个小故事，扁鹊行医到晋国，正巧遇到大夫赵简子的家人为他置办后事。晋国有人知道扁鹊医术神奇，赵简子的家人得知后急忙将扁鹊请入府中诊治。扁鹊一看就知道赵简子只是暂时昏厥，并不是病入膏肓。但毕竟当时的赵简子已经陷入深度昏迷，而且一连数日没有生理反应，所以众人都不相信扁鹊能够医好赵简子。可扁鹊通过切脉却发现赵简子的心跳很有力，这说明他不是因为身体原因而导致昏厥的。通过问诊，扁鹊知道赵简子参与了晋国最近的政治斗争，终于判断出他是用脑过度，或者叫作大脑休克。了解病因后，扁鹊随即开出药方。由于病情特殊，扁鹊还亲自煎熬药剂，在他的悉心照料下，赵简子居然在三日后就康复如初了。

四诊法中最精妙的就是切诊。由于人体的经络遍布全身，又都相互贯通，所以人体任何一个部位的病变，都会在脉搏上表现出来。而中医结合四季阴阳变化对人体变化的解读，也是世界医学史上的奇迹。比如中医认为不同的年份、不同的季节甚至不同的时间，人体特征都会发生不同的变化，人的身体健康也因此受到很大影响。

关于四诊法创始人扁鹊的医术，《史记》中有这样一则故事。魏文王问扁鹊："听说你家中兄弟三人全部行医，你的医术应该是最高的吧？"扁鹊说："不是这样的，我们三兄弟中，我大哥的医术最高，我二哥的医术次之，我的医术最差。"魏文王很不解，他问扁鹊："那为什么你的名气这样大，而你的两个哥哥却名不见经传呢？"扁鹊说："我大哥的医术之高，在于病人刚刚发出疾病征兆的时候，他就能利用望诊的方法诊断清楚，然后略施小计就可以治好病，所以很多人认为他不会治病，甚至讥笑他；我二哥的医术之高，在于他能在病人病症初发的时候，就可以用闻诊和问诊的方法诊断清晰，然后用很简单的药物和方法把病治好，所以大家都认为他只能诊治小病，而他的名气也仅限于乡里之间。只有我的医术最差，需要等到病人病症完全显现时，才能诊断清楚，然后将其治好。但人们却只看到我能治疗大病，就认为我的医术很高，实际上这样治好的病人是会元气大伤的。"

这则故事也说明，四诊法是区分不开、相互关联的，虽然前面的"望诊""闻诊"和"问诊"都很简单，但医术越是高超的人，反而越能使用简单的方法确诊。

13. 《金匮要略方论》为什么被医家誉为"方书之祖"？

被古今医学家誉为"方书之祖"的著作是《金匮要略方论》。"金匮"是珍贵的意思，既表示人的身体珍贵，也表示本书珍贵；"要略"指简单扼要的论述；之所以用"方论"这个词，则是因为本书作者张仲景受道家思想和制药技术的影响。据北京大学医学院教授谢少文介绍，《金匮要略》本是张仲景的代表作《伤寒杂病论》中的一篇，原名为"杂病篇"，属第十六卷。晋朝时的王叔和对于杂病的研究很深，将《伤寒杂病论·杂病篇》进行了系统的扩充和完善，最终使其成为一部新的著作，取名为《金匮玉函要略方》。这本书分为上、中、下三卷，其中上卷讲伤寒理论，中卷讲杂病理论，下卷讲相对应的药方配制方法。

宋朝时，朝廷设立"校正医书局"。在当时的医药大家林艺等人的主持下，再取王叔和所著《金匮玉函要略方》中的中卷"杂病"部分，结合当时的医术，再次对此书进行了内容扩充和编纂，最终著成《金匮要略方论》一书。这本书将各种疾病（即"杂病"）划分为二十五类进行阐述，著成二十五篇，篇中列举病症六十种以上，相应药方多达二百六十二剂。

《金匮要略方论》是我国历史上最早应用于疑难杂症的医书，张仲景的杂病理论也为后世奠定了坚实的医学理论基础。经过晋朝和宋朝两次扩编，《金匮要略方论》也终于成为我国乃至世界医学界治疗疑难杂症的经典，被医学界称为"医经"。

《金匮要略方论》不仅对我国的医学界影响巨大，而且对整个亚洲医学事业都做出了重要贡献。《金匮要略方论》的日文译本，有明文记载的就达到六十多种，日本医学家的译本被国际认可，并再度传回中国的译本也有十余种。现存最完整和完善的《金匮要略方论》版本也在日本，即使到了今天，医学科技发达的日本依然把《金匮要略方论》作为主要研究对象之一。《金匮要略方论》对现代医学的临床研究也做出了重要贡献，很多被现代科学认可的医疗药物和方法，都受到这本著作的启发，甚至直接来自它的指导。

《金匮要略方论》是我国乃至世界医学史上的经典著作，对相关医学理论建设和人民健康都有巨大意义，也因此它被列为"中国四大医书"，被历代医药学家所钟爱。之所以将《金匮要略方论》誉为"方书之祖"，主要是因为张仲景自幼喜欢医术，尊崇道术，所以他被赞誉为"医中之圣，方中之祖"，而这就是"医圣"和"方书之祖"的由来。

14. 乾隆钦定的《医宗金鉴》是部什么样的著作？

据北京大学医学院教授陈同度先生介绍，《医宗金鉴》是清朝乾隆皇帝钦定的名字，其著者是清宫太医吴谦等人。这本书在当时属于一部医科教学材料，记述了我国古代从先秦到明清几乎所有的医学知识，而且配以图文和歌诀，非常便于研读。《医宗金鉴》成书后被收入《四库全书》，由于内容比较系统完善，又有皇帝亲笔题名，再加上容易学习，这本著作在宫廷和民间都有广泛流传。

《医宗金鉴》历时三年完成，动用了大量人力、物力、财力。著成后，全书共九十卷十五个部分，有伤寒十七卷，金匮八卷，名医方论八卷，四诊一卷，运气一卷，伤寒心法三卷，杂病心法五卷，妇科心法六卷，幼科心法六卷，痘疹心法四卷，种痘心法一卷，外科心法十六卷，眼科心法两卷，针灸心法八卷，正骨心法四卷。据说乾隆之所以命人著成此书，是因为清朝的顺治皇帝就是在二十多岁时死于天花，康熙也曾得过天花，幸得太医抢救才得免于难。因此，清朝皇帝都比较注重医学，康熙在位时就曾大力研发和推广天花的诊治方法，使很多儿童免于夭折。

到了乾隆时期，清帝国发展空前繁荣，皇帝就想通过修书而留名青史。从《医宗金鉴》一书中，可以看出对天花的诊治论述得尤其详细，而这也是《医宗金鉴》对我国古代医学的突破和贡献。清朝"康雍乾盛世"期间，实际上也是天花病毒肆虐的年代，皇帝曾经挂牌督办太医院，限期拿出相应的治疗方案。在《医宗金鉴》中，"种痘法"曾成为独立的一卷，与位列其上的儿科得到同等重视，后来天花病毒终于得到控制，"种痘法"才又被归入儿科。

《医宗金鉴》的另一项医学贡献是"正骨论"，即治疗脱臼、骨折和骨头断裂等硬伤的方法。这是由于清朝的皇帝尚武，康熙和乾隆都以武功高强自居，每年的围场狩猎活动也是朝廷规模盛大的武功活动，甚至相当于今天的军事演习。受到国家统治阶级的影响，全国各族人民都开始热衷于追求武艺的高绝，这就势必会造成跌打损伤的泛滥，尤其是如果伤到骨头后不及时治疗，可能会产生严重后果。在这种社会需要的强力促生下，清朝医学家在骨科治疗理论及方法上，都有了飞速发展。

15. 古人为什么要把行医说成是"悬壶济世"？

我国古代的药铺，常会在门前挂一个葫芦，俗语中常说"不知葫芦里卖的什么药"，出处就在这里。北京大学医学院教授陶善敏先生介绍，葫芦是我国古代医家的圣物，最早道家的炼丹士，就是将炼制好的丹药储存在葫芦里。比起金属器皿、陶器和瓷器，自然原生的葫芦更具有储物功效。这是因为葫芦本身就是很好的药物，在中医药典里就明确记载了葫芦可以入药。作为盛器，葫芦又具有极强的密封性，晾晒干燥后也不易潮湿或被湿气侵入，能够很好地保持内部干燥，非常有利于药物的储存。所以，我国古代医药名家多选用葫芦作为储存药物的工具，但凡是治病救人者，都会随身带着一个葫芦，如关于药王孙思邈的形象中基本上都有葫芦。久而久之，人们便开始用挂葫芦作为医者的"行业标志"。因为葫芦和壶最开始意义相同，壶的形状就是参照葫芦的样子做的，因此就有了"悬壶济世"的说法。

关于"悬壶济世"，还有一个传说，记载于《后汉书·方术列传·费长房传》。此外，晋代葛洪的《神仙传》中也有相似记载。

据说汉朝时，河南出现大范围瘟疫，人民缺少有效的治疗手段，只能听天由命，不少人就这样不治而亡。忽然有一天，一个老者来到河南瘟疫肆虐的地区，此人鹤发童颜，一身道家装束，最奇特的是他的腰间挂着一个大葫芦。等到老者施药救人，众人才知道他是一个医术高超的医者，而老人救人的丹药，就是从葫芦中倾倒出来的。于是人们开始传说，老人是神仙下凡拯救世人的，而他的葫芦也是仙物，内中的灵丹妙药可以治愈世上的各种疾病。老者是境界高远的隐士，不愿报出姓名，开店救人也只用葫芦作为招牌，人们便循着他挂在店门外的葫芦来看病，亲切地称他为"壶翁"。

　　壶翁仁爱无疆，治好了当地的瘟疫后，人们感念他的恩德，把他留在了当地。因为壶翁医术高明，治好了很多人的病，因此他的收入也越来越惊人。但是壶翁却从来不在自己身上花什么钱，除了采集药物所需，他将所有钱财都施舍给了那些需要救助的人，并免费为一些穷人治病。就这样，壶翁的名气越来越大，他挂在店门外的葫芦，更是成了人们顶礼膜拜的对象。

　　当时有一个叫作费长房的少年，是当地的市掾（相当于现今的市场管理员），此人非常钦慕壶翁的医术德行，发誓以他为毕生学习榜样，然后前往壶翁处拜师学艺。老者毕竟是世外之人，不能长留此地，他见费长房心思聪颖，又心诚志坚，于是决定将自己的医术传授给他。夜深人静时分，老者将费长房引入屋内，忽然牵着他的手跳入葫芦里。费长房惊奇地发现葫芦里面非常宽敞，足有一座宫殿那么大，他这才知道壶翁原来是位神仙，便与他同游宫殿。宫殿中有美酒佳肴，壶翁和费长房美美地享用了一顿之后才从葫芦里出来。壶翁嘱咐费长房勿将此事外泄之后，便传授"悬壶济世术"给费长房。不久，壶翁便云游去了。费长房感念壶翁的恩德，将葫芦供奉起来作为对壶翁的感念和崇敬。而得到壶翁亲传的费长房，也有极高的医术，治好了很多人的病，同时他还继承了壶翁的仁爱之心，得到了大家的尊敬。

　　因此，悬壶济世也有医者仁爱的意思。虽然后世中医很少用"悬壶"作为自己店面的招牌，但是"悬壶济世"的说法还是流传了下来。

第八章

易

——大易思维中的周易智慧

《易经》是古人在阴阳二元论的基础上探索事物发展规律的经典国学著作，由它延展出来的天干地支、五行八卦等概念对后世产生了极为深刻的影响。当然，对于《易经》的研习讨论，很多人带有一种先入为主的偏见，将其看作一本言神说鬼的占卜典籍。实际上，《易经》可谓浓缩了华夏五千年文明，一直为古往今来的军事家、政治家甚至经济学家所重视。亚洲股神、香港房产大鳄李兆基曾坚持聘请众多国学大师，专门为自己详解《易经》。当然，在学识渊博、见多识广的专家、教授眼中，《易经》还是一部非常有趣的著作，类似于"六十八卦""卜筮之术""奇门遁甲"等，都给人一种新奇有趣的感觉。

1. 易学的卦象是怎样产生的？

"易"字在我国古文化中就是"变"的意思，即"变化"。也就是说，《易经》是一门研究变化的学问，只不过它的"大"和"全"囊括了世间所有的变化规律。北京大学哲学系教授汤一介先生指出，"观其名，知其意"，研究易学时刻不能离开一个"变"的意识，所以易学也被称为"变学"，《易经》也被称为《变经》。《易经》中有言："易有太极，是生两仪，两极生四象，四象生八卦。"这和道家所说的"无生有，有生一，一生二，二生三，三生万物"是同样的道理。

按照《易经》的理论，天地原本是一片混沌，这就是"无极"的状态。地心（地核）引力形成后，宇宙中的物质逐渐被吸附其上，这就是"无极生太极"的过程。在万物被吸附到地心的过程中，污浊沉重的物质逐渐下沉，成为地；轻盈透彻的物质开始上升，成为天，这就是"太极生两仪"的过程。天（阳）和地（阴）也就被称为两仪。实际上，天和地是一体的，天（大气层）也是地球的一部分，只不过由于各种物质本身重力不同，在地球引力的作用下存在于地球的上下不同层面。人居天地之中，也是地球的一部分，所谓天地之分，也只不过是人类的主观意识而已。

天地形成后，开始孕育万物。"天""地"在《易经》中被译为"阴""阳"，世间万物都是由阴阳变化促生的。所谓"一阴一阳之谓道"，而阴阳变化又被分为四个部分，即少阴、太阴、少阳、太阳，这是一个循环的整体，也是一个不断变化的过程。以一天为例，早上的时候太阳初升，阳光和温度开始回升，称为"少阳"；中午时，阳光和温度最盛，却也是开始衰弱的时候，称为"太阳"（也称为老阳）；晚上的时候月亮初升，黑暗和寒冷开始加剧，称为"少阴"；午夜时，黑暗和寒冷达到最盛，但也开始向光明和温暖转化，称为"太阴"（也称为老阴）。此外，还有一月、一年、一甲子等循环体系，各自都有在阴阳促动下的变化规律，纷繁但绝不出错。这就是"两仪生四象"的过程，"太阴""少阴""太阳""少阳"也就被称为"四象"。

在四象（也就是阴阳变化）的作用下，天地间的万物开始具体化，我们的眼睛可见的山川湖泊一点点出现，我们所在的地球表面开始出现各种形态和现象。当然，这些具体的形态也都是变化中的一环，只是这个过程极其漫长，漫长到超出人类的想象力。按照易经的划分，天地间万物的基本元素有八种，即乾（天）、坤（地）、兑（沼泽）、巽（风）、离（火）、坎（水）、震（雷）、艮（山），这就是"八卦"。易学卦象就来源于此。

八卦的卦象由阴阳组成，一横代表阳，同样长度的两横（中间断开）代表阴，一阴（地）或者一阳（天），一横或者一断，都被称为一"爻"（"爻"音同"摇"），一横为阳爻，断横为阴爻，阳爻和阴爻也是易学卦象中最基本的组成部分。以三爻为一组代表卦象，具体为三横（三阳爻）表示乾（天），三个断横（三阴爻）表示坤（地）；自下而上，一个断横两个横表示巽（风），两个断横一个横表示艮（山）；同样自下而上，一个横两个断横为震（雷），两个横一个断横表示兑（沼泽）；中间断横上下各一横表示离（火），中间一横上下两个断横表示坎（水）。这里需要注意的是，伏羲（上古部落首领）制的八卦之所以如此烦琐，是因为当时还没有文字产生，只能使用这样的图像进行阐述。所以，研究八卦的另一个重点是，必须能够将卦象和今天的文字相互贯通，才能了解八卦的奥秘和它们之间的相互联系。

2. 什么是"六十四卦"？

据北京大学哲学系教授韩水法先生介绍，《易经》的成书大体分为三个阶段。第一个阶段是伏羲用阴阳为基础制成八卦，基本将自然界中的物质分为乾（天）、地（坤）、兑（沼泽）、巽（风）、离（火）、坎（水）、震（雷）、艮（山）。第二个阶段是周文王姬昌对八卦的推演，他在被商纣王拘禁的时候，仍不忘对天地大道的探寻，将八卦中的两卦叠加合成一卦，从而衍生出了八八六十四卦，用来表示自然界中的各种物质变化和事理变化（这是因为自然界中的事物和事物之间关系的变化显然不止八种，六十四卦是为了满足当时人们对社会认知的需要）。第三个阶段是孔子及后世学者对《易经》的改进。孔子时期，我国社会已经形成了完整的文字体系，人们对于《易经》的认识和研究也从图画形式转变为文字。总的来说，《易经》的成书过程分为伏羲、周文王、孔子三个阶段。

六十四卦的具体名称分别为：乾卦、坤卦、屯卦、蒙卦、需卦、讼卦、师卦、比卦、小畜卦、履卦、泰卦、否卦、同人卦、大有卦、谦卦、豫卦、随卦、蛊卦、临卦、观卦、噬嗑卦、贲（"贲"音同"奔"）卦、剥卦、复卦、无妄卦、大畜卦、颐卦、大过卦、坎卦、离卦、咸卦、恒卦、遁卦、大壮卦、晋卦、明夷卦、家人卦、睽卦、蹇卦、解卦、损卦、益卦、夬（"夬"音同"怪"）卦、姤（"姤"音同"够"）卦、萃卦、升卦、困卦、井卦、革卦、鼎卦、震卦、艮卦、渐卦、归妹卦、丰卦、旅卦、巽卦、兑卦、涣卦、节卦、中孚卦、小过卦、既济卦、未济卦。六十四卦的形成对易学而言是一个很大的进步，极大地丰富了易学的体系构架，对当时的农业、军事、政治等多有深远影响。

六十四卦都是由八卦两两组合而成，其中乾卦为上乾下乾；坤卦为上坤下坤；屯卦为上坎下震；蒙卦为上艮下坎；需卦为上坎下乾；讼卦为上乾下坎；师卦为上坤下坎；比卦为上坎下坤；小畜卦为上巽下乾；履卦为上乾下兑；泰卦为上坤下乾；否卦为上乾下坤；同人卦为上乾下离；大有卦为上离下乾；谦卦为上坤下艮；豫卦为上震下坤；随卦为上兑下震；蛊卦为上艮下巽；临卦为上坤下兑；观卦为上巽下坤；噬嗑卦上离下震；贲卦为上艮下离；剥卦为上艮下坤；复卦为上坤下震；无妄卦为上乾下震；大畜卦为上艮下乾；颐卦为上艮下震；大过卦为上兑下巽；坎卦为上坎下坎；离卦为上离下离；咸卦为上兑下艮；恒卦为上震下巽；遁卦为上乾下艮；大壮卦为上震下乾；晋卦为上离下坤；明夷卦为上坤下离；家人卦为上巽下离；睽卦为上离下兑；蹇卦为上坎下艮；解卦为上离下坎；损卦为上艮下兑；益卦为上巽下震；夬卦为上兑下乾；姤卦为上乾下巽；萃卦为上兑下乾；升卦为上坤下巽；困卦为上兑下坎；井卦为上坎下巽；革卦为上兑下离；鼎卦为上离下巽；震卦为震上震下；艮卦为上艮下艮；渐卦为上巽下艮；归妹卦为上震下兑；丰卦为上震下离；旅卦为上离下艮；巽卦为上巽下巽；兑卦为上兑下兑；涣卦为上巽下坎；节卦为上坎下兑；中孚卦为上巽下兑；小过卦为上震下艮；既济卦为上坎下离；未济卦为上离下坎。

六十四卦的产生在易学领域具有巨大的历史意义，一方面它继承了伏羲的八卦学说，另一方面又为孔子著书奠定了基础，为我国古代哲学思想做出了重大贡献。在阴阳变化（四象）的促动下，六十四卦循序而动，不断发生发展，构成一个综合、反复而又丝毫不乱的整体，对各种事物的运行规律都做出了详尽阐述，为各个领域的学者提供了充分的哲学理论依据。因此，六十四卦是我国传统文化中最为核心的组成部分。

3.　《易经》有哪"十翼"之说？

《十翼》又被称为《易传》，内容主要是孔子对《易经》所作的注释。北京大学哲学系教授赵敦华先生表示，在孔子之前，伏羲和周文王所作的《易经》，虽然也是针对宇宙自然万物运行的大道，但由于当时人民的认知能力存在一定的局限，致使《易经》中的内容有一些是对天地自然的盲目崇拜。孔子的《十翼》破除了这种盲目崇拜，他提出了"智者乐水，仁者乐山"。《论语·雍也》的突破性哲学观点，主张"与天地同在，与万物同游"。《十翼》阐明了儒家的易学观点，同时也是古代先贤对《易经》的进一步解读。《十翼》具体指十部作品，分别为《彖传》（上、下）、《象传》（大、小）、《系辞传》（上、下）、《文言传》《序卦传》《说卦传》和《杂卦传》。

《彖传》分为《彖上传》和《彖下传》，主要解释六十四卦的卦名和卦辞的意思。以"谦卦"为例，"谦"是它的卦名，"亨，君子有终"是它的卦辞。《彖传》中对卦名的解释为"谦虚"；对卦辞的解释为："谦虚是一种美德，可以得到别人的尊重和社会的认可，而后才能行君子事，立君子风，成君子名。"这样一来，《易经》的哲学思想就被引入为人处世的范畴，讲解了人生的道理。

《象传》分为《大象传》和《小象传》。《大象传》是对六十四卦中每一卦卦辞的解释，《小象传》是对六十四卦中每一卦爻辞的解释。以"乾卦"为例，它原本的卦辞为"元亨利贞"，爻辞从下而上分别为："初九：潜龙勿用；九二：见龙在田，利见大人；九三：君子终日乾乾，夕惕若厉，无咎；九四：或跃在渊，无咎；九五：飞龙在天，利见大人；上九：亢龙有悔；用九：见群龙。无首，吉（因为乾卦六爻都是阳爻，所以多出一个'用九爻'。六十四卦中只有乾卦和坤卦有第七爻，坤卦六爻都是阴爻，第七爻称为'用六爻'。《易经》中，九为阳，六为阴）。"《大象传》对乾卦的卦辞解释为："天行健，君子以自强不息。"《小象卦》对乾卦爻辞的解释为："初九：潜龙勿用，阳在下也；九二：见龙在田，德施普也；九三：终日乾乾，反复道也；九四：或跃在渊，进无咎也；九五：飞龙在天，大人造也；上九：亢龙有悔，盈不可久也；用九：天德不可为首也。"

《系辞传》被认为是《十翼》中思想境界最高的。它首先介绍了卦爻的意义和排序；紧接着又用数学的方式阐述了爻辞意义的形成和排序经过，将《易经》分为察言、观变、制器和占卜四个部分；最后综合说明，指出《易经》是道德全书，是阐述大道大理的著作。《系辞传》还告诫世人，《易经》是一部研究自然变化规律的著作，时间不会停留在坏事上，但同样也不会停留在好事上，因此忧患意识才是占卜未来、趋吉避凶的重要前提。

此外，《系辞传》对"阴阳"也做出了重要阐述，指出阴阳存在于万事万物之中，但二者的关系并非对立，而是相互促进和相互制约的，理清其中秩序就可以洞察大道。这就使得我国传统的阴阳学说成为一个系统的世界观，强调天地、阴阳和刚柔可以诠释宇宙万物的变化规律，并提出了"物极必反"和"居安思危"等哲学思想。

《文言传》是《易经》中专门解读乾卦和坤卦的著作，包括对乾坤两卦卦辞和爻辞的解读。解读乾卦卦辞和爻辞的部分称为《乾文言》，解读坤卦卦辞和爻辞的部分称为《坤文言》，其内容是根据卦爻学提出的一些观点。

《序卦传》是阐述六十四卦推演变化的著作，并阐明六十四卦是一个有机的整体，并不是六十四个单独存在的个体，而且它们之间的互相促进和制约导致了它们不断发生变化。这部著作重点阐述了"掌握规律"在易学中的重要性，指出学习《易经》的根本方法是修身养性，乐知天命，根据自然的变化规律得出自己对生命意义的认知，并建议学习《易经》从这部著作入手。此卦还指出，"占卜"是易学中的旁枝末节，任何以占卜为主要目的的易学流派都是舍本逐末，因此对"占卜"要持谨慎和科学的态度。

《说卦传》是将《易经》内容进行图文对应说明的著作，很多人研究《易经》都会从《说卦传》开始入手，但是《说卦传》在成书过程中夹杂了大量《易经》之外的用语。虽然这些用语可能是为了方便当时的人们的理解，但却为后世理解《易经》带来了麻烦。所以《说卦传》对《易经》的解读虽然比较通俗，但所涉及的词汇和意义包罗万象，研读时同样需要投注大量精力。如《说卦传》中提到乾卦时说"乾为寒、为大赤、为瘠马"；在提到坤卦的时候又说"坤为柄、为布、为釜"等，这些名词都是易学之外的用语。

《杂卦传》是对六十四卦的排列顺序进行重新编写，目的是方便记忆和理解，因为没有遵照正统顺序，所以被称为"杂卦"。《杂卦传》对六十四卦的编排天然成韵，熟读之后可以使人对六十卦的卦名和卦义了然于胸，《杂卦传》也因此在易学界拥有很高的地位。

4. 什么是先天八卦与后天八卦？

先天八卦和后天八卦都是以天、地、风、雷、水、火、山、泽为基本组成单位，只不过它们的排列顺序有所不同。实际上，后天八卦改变了先天八卦中的排列顺序，是为了更好地阐述相关原理。北京大学哲学（宗教）系教授汤一介先生表示，从先天八卦到后天八卦都是对于万事万物的解读，只是其中有一个从对立走向相生相克的变化，后天八卦是对易学和古代学术的巨大贡献。

先天八卦是由我国远古时期的部落首领伏羲氏所创，所以也被称为

"伏羲八卦"，距今已有七千多年的历史。先天八卦的卦位属性都是相对的，两两相对为一组，分别位于卦位相对的两端，四组相对形成整体的八卦图。按照《说卦传》的说法，是"天地定位，山泽通气，雷风相搏，水火不相射"，然后又对这样排序的道理加以说明："八卦相错，数往者顺，知来者逆，是故易逆数也。"意思是说，八卦的排序是相互交错的，知道过去的事情就会顺应发展规律，知道将来的事情就会改变发展规律，因此《易经》的本质在于洞悉发展规律，然后加以改变，以趋吉避凶。

先天八卦的具体排序为：上乾（天）下坤（地）、左离（火）右坎（水）、左上兑（沼泽）右下艮（山）、左下震（雷）右上巽（风）。其中乾坤相对，而且是包括卦象和爻象都相对，乾卦是三阳爻，坤卦为三阴爻；离坎相对，离卦是中间为阴爻，上下为阳爻，坎卦是中间为阳爻，上下为阴爻；兑艮相对，兑卦是上面一个阴爻，下面两个阳爻，艮卦是上面一个阳爻，下面两个阴爻；震巽相对，震卦是上面两个阴爻，下面一个阳爻，巽卦是上面两个阳爻，下面一个阴爻。此外，乾坤卦是纯阳卦和纯阴卦，离坎卦是一阴卦和一阳卦，兑艮卦是一阴卦和一阳卦，震巽卦是一阳卦和一阴卦。由此可以看出，先天八卦的卦位及属性是完全相对的，每一组对立的卦象都是顺逆和阴阳的关系，这体现了先天八卦关于对立统一的思想。也就是说，八卦在此消彼长中不断变化，显示了宇宙万物的运行规律。这里的一个重要论点就是，"量变导致质变，然后质变重新回归量变，再继续导致下一次的质变，循环交替，反复无穷"。

后天八卦是周文王所制，因此也被称为"文王八卦"。后天八卦主要讲八卦之间的顺承关系，阐述阴阳之间相依相生的关系。后天八卦的起始点为正东，以震卦居之，然后按照顺时针的方向分别为：东南为巽、正南为离、西南为坤、正西为兑、西北为乾、正北为坎、东北为艮。

后世很多学者认为是自然气候的变化导致了先天后天八卦的区别，因为在夏朝时冰雪大面积融化，海平面上升，淹没了很多陆地，而到了周朝，自然环境趋于缓和，尤其是四季变得越来越分明，因此解释自然变化规律的八卦也就在文王的手中发生改变。但是，经文王改造的后天八卦并没有完全摒弃先天八卦，而是出现了两个八卦图并存的情况。这是因为实际上后天八卦只是对先天八卦进行了补充，比如水是向下的，而火是上升的，先天八卦中将火置于上，水置于下，这就使火和水都无法运动了，因此后天八卦调整了水和火的卦位，相应地，其他卦位也发生了变化。也就是说，整体的卦象并没有改变，因为八卦之间的生克关系和自然万物的运行规律是不可能彻底改变的。

5. 什么是"河图""洛书"？

传说伏羲在制成八卦图之前，经历了一番非常艰难的探索。他为了洞悉天地大道，不断观察日月星辰、气候变化和世间万物，但始终无法得到满意的结果。有一天，伏羲正在黄河边苦苦思索，忽然看到一匹龙马从河水里跳了出来。正当伏羲观看这匹样貌奇怪的龙马时，他更惊奇地发现，龙马的背上居然画着神奇的图案，而这图案刚好是伏羲苦苦思索的总结万物运行规律的抽象图。伏羲知道这是他的行动感动了上天，龙马背上的图案就是上天给他的暗示，于是他立即临摹了下来，并据此创制出了先天八卦图案。龙马背上的图案，也就被后世称为"河图"。

河图的具体图案由圆圈和相同大小的圆点组成，其中圆圈代表阳，代表奇数，代表天；圆点代表阴，代表偶数，代表地。河图正中部位是五个呈"十"字分布的圆圈相连；正左为纵向三个圆圈相连；左边最外层是纵向八个圆点相连；右边是纵向四个圆点相连；右边最外层是纵向九个圆点相连；上面是横向五个圆点相连；上面中间层是横向两个圆点相连；最上层是横向七个圆圈相连；下面是横向五个圆圈相连；下面中间层是一个圆圈；最下层是横向六个圆点相连。将它们综合起来，就是河图。

"洛书"的出现同样充满神话色彩。在远古时期，洛书一度被称为"龟书"，这是因为它最早出现在一只乌龟的背上。相传河南洛水一带出现灾情，大禹被派往救灾，但是由于水灾严重，大禹一时束手无策。就在这个时候，忽然有一只神龟出现，背上刻画着神奇的图案，大禹看到这只神龟，大受启发。于是，他根据乌龟背上的图案疏通了河道，很快将水灾治理顺畅，然后又按照乌龟背上的图案将天下划分为九个部分，称为九州。这只乌龟背上的图案，也就被称为"洛书"。

洛书的基本组成单位也是圆圈和相同大小的圆点，正中间同样是呈"十"字分布的五个圆圈；左边是纵向三个圆圈相连；右边是纵向七个圆圈相连；上面是横向九个圆圈相连；下面是一个圆圈；左上角是四个圆点呈菱形分布；右上角是斜向中心的两个圆点相连；左下角是斜向中心的八个圆点呈长方形分布；右下角是斜向中心的六个圆点呈长方形分布。

北京大学哲学（宗教）系教授何怀宏先生表示，"河图"和"洛书"的来源虽然有神话演绎的成分，但实际上它却具有现实意义。经研究，它们实际上是一个数学公式，我国南宋时期的数学家杨辉已经证明了这个数学公式的存在，并将其命名为"纵横图"。现代西方的数学科学中，将这一公式称为"幻方"或"魔方"，并将其广泛应用在现代数学之中，使现代科学研究得到了很大帮助。

"河图"和"洛书"之所以在我国古代文化中具有传奇色彩，主要是因为后世易学家在其中注入了很多其他领域的学说。如此一来，虽然极大地丰富了"河图"和"洛书"的内容，却也让人们对它的价值产生了迷信，从而背离了其本身的意义。

6. 何为"九宫"？

九宫学是我国传统文化之一，内容涉及易学、数学、天文等，是一门用来推演和探寻自然规律变化的学科。据北京大学哲学（宗教）系教授韩水法先生介绍，我国古代文化中除了易学对九宫学运用甚广，其他的学科如天文学、地理学、占卜学、医学、建筑学等学科，都对九宫学有所借鉴。

"九宫"的具体内容就是横三竖三组成的九个方格，然后从上到下，第一行的三个格子从左到右分别填入四、九、二；第二行从左到右为三、五、七；第三行从左到右为八、一、六。按照北周学者甄鸾对九宫的阐述就是："九宫者，即二四为肩，六八为足，左三右七，戴九履一，五居中央。"九宫学的奥秘是九个格子内的数字无论是横向相加，竖向相加，还是斜向相加，其结果都是十五。

在易学中，九宫格中除了正中的格子外，其他格子分别被置入八卦卦象，用来运算八卦之间的相互关联。从上到下的三行，第一行的三个格子从左到右分别填入巽卦、离卦和坤卦；第二行第一格填入震卦，第三格填入兑卦；第三行的三个格子从左到右分别填入艮卦、坎卦和乾卦。全部填好之后，就是一幅后天八卦图。

7. 何为"三易"？

"三易"是指上古时期的三本著作，分别为《连山》《归藏》和《周易》，其中《连山》和《归藏》都已经失传。据北京大学哲学（宗教）系教授赵敦华先生介绍，《连山》成书于夏朝，《归藏》成书于商朝，《周易》成书最晚，在周朝时期。

据东汉末年的经学大师郑玄说，《连山》一书取意深山中飘浮的云雾，看上去好像一座山连着一座山，因此称为《连山》，并以艮卦为第一卦。《连山》的名称与其内容有着不可分割的联系。据郑玄考证，《连山》的成书很可能早于夏朝，即成书于夏启以前的尧舜时期。当时的天下洪水泛滥，人们为了生存只能不断地迁往高山上，这样一来，大山就成了人们的庇护神，很可能当时的人们就产生了对山的超自然想象，因此称当时的易学为《连山》。后来大禹治水成功，他的儿子借助大禹治水的功德建立夏朝，因为"连山"记载了夏朝祖先大禹的主要功德，所以夏朝也将当时的易学称为《连山易》。

《连山》以"连山"为名，也包含着解读人生命运的意味。众所周知，山都是有高有低的，顶峰出云见日，山峰之间的低洼地带却可以常年笼罩在雾霾之中。"连山"的意思是说，人的命运就像连绵起伏的群山，起起伏伏，有高有低，不会永远处于巅峰，也不会永远处于低谷。

《归藏》一书取意万物藏匿于大地，所以用坤卦为第一卦。商朝之时，社会发生了重大变化，商汤建立商朝后，大禹的功德逐渐被人们淡忘，洪水的梦魇也早已退去，人们开始平静安逸地生活在大地上，耕种、捕猎、采集等活动日益频繁。于是，人们崇拜的对象开始逐渐从大山转移到大地上，当时的易学家也就更加重视坤卦。此外，"连山"作为大禹的功德代名词，也能为夏朝统治者提供凝聚力，商朝统治者出于政治目的，也不可能让《连山》继续流传于世。

从《连山》到《归藏》的转变，还流传着一个神话。据说商朝人的祖先是"契"，契的母亲叫简狄。有一天她去河里洗澡，忽然看到一只玄鸟落下一枚蛋，简狄吃掉了这枚蛋，然后就怀孕并生下了契。这是因为当时还是母系氏族社会，人们只知有母而不知有父。母亲在易学中居于坤，意为与大地同在。对于母系氏族文化发达的商朝来说，《归藏》也就名正言顺地成为当朝易学的名称。

《周易》则是一部蕴含天地大道的著作，其内容无所不包。《周易》就是我们今天看到的《易经》，全书共分为两个部分，即《经》和《传》，其中《经》又分为上、下两个部分。《易经》有八十四卦，都是以乾、坤、兑、巽、离、坎、震、艮八卦相叠而生，每一卦都有卦象、卦名、卦辞和爻辞。

此外，唐宋以后也有关于"三易"的新说法，认为"三易"是对《易经》中"理""象"和"数"的总结分析。其中，"理"涉及哲学范畴的探究，包括对宇宙万物和世间万物的探究；"象"是对现实世界中具体事物的观察和研究，可以根据它们的实际变化窥见大道运行规律；"数"是推演的过程，包括对"理"和"象"的综合运用，通过对事物运行规律的推演，可知过去和未来。

8. 奇门遁甲有什么奥秘？

奇门遁甲是我国古代极其隐秘的一门学术，在古代社会，只有国家最高统治者能够研究这种学术，普通百姓如果随意研究，有可能招致杀身之祸。北京大学哲学（宗教）学系教授汤一介先生表示，即使到了今天，奇门遁甲的真正精要部分也只有国家社科院、佛教和道教高层掌握。至于民间流传的诸多奇门遁甲术及其衍生学术，多半都是旁枝末节，甚至是胡乱编造的。这也使得奇门遁甲这门玄秘的学术被很多人误解，认为它只是用来蒙骗人的江湖把戏，并最终导致真正潜心研究和关注它的人越来越少。

要了解奇门遁甲术，首先需要理清"奇""门"和"遁甲"的概念。"奇"指的是乙、丙、丁三奇；"门"有八门，指的是休门、生门、伤门、杜门、景门、死门、惊门、开门；甲指的是六甲，即甲子、甲戌、甲申、甲午、甲辰、甲寅，而遁甲，就是将此六甲隐藏起来，然后虚实不定，应敌而动。

"甲"隐藏的位置被称为"六仪"。所谓六仪，就是除了甲和三奇（乙、丙、丁）之外的戊、己、庚、辛、壬、癸。这六仪在一甲子中都会出现六次，分别称为六戊、六己、六庚、六辛、六壬、六癸。其中，六戊是戊辰、戊寅、戊子、戊戌、戊申、戊午；六己是己巳、己卯、己丑、己亥、己酉、己未；六庚是庚午、庚辰、庚寅、庚子、庚戌、庚申；六辛是辛未、辛巳、辛卯、辛丑、辛亥、辛酉；六壬是壬申、壬午、壬辰、壬寅、壬子、壬戌；六癸是癸酉、癸未、癸巳、癸卯、癸丑、癸亥。然后再配以六甲，分别为甲子遇六戊隐，甲戌遇六己隐，甲申遇六庚隐，甲午遇六辛隐，甲辰遇六壬隐，甲寅遇六癸隐。

奇门遁甲还需配以九星，分别为天蓬星、天芮星、天冲星、天辅星、天禽星、天心星、天柱星、天任星、天英星。奇门遁甲的三盘（指"天、地、门"三盘）都是分为九格，天禽星居正中。也就是说，它不在八格之中。九星虽然属于易学范畴，但也和天文有关，是古人先贤通过观察星象而参透出来的宇宙万物的运行规律，用以对应天地和人事的运行规律（这同样可预知未来之事）。其实，《易经》中的先天八卦、后天八卦、爻象变化、河图、洛书等内容，也都与天象相通，甚至是据此而成的。

从总体布局来看，奇门遁甲从内到外共分为三盘，称为天盘、门盘和地盘，这三盘对应了易学中的天、人、地三才。天盘指的就是九星，星象运行自然是在天上，包括季节、气候、昼夜等变化；门盘是指八门，人在天地之间，都有生、死、休、惊等命运变化；地盘就是易经八卦的内容，包括乾、坤、兑、巽、离、坎、震、艮。需要注意的是，这三盘并不是独立存在的，它们之间存在着各种各样的微妙关系，而且你中有我、我中有你。举一个简单的例子，比如天象（包括气候、风向等）显示会有疾病流行，这个时候某人的身体又很孱弱，而且他居住的地方也非常阴暗、潮湿，那么就可以预测此人将要得病。当然，这只是一个简单的例子，奇门遁甲在实际操作过程中，考虑的因素和进行的推理要复杂得多。令人称奇的是，通过易学界长期积累的分析和推理经验得出的预测非常精准，其中有很多甚至无法用科学解释。

奇门遁甲以《易经》为理论基础，结合天文地理与阴阳五行、三奇六仪等传统学术，成为我国古代预测学的最高成就。因此，古时的国家大事都要参考奇门遁甲术，在军事方面尤其如此。我国古代几乎所有的军事参谋，即俗称的军师，全都精通奇门遁甲术。比如我们熟知的姜太公、范蠡、诸葛亮、刘伯温等人，关于他们的史料都曾提到过奇门遁甲术。

9. 古人为什么重视《易经》中的筮法？

《易经》中关于筮法的记载有如下内容："天一地二，天三地四，天五地六，天七地八，天九地十。"实际上，这是一种对世间万物阴阳属性的划分。在《易经》中，天为阳，奇数为阳，因此一、三、五、七、九都是天数，属性为阳；地为阴，偶数为阴，所以二、四、六、八、十都是地数，属性为阴。之所以将这些数字交织在一起，是为了说明易学中对立统一的基本概念，即万物相生相克，共同构成一个动态平衡的整体。北京大学哲学系教授赵敦华先生表示，筮法是我国古代劳动人民的智慧结晶，是人们在实际生产活动中不断观察学习，然后结合《易经》原理总结出来的方法，他们试图通过这些方法达到趋吉避凶的目的。

易学界已经证明，《易经》最早是用图像来阐述理论的，我们现在看到的所有文字都是后世学者加工而成的。这种文字的加工，很大程度上有助于我们对《易经》思想的理解，但换一个角度来看，这种后世学者的文字加工，也会在不同程度上限制我们对《易经》思想的理解。所以，学习《易经》最终还是要回归到对图像的理解上，而对其中筮法概念的理解，也需要回归到蓍草的运用上。

古人预测和占卜所使用的工具，最早就是蓍草，原因是它在当时社会比较普遍。占卜时，取七七四十九根蓍草，然后默念自己想要预测的事情。在祈求和默念大概半个小时后，信手在四十九根蓍草中抓取一些，然后数清它的根数，奇数为阳，画一阳爻；偶数为阴，画一阴爻。接下来，将蓍草重新放好进行抓取，这次不用再默念和祈求，连续重复抓取五次即可，从而得出六个卦爻，即一个卦象。最后结合卦象分析所预测的事物，通常由一些经验丰富的占卜师代为分析，从而得出相应结论，以便趋吉避凶。

需要注意的是，筮法占卜古来就有"不诚不卜，无事不卜"的训诫，即不可以把占卜当成游戏。如果心中没有强烈要预测的事物，也不能随便占卜。而且占卜并不是《易经》的主要内容，而是学习易理大道的辅助求证手段。所以对于后世学者来说，凡追求占卜精义而不探寻易理大道者，都不能在易学上取得巨大成就；相反，几乎每位在易理大道上有较深造诣的学者，都可以轻松掌握占卜的奥秘。

10. 古代人是如何用《易经》来预测吉凶的？

从易学的角度看来，任何事物都不是独立存在的，世间万物都处于一个大的循环变化体系之中——之前的原因造成了此时的结果，而此时的原因也会变成将来的结果。也就是说，任何事物的发生发展都是有一定规律的，都是有迹可循的，可以通过种种迹象和变化规律进行预测。据北京大学哲学（宗教）系教授何怀宏先生介绍，《易经》中的预测方式多种多样，主要包括八柱（八字）预测和八卦预测，其余还有面相、骨象、测字等。这些预测方法虽然多种多样，又各成体系，但基本上都是以《易经》的理论体系为基础的。

易学中比较传统的八柱预测，就是根据人的生辰八字来预测人的一生，易学界将其称为"运程"或"命理"。预测是为了提前知道吉凶，然后趋吉避凶，逢凶化吉，易学界称之为"医命"，与我们常说的"医病"

相对应。当然，既然运程和命理已经由八字确定，那么能做到怎样的改变也就要视情况而定。在易学界有消灾、挡灾和替灾的说法，即一个人的灾祸较小，易学家可以通过各种方法为其消除；一个人的灾祸不大不小，易学家为其消灾就必须具有足够的功底；倘若一个人的灾祸太大，如果易学家想要为其消灾，那么灾祸就会转移到易学家身上。

"八柱预测"的具体方法为排列八字。每个人出生都必然伴有年、月、日、时的独立属性，即使是同年同月同日生，也不可能同时同刻，或者说这种可能微乎其微。按照我国传统的天干地支计时方法，每个时间单位都是两个字（如戊戌年），四个计时单位共计八个字，所以称为"生辰八字"，据此分析命理也就被称为"八柱预测"。"八柱预测"以年、月、日、时分别配以被推理人的祖宗、父母、自己和子女，然后引入五行学说进行预测。简单举例来说，按照生辰八字排列，如果一个人的父母所居命格的属性为金，而此人所居命格属性为水，那么按照五行学说中"金生水"的理论，此人的父母不但此生不会拖累他，还会终身为他提供帮助，反之则会被父母拖累一生。当然，这只是极简单的推理，真正的八柱预测要经过极其精深繁杂的推理，预测者必须具有深厚的易学功底，而"五行学说"在命理推演过程中的应用更是极其复杂。

"八柱预测"的吉凶制化也很繁杂，在这里只能简单阐述。因为每个人的生辰八字都是四个元素，而五行学说中有五个元素，所以一个人即使四柱属性不重复，也至少会缺少一个五行元素。比如一个人的命格里显示缺水，那么最简单的方法就是用"水"字做他的名字，或者取一个水字旁的字做他的名字。当然，这只是最简单的方法，而且一个人的五行属性同样需要通过缜密的五行推理，并不是缺什么就需要补什么。此外，补加属性元素的多少，用什么方法补，都有非常深奥的说法。

八卦预测需要渊博的卦象知识，包括对每一卦的解读和对卦与卦之间变化的解读。占卜时，取铜钱三枚，诚心问神后将铜钱散布排列，三个都是正面记为阳爻；三个都是背面记为阴爻；一正两背记为阴动爻；一背两正记为阳动爻。重复六次后，得出具体的六爻，就是一个完整的卦象（占卜时的卦象为六十四卦象）。如果卦象中含有动爻（多数情况下都会含有动爻），那么就需要将卦爻变化，规律为阴爻变阳爻，阳爻变阴爻，然后得出一个新的卦象，易学家称为变卦，而我们常说一个人出尔反尔时称他

"变卦"，也就是从这里得来的。得出原卦和变卦后，就可以根据卦辞来解析预测的吉凶了（这也需要占卜师具有丰富的卦辞知识）。

　　值得注意的是，占卜只是易学中极其微小的一个分支。在易学界，有"一着不慎走火入魔"的说法，就是因为很多易学家舍本逐末，将毕生精力都浪费在了占卜上，从而失去了探寻易理大道的热情。当然，对《易经》占卜也要进行科学的审视，切勿盲目信从。

第九章

礼

——仁义礼智信背后的国学含义

什么是"丁忧"？什么是"避讳"？"三纲五常"又是指什么？中国古代的礼制体系永远都是那么森严，令人感到诚惶诚恐。战国时期，魏国有一个名叫高行的寡妇，她在受到改嫁威胁的时候，挥刀割掉了自己的鼻子，以此保全自己的贞节。虽然这样的事情看上去太过血腥、偏激，甚至还可以说是有些"不值"，但事实上类似这样的事在古代历史上屡有发生。高行以及与高行类似的人，却是被约束于古代的礼法体系之中才无奈地如此选择的。

1. 古代官场中的"丁忧"和"夺情"制度

简单来说，"丁忧"就是在职官员的父母过世后，他必须停止一切工作，回到家乡为过世亲人守孝二十七个月（也有三年、二十个月等制度，各朝代和时期不一）。北京大学法学系教授刘剑文先生表示，丁忧制度的根源来自儒家思想。汉武帝独尊儒术之后，儒家思想开始盛行，"百善孝为先"的儒家古训被定为社会规范。国家为了强化和加深儒化教育，将很多儒家思想倡导的行为写入法典，使之成为具有法律效力的规定，丁忧制度就是其中之一。夺情制度是针对丁忧制度而产生的，即统治者（一般是皇帝）以某种理由命令本应丁忧的官员继续在职为官。事实上夺情并不能称为一种制度，它是随机的，是由统治者亲自决定并批复的，官员只能被动接受。

丁忧制度始于汉朝，一直延续到封建社会结束。古人认为"忠孝"不分离，一个人必须首先是个孝子，才有可能忠君爱国；一个人居家恪守孝道，步入社会才能遵守诚信，为臣为官才能忠贞不二。在这种思想的影响下，丁忧制度就成了各朝代一致奉行的铁律。

统治者之所以强行规定丁忧这一制度，主要是为了宣扬孝道，而宣扬孝道的目的是为了加深官员的忠君思想，也就是维护统治者自身的统治地位。一般来说，官员丁忧回家会保留官职，而且俸禄照旧，期满后还要官复原职。显然，这也给国家造成了人力、财力上的巨大浪费。

所谓夺情，就是让本该丁忧的官员放弃丁忧，继续工作，或者将丁忧的日期减短、延后等。被夺情的官员一般都位高权重，担负着重要的责任和使命。比如明朝万历年间的张居正，官居内阁首辅（相当于宰相或今天的国务院总理），当由他主导的改革运动处于关键时刻，他的父亲忽然过世。在我国历史上，任何变法都面临着巨大的阻力和反弹，张居正主导的变法也不例外，所以，他若在此时回家丁忧，那么这次改革很可能会以失败告终。所以在这个时候，万历皇帝就下诏夺情，而张居正也得以继续推行改革，使得明朝的国力得到了一定程度的增强。

　　需要注意的是，丁忧制度在我国古代社会绝非儿戏，没有特殊情况，皇帝绝不可以提出夺情，即使夺情，如果官员不同意，也有权拒绝。夺情也一直被视为是危险的举动，比如张居正后来倒台，"违反祖制"（即没有回家丁忧）就成了他的一项罪状，尽管夺情的诏令是当时皇帝本人亲自下的。

2. "君君，臣臣；父父，子子"指的是什么？

　　"君君，臣臣；父父，子子"出自《论语·颜渊》，完整的内容是："齐景公问政于孔子。孔子对曰，君君，臣臣；父父，子子。公曰，善哉！信如君不君，臣不臣；父不父，子不子，吾得而食诸？"由此可以看出，齐景公对孔子"君臣父子"的观点很赞赏，并分析如果违背孔子的观点，他就无法坐稳自己的王位。北京大学法学系教授陈瑞华先生表示，"君臣父子"的观点是孔子为了促进社会稳定、合理分配天下资源而建立的一种理论。正如文中所说，如果不能建立起一种有效的分配制度，势必天下混乱，每个人都没有好日子过。

　　现在的很多人认为，"君君，臣臣；父父，子子"是孔子宣扬的等级制度论。这一观点值得商榷。因为在汉朝以后，儒教思想基本沦为统治者的统治工具，对原始儒家的很多观点都是断章取义，虽然借了孔子之名，却没有尊重孔子的原意，甚至完全背离了孔子的本意。比如我们熟悉的"以德报怨"这个词，今天常被用来形容受了委屈仍然友好地对待对方，几乎和"以德服人"成了"孪生兄弟"。而实际上，孔子的原话是："以德报怨，何以报德？以直报怨，以德报德。"（《论语·宪问》）。意思是说，用恩德对待别人的怨恨，那么要用什么来对待别人的恩德呢？所以我们要用怨恨对待怨恨，用恩德对待恩德。由此可见，孔子要表达的意思和"以德报怨"是完全相反的。

　　孔子的"君臣父子"这一观点，明显也存在被曲解的状况，而且有被统治者工具化的嫌疑。在《论语》一书中，孔子曾不止一次地阐释"君臣父子"这一观念，总的来说，他的解释是："君有君道，臣有臣道；父有父道，子有子道。各守其道，天下治也。"意思是说，君、臣、父、子都要恪守一定的规则，君王不能一味地要求臣子如何做，父亲也不能一味地要求子女如何做，而是应该首先做出榜样，以身作则。反之，臣子和子女也要遵守自己的职责，如果对圣人之言、父母之命不加遵从，也是破坏社会规则。

此外，对于政治行为，孔子也有自己的见解。他说："政者，正也。"也就是说，政治是维护和匡扶正道，也就是保障规则，使社会上的所有人各安其命、各守其道。只有这样，天下才能大治，社会活动才能有序进行。否则，只要有一个人破坏规则，就会有越来越多的人破坏规则，这样一来，任何人的权利都无法得到保障，直到所有人都无视规则，规则完全失去效力，社会陷入混乱。孔子在这里着重强调了君王是规则中极为重要的一环，因为如果君王恪守规则，那么即使臣子破坏规则，也只是一时的破坏，而一旦君王不以身作则，那么规则必然就会崩溃。

孔子的"君臣父子"思想本来有着积极的意义，之所以没有被忠实地贯彻，主要是因为君权没有得到有效的监督和制约。君和臣都是一种社会分工，臣子扮演的角色是臣子和被监督者，而君王所扮演的角色则是君王和监督者以及自我监督者，这就要求君王有很崇高的德行，至少必须具备正直的观念和自我约束力。而一旦君王德行低劣，是非观念和自我约束能力又不足，因为无人可以监督、制约，那么社会秩序和规则就很容易被打破，如此一来，孔子"君臣父子"观点的积极意义就无法体现了。

孔子的"君臣父子"理论固然是非常脆弱的，保证了统治者的权力却又没有对其进行制约，所以最终被统治阶层利用。但不可否认的是，孔子的出发点是为国为民，是为了建立起一种合理的社会制度，用以保障所有社会成员的合理权益。虽然在今天看来，"君臣父子"观念具有一定的局限性，但是"论从史出"，"君君，臣臣；父父，子子"的观念，就孔子时代而言绝对是先进的、积极的。

3. "礼"是古人安身立命和齐家治国的根本吗？

在我国古代，最早用于维护社会秩序和规范人们行为的不是法律，而是道德。道德的具体化产物，就是礼。有了礼之后才有了具体的社会规则，才有了法律。所以在我国古代，"礼"和"法"是不分家的。

我国古代社会的一个明显特色是道德的约束力要远远高于法律，尤其是对于老百姓来讲，拿起法律武器到公堂（相当于现在的法院）诉讼，通常会被看作是一件羞耻的事情。据北京大学法学系教授姜明安先生介绍，我国自古被称为"礼仪之邦"，这与无所不在、无所不能的道德约束力是分不开的，道德作为无形的约束，作用绝不亚于今天的法律。这是因为在我国古代社会，每一个人都是道德的化身，都是道德的实践者和监督者。我们在现实生活中常评论一个人言行是否得体，这里所说的"得体"，指的就是符合礼数的标准。

《礼器》一书中关于礼的论述为："忠信，礼之本也；义理，礼之文也。无本不立，无文不行。"意思是说，古时先贤治国，是以忠信为本，以义理为准，国家没有忠信不能立国，没有义理无法行事，而忠信和义理都属于礼的范畴。也就是说，礼是关乎国家大事和民族命运的重要理念。因此，《论语》中对礼的论述是"人不学礼，无以自立"。圣人、君子、小人、无赖的区别，就在于他们遵守礼法的程度不同。圣人之所以为圣人，是因为他们能够严格按照礼法行事，绝不会失礼；君子之所以称为君子，是因为他们时刻都提醒自己遵循礼法；小人之所以被称为小人，是因为他们背弃了礼法；而无赖则完全无视礼法，甚至以践踏和毁坏礼法为荣。

礼数无处不在，如长辈和晚辈之间行什么礼、平辈之间行什么礼、文人之间行什么礼、武将之间行什么礼等，在我国古代社会都有严格的规定。以一个普通官员为例，早晨起床后要与妻子行礼，见到下人要答礼，遇到同事要行礼，见到上级要行礼，见到下级要答礼，回家见到父母要行礼，见到子女要答礼，逢年过节还要行祭礼。值得一提的是，这些人不仅是礼法的践行者，而且是礼法的捍卫者，任何一个人有失礼法，都会遭到他们的排斥和攻击，所以在古代社会，几乎每个人都对礼法抱有敬畏之心。

礼法不仅表现在人与人之间，也表现在人与天之间。古代帝王对于祭天、祭地、祭祖仪式，都有非常严格的礼法规定。历朝历代皇帝的登基大典，都有规模宏大的祭天活动；为了祈求五谷丰登和国泰民安，皇帝作为天子，还有义务在规定的时间内祭祀天地。祭祀活动对于古代帝王是一个不小的考验。以祭天活动为例，皇帝为表诚心，从住处到祭祀地点不能骑马坐轿，而是要步行（基本限于在京城的祭祀活动）。在进入祭祀范围以后，皇帝还必须三拜九叩（三步一拜，九步一叩），并且从入口一直叩拜到祭祀的地方。此外，无论是隆九寒冬还是烈日炎炎，皇帝都必须穿戴整齐，衣服、帽子、靴子、内衣、外衣、袍子、饰物都有严格规定。据史料记载，皇帝祭祀时穿戴的衣物最重可达数十公斤。

我国古代社会基本上是礼、法并存，其中礼是儒家的主张，法是法家的主张。二者虽然不同，且在百家争鸣时期有过激烈争论，但后世统治者对于这两种主张都是兼而用之。但总体而言，从汉武帝独尊儒术以后，道德作用下的礼法成为约束人民的主要力量。当然，统治阶级凌驾于礼法之上，只有被统治阶级才是礼法的践行者。但是由于被统治阶级是社会主流，所以礼法对于我国古代社会的有序运行还是起到了很大的作用。

孔子是教师鼻祖，对于启发民智做出了重要贡献。在关于用礼教化世人方面，他提出"兴于诗，立于礼，成于乐。民可，使由之；不可，使知之"（《论语·秦伯》）。意思是说，对于民众的启迪教化，首先要让他们对诗歌产生兴趣；然后在礼法的作用下让他们进退有度、言行得体；最后在音乐（艺术）的熏陶下提升他们的情操，使他们成为品格高尚的人。如果民众自己可以做到，统治者可以放任他们去发展；如果民众没有这样的意识或者能力，统治者应该循循善诱，教导和帮助他们这样做。由此可见礼在古人心目中的重要地位。

4. 为什么说"孝"是传统文化之根？

　　古语有云，"百善孝为先"。古代社会的人，无论是在朝为官还是外出谋生，"孝"都是立身之本，也是能够得到别人尊重的首要前提。我国传统文化中关于孝的解读包含两点：一是对长辈（包括祖先）的尊敬，比如对父母的尊敬、赡养，祭祀祖先时的虔诚等；二是对传宗接代的重视，即所谓"不孝有三，无后为大"。我国传统文化认为，一个人不守孝道的行为有三种：首先是一味迎合父母所好，最终将其陷于不仁不义（"事谓阿意曲从，陷亲不义"）；其次是家中贫穷，父母老迈，却仍然不想办法谋生（"家贫亲老，不为禄仕"）；最后就是不娶妻生子，延续祖宗的香火（"娶无子，绝先祖祀"）。

　　古代社会对先祖的孝道主要表现在祭祖活动上。一个人过世的日期，会成为此人死后他的后代每年的祭日，无论是寻常百姓家、官宦人家还是帝王之家，都要在先人的祭日举行大的悼念活动。此外，在死者的诞辰、每年的清明、每年的鬼节等时间，其后人都要抱着虔诚的心态，进行相关的祭祀活动，以表示自己尊奉孝道。北京大学法学院教授肖蔚云先生指出，孝文化是我国传统文化的根本，我们对长辈和祖宗怀有敬畏之心，就会对他们的文化怀有敬畏之心，因此也就会继承他们的传统文化，而这也正是中华文明之所以能够数千年来薪火相传的重要原因所在。

　　孝文化的一个核心部分就是"尊敬"，即恪守孝道要以尊敬为前提。孔子在《论语·为政》中说道："今之孝者，是谓能养。至于犬马，皆能有养；不敬，何以别乎？"意思是说，我们若是恪守孝道，不是仅仅赡养他们就足够了，更重要的是对他们抱有尊敬之心。否则，赡养父母就和饲养家畜就没什么分别了。孟子也在《孟子·万章上》中指出，"孝之至，莫大于尊亲"，也就是说恪守孝道最重要的一点就是尊重。那么，晚辈是否要完全服从长辈的意愿呢？当然也不是，孔子在此提出了一个"父慈子孝"的观点，就是说父亲或者长辈也有其需要遵守的规则，至少长辈也要懂得孝顺自己的长辈。

孝文化产生于我国古代社会，不可避免地带有一些政治色彩。关于孝文化的教导贯穿于人的一生，我们熟知的"孔融让梨"的故事，就是孝道的一种体现。在孝文化的基础上，每个人形成自己的人生观、价值观和世界观。所以，孝道的形成，是中国传统文化的启蒙阶段，也是最重要的阶段。古代君王正是看到了这一点，才大力宣扬孝文化，从小培养人民的敬重之心——小时候敬重父母，长大了敬重兄长，工作了敬重领导，在朝为官，自然也就敬重君王。

5. "三纲五常"对我国古代专制社会的影响

"三纲五常"的说法，最早出现于《论语·为政》："马融曰：所因，谓三纲五常也。"但是，这一理论的系统化，是在西汉的董仲舒手中完成的。他在《春秋繁露》中不仅引用了孔子的学说定义"三纲五常"，还大力倡导、推行该学说，并主张以名分治天下，以名分归拢文化，以名分维护社会秩序和道德伦理，而他所谓的"名分"就是指"三纲"。三纲的具体内容为："君为臣纲，父为子纲，夫为妻纲。"意思是说，臣子要遵从君主的指导，子女要遵从父亲的指导，妻子要遵从丈夫的指导。当然，董仲舒也从反面提出了君主、父亲、丈夫要以身作则，为臣子、儿女和妻子做出表率。这套理论虽然出自孔子的"君君，臣臣；父父，子子"思想，但其意味却明显不同。

"五常"指的是"仁""义""礼""智""信"，这五常是用来调和或者说指导"三纲"顺利运行的，可以说是"三纲"的润滑剂。

孔子的"君臣父子"思想和孟子的"五伦"（君臣有义，父子有亲，夫妇有别，长幼有序，朋友有信）学说，其中的权利和义务都是相对的，即不管是谁，都有针对他的规则需要遵守。董仲舒却对孔子和孟子的理论进行了改造，提出"阳贵阴贱"理论，认为君主、父亲和丈夫的属性为阳，臣子、子女、妻子的属性为阴，从而确立了君主、父亲和丈夫在社会秩序中的主导地位。经过董仲舒改造的儒家思想，已经完全成了君权、父权和夫权的维护工具。自此以后，再加上国家礼法的确认，"三纲五常"逐渐被人们认作天理，成为统治者压迫人民的工具，并最终导致我国古代人民不断地被愚化和奴化。

就理论方面而言，董仲舒的理论也存在明显的漏洞。阴阳五行学说的核心是"阴阳和谐"与"五行生克"，其中最重要的一点就是相互间的促生和制衡，根本不存在贵贱和尊卑关系，也只有如此，才能使得天下大治、四海升平。但董仲舒的"阳贵阴贱"理论，打破了这种阴阳五行的协调，也完全否认了孟子关于"民贵君轻"的观点。

北京大学法学系教授刘剑文先生指出，董仲舒之后的儒家思想，尤其是当中的"三纲五常"理论，为我国古代社会建立起了一种奇怪的道德理念和是非标准。这种情况致使儒家思想虽然长时间盛行于世，但其发展方向却与儒家思想的本意相背离，有些地方甚至完全相反。对于真正的儒家思想来说，这不能不算是一种悲哀。

6. 为什么说"三从四德"是对妇女的压制？

"三从四德"是我国古代社会针对女性提出的修身要求。"三从"出自《仪礼·丧服·子夏传》，其文云："妇人有三从之义，无专用之道。故未嫁从父，既嫁从夫，夫死从子。"意思是说，女性在未出嫁前要遵从父亲的指导，出嫁之后要遵从丈夫的指导，如果丈夫不幸去世，则要遵从儿子的指导。

"四德"出自《周礼·天官·九嫔》，其内容为："九嫔掌妇学之法，以九教御：妇德、妇言、妇容、妇功。"其中，妇德是指女性应遵守的道德准则；妇言是指女性应遵守的言行准则，包括什么时机说话、该说什么话、说话的音调和说话时应伴有的仪态等；妇容是指女性应该如何打扮自己，包括日常的打扮和参加各种活动时的打扮，以及在各种场合的神态等；妇功是指女性应承担的责任，主要是家庭责任，具体包括相夫教子、针线刺绣、尊老爱幼、勤俭节约等内容。

在古代，"男尊女卑"可谓由来已久，最初的"女"字就是一个屈身下跪的人物形象。《易经》中也要求女性"顺从专一，恒久侍夫"，而在古代法典中，更是出现过丈夫死后妻子需要殉葬的残忍规定。即使到了殉葬规定被废除后，我国古代社会也有很多朝代规定，女性在丈夫死后不能改嫁，称为"守节寡居"。对于这一规定，如果是女性自愿还无可非议，但如果是强迫实行，显然是有失人道的。尤其是对于那些早年丧夫又没有子嗣的古代女性，这一规定就是对她们生命的极大摧残。

"三从四德"与我国古代社会的经济形式密不可分。我国古代的经济是自给自足的小农经济，社会总体分工不明确。这样一来，家庭的分工就相对清晰了，即男丁要负责耕种、打猎、服役等活动，而这些活动显然不适合女性去做，所以女性就在家中负责洗衣做饭、照看老幼、养蚕织布等比较轻松的工作。在上层社会中，女性也被禁止参与国家军政大事，而只能帮助丈夫料理好家中的各项事宜。

北京大学法学系教授陈瑞华先生指出，古代社会对女性推行"三从四德"教育，是我国古代社会父权、夫权占主导地位的表现。虽然"三从四德"作为一种社会制度也在不断完善和进步，但这项制度仍然对女性存在不公，"一夫多妻制"就是最好的证明。

7. 古人讲的五礼是什么？

孔子说："无礼而不立。"古时的礼就相当于今天的法度。据北京大学法学系教授姜明安先生介绍，我国古代社会以儒家思想治国，而儒家最主要的理念就是以礼治国。我国很早就被誉为"礼仪之邦"，世界各国的古文献中有关我国古人的形象，也多有谦谦君子的记载，而这其中最重要的原因，就是我国古人对于礼法和礼数的重视。五礼的具体内容为：吉礼、凶礼、军礼、宾礼和嘉礼。

吉礼，就是对天神、地神和诸多人间圣贤的祭祀活动。如泰山封禅、各朝皇帝登基时的祭天大典，以及祭祀日神、祭祀月神、祭祀皇帝、祭祀孔子的典礼等。虽然各个朝代的祭礼不尽相同，但无一例外，都对祭祀极为重视。根据《周礼·春官·大宗伯》的记载，国家设置有专门负责建立和天神、地神和人神沟通的职务——大宗伯，用以辅弼君王治理天下。文中还记载了具体的方法，如焚烧动物和布帛祭天神、烧烤动物祭日月星辰、用动物的血祭山神等。

凶礼，指国家重要人物的葬礼、封谥号的典礼、出现不祥预兆后进行的祈福仪式、大旱时候的祈雨仪式、发生瘟疫之后祭祀医神等活动。唐朝的《通典》中就明文记载了唐朝开元年间的十八种凶礼，如国灾、国难、国丧等；其中还涉及帝王家族重要成员的丧事，如皇帝、皇太子、皇后的丧事等；政府官员的丧事，按照爵位和官位的不同，规格也有所不同。

军礼，指国家军事方面的礼法。比如，审验人口、征招兵员、操练军队、任命重要将领和出征等，国家都要举行规模宏大的典礼。唐朝的《通典》中就记载了唐朝的军礼有二十种，其中包括祭祀太庙、祭祀天神、祭祀山川河流、宴请军将、教导军将、练兵等。

宾礼，就是迎来送往的各种礼数，包括人与人之间、家族与家族之间、国与国之间等。比如在周朝时，天子派人迎接诸侯来拜，天子在宫殿接见诸侯，天子接受太庙的进贡，天子派人到诸侯国视察，这些都有严格的礼法规定。《清史稿·礼志二》中有文记载，藩国朝贡、外国公使的礼节、本国官员的礼节，甚至京官和地方官之间的礼数，都有明确的规定，不能随便逾越。

嘉礼，与凶礼相对，是国家或帝王家主要成员有喜庆事时举行的典礼。如皇帝登基、册封皇太子、册封皇后、皇族主要成员嫁娶、国家任命宰相、授命大将军、册封诸侯等。《周礼·春官·大宗伯》中有文记载，皇帝用大赦天下亲近民众、用宴请的方法亲近族人、用婚嫁的方法亲近大臣、用庆贺祝福的方法亲近邻国等，这些行为都需遵循严格的礼法。

关于五礼，还有一种说法认为五礼是册封爵位的礼法。在古代社会，对于那些有重大贡献的臣子或皇亲国戚，国家都会册封爵位。爵位分为五等，分别是公爵、侯爵、伯爵、子爵、男爵。因为所封爵位的不同，赐封时使用的礼法也就不同，一共有五种礼法，因而也有"五礼"一说。

8. "长跪"为什么不是长时间地跪?

在汉朝以前的中国,君臣之间在议事时,双方都是坐在地上,但当时的"坐"和如今的"坐"却不太一样——实际上,当时的人都是以跪为坐的,就像今天的日本人,而仅仅用朝向的不同表示尊卑之别。后来,尊卑之别还体现在君王所跪的蒲团和臣子的有所区别。所以,当时君臣会面时的各种礼数,都是从跪姿中延伸出来的,因此礼法中不会有对于跪姿时间的规定,所以"长跪"也就不可能是长时间保持跪姿的意思。据北京大学法学系教授肖蔚云先生介绍,我国古代的跪拜礼起源于周朝,一共可以分为九种,分别为稽首、顿首、空首、振动、吉拜、凶拜、奇拜、褒拜和肃拜。

其中,规格最高的是稽首礼,行礼时需要双膝着地,小腿并拢,然后左手握住右手按在地上,缓缓叩头到地面,两手在此过程中向前推出,但不离地,不分开,并长时间保持这个姿势(稽首礼一般用于祭祀活动);顿首和稽首的动作相同,但顿首的速度很快,并且触地后立即跪起,这种礼数主要用于臣子对君主。有的人在信件的开头或结尾,或开头和结尾,都写上"顿首"两个字,主要是想表达自己对对方的尊重;空首礼的动作是左手抱右手,大概到心脏的位置,然后手的高度保持不变,再叩头到手。这种礼数用于平级之间,基本就是向对方打个招呼的意思,但这是上流社会之间交流的方式,并不是所有古人都遵守;振动用于葬礼,在行跪拜礼时要伴有捶胸顿足等动作,表示自己内心的沉痛;凶拜是先顿首,再空首;吉拜是先空首,再顿首;奇拜是拜的次数为一次;褒拜是拜两次或三次;肃拜是女性的跪拜礼,具体动作参见男子的顿首礼。

长跪也是跪姿的一种。在我国古代,人们的跪姿一般情况下是双膝着地,两腿并拢,脚心朝外,然后屁股坐在小腿上,而长跪则是屁股离开小腿,上身保持直立。这种礼数通常表示对来人的尊重。比如一群人正在议事,这时又有一个人加入,尤其是如果他的身份比较尊贵,那么先前的人就要行长跪礼,也就是跪直身体。

　　直到两晋时期，少数民族鲜卑拓跋氏（即俗称的胡人的一支）入主中原，带来了凳子（凳子最开始是那种可以折叠的小凳子，少数民族生活在马上，一切都以方便实用为主）；唐朝时，椅子开始流行，君臣之间议事都坐在椅子上（尊卑以朝向来区别，基本上皇帝都是坐北朝南，臣子分列两边，通常文官和武将分别坐在一边）；宋朝时，君臣议事开始君坐臣立；明清后沿袭宋朝制度，但议事前后，臣子需要向君主行跪拜礼。

9.　古人是如何尊称别人、谦称自己的？

　　我国古人的所有行为都伴有相应的礼法，即使是称呼别人和自称时也不例外，这一方面是为了表现自己的修养，另一方面也是为了表达对别人的尊重。北京大学法学系教授姜明安先生表示，我国古老的礼文化，为上至国家大事、下至人际交往的方方面面，都提供了参照的标准。我国古人对别人的尊称，一般都有抬高和追捧的意味，而对自己的谦称则通常带有贬低的含义。这可以说是出于和谐交往的需要，是一种精气内敛、涵养丰富的表现。

　　令，尊称，基本上可以理解为"您"，但通常后面还会跟着别的称呼，一般是对方的亲人。比如令尊，是对对方父亲的尊称；令堂或令慈，是对对方母亲的尊称；令兄，是对对方兄长的尊称；令弟，是对对方弟弟的尊称；令郎，是对对方儿子的尊称；令爱，是对对方女儿的尊称；令正或令阃（"阃"音同"捆"），是对对方妻子的尊称。

　　高，尊称。高足，指对方教授的弟子；高见，指对方的意见；高论，指对方的见解；高寿，尊称对方的年龄（特指年纪比较大的人）；高就，尊称对方的工作。

　　不，谦称，特指对自己。如不才，不佞，不肖等。其中，不才是对自己才能的谦虚，通常是在别人要求自己做事时使用；不佞是对自己言辞能力的谦称，通常在别人要求自己说话时使用；不肖，是对自己尽孝道的谦称，基本只用于对自己的父母。

小，谦称，常用于年纪比较小的人。小人，通常用在官场中无官职者对有官职者的自称；小弟，对比自己年长的人自称；小儿，对别人称自己的儿子；小女，对别人称自己的女儿；小生，读书人的自称；小可，吏职卑微的人的自称，通常是文职小吏，如果有官职，在品级比自己高的官员面前，通常称下官。

老，谦称，用于年纪比较大的人。如老夫，老年人通用的自称；老朽，老年人通用的自称，有谦虚之意；老身，老年妇女的自称。

敝，谦称，指称自己或与自己相关的事物。如敝人、敝舍等。

家，主要用于对自己家人的第三人称，而且通常指尊长。如称呼自己的父亲为家父、家严、家尊、家君；称呼自己的母亲为家慈、家母；称呼自己的兄长为家兄；称呼自己的姐姐为家姐等。

舍，也是对自己家人的第三人称，但通常是指小辈。如称呼自己的弟弟为舍弟、称自己的妹妹为舍妹、称自己的侄子为舍侄等。

古代的诸侯国君称自己为孤，如果是重视德行的君主也会称自己为寡，如果是重视仁义的君主会称自己为不谷。秦始皇以后，各朝代君主统称自己为朕，而臣子对君主自称为臣，但在集权严重的朝代，也有臣子对君主自称奴才的。

学生对老师称呼自己，则可以用晚生、晚辈、晚学等。

10. 避讳有什么样的渊源？

"避讳"一说起源于周朝，但在当时并没有形成制度，对于避讳的规定也不很严格。秦朝以后，君主专权加强，君主的一切都至高无上，名字当然也不能和万民相同或者同音，所以避讳制度逐渐成为定制。汉朝以后，受到儒家思想中尊卑观念的影响，尊长的名字也开始被避讳，即其弟子和晚辈都不能用与其相同的名字。据北京大学法学系教授肖蔚云先生介绍，我国古代社会的避讳主要针对两个方面：一个是避君主讳，一个是避尊长讳。但只限于君主和尊长的名，不包括他们的字和号。

　　我国古代的避讳制度非常严格。比如，一个人名"安"，那么如果不改名，他一生都不能在长安为官；一个人名"卿"，则不能官至公卿；一个人名"军"，不能官至将军。如果违反，就犯下了"大不敬"之罪，在最严苛的朝代，甚至会被处死。但是，改名也不能解决所有问题，因为避讳一说至少要追溯到祖辈。也就是说，不仅某人要避讳，他的父亲和祖父都要避讳，这样一来问题就严重了。比如，唐朝有"诗鬼"之称的李贺，其父名"晋"，就是因为这个"晋"字与"进"同音，李贺居然不能参加科考成为进士。

　　虽然有诸多不便，但改名仍是古人面对避讳时的唯一方法。具体做法包括改用意义相同的字。比如，汉高祖的名字为刘邦，那么从此"邦家"就被改称为"国家"，到今天仍然如此；东汉开国皇帝光武帝名刘秀，当朝的秀才就被更名为"茂才"。再有就是用读音相近的字代替。比如，清朝康熙皇帝的名字叫玄烨，清朝的人遇到这两个字都要用"元煜"代替。还有一种方法就是故意缺笔画，通常是将最后一笔省去。再有就是使用避讳字的一部分，比如五代时石敬瑭的国民中有姓敬者，从此就改姓文了（"文"字是"敬"字的一部分）；也有用缺字的方法，南齐开国皇帝名叫萧道成，国民中有叫周道源者，就改名为周源；用形近字代替，五代时后周皇帝名郭威，国民中有人名叫邹彦威，改名为邹彦成；加偏旁，比如孔子名丘，后世中的地名和姓氏都改用"邱"字；改读音，仍以孔子为例，古人虽然将他的名字写作孔丘不变，但实际称呼为孔丘（"丘"音同"某"）。

　　避讳的手段虽然很多，但避讳却并不是一件容易事，因为不同的人名和地名在不停变化，官员必须时刻清楚该避讳什么。所以，避讳不是特别难，却非常麻烦。这项制度不仅给很多官员带来了灾祸，也着实闹出了不少笑话。据陈耀文的《天中记》记载，南宋参知政事（副宰相）钱良臣有个儿子，据说他的这个儿子非常聪明，少年时就好读书，为了避钱良臣的名讳，他读书时遇到"良臣"字样就改称爹爹，钱良臣很高兴。上学后老师让钱良臣念书，当时正好教《孟子·告子下》，当钱良臣读到"今之所谓良臣，古之所谓民贼也"的时候，改读为"今之所谓爹爹，古之所谓民贼也"，搞得老师和学生都大笑不已。

11. 为什么说谥号是对死者的"盖棺定论"？

古人认为，人一生中最后一次或者说最后一刻与世界相见，就是在棺材闭合上的那一刻。因此，"盖棺"被视为一个人的人生最后事宜，要有隆重的仪式，而后世也就用"盖棺"来寓意对一个人的最终评价。据北京大学法学系教授刘剑文先生介绍，我国最早的谥号制度始于周朝，《逸周书·谥法》中有文记载："惟周公旦、太公望开嗣王业，建功于牧野之中，终葬，乃制谥叙法。"意思是说，周公旦（周公）和太公望（姜子牙）这二人为周武王建立周朝立下了不世功勋，尤其是牧野一战将商王朝的军队击败，因此封给他们谥号，以表彰其功。由此可见，最初受用谥号的人就是周公和姜子牙。《礼记·乐记》也有如下记载："故观其舞，知其德；闻其谥，知其行。"意思是说，看一个人的举止就可以了解他的德行，通过一个人的谥号就可以知道他的功绩。

谥法在秦朝时一度被废止，到了汉朝又重新成为国家法度，并得到了一定程度的发展和完善。汉高祖刘邦就曾为建立汉室江山立下功劳的人分封谥号，司马迁曾在《史记·萧相国世家》中写道："孝惠二年，相国何卒，谥为文终侯。"皇帝或者说国家对一个人的谥号封赐，通常只有一两个字，但由于这是对一个人终生的评价，所以赏罚荣辱全在这一两个字上。经过历朝历代的不断宣扬和深化，几乎所有官员终其一生都在为自己的谥号而忙碌。唐朝王彦威就曾在他的《赠太保于頔谥议》一书中写下了这样的话：谥号虽然只有只言片语，但如果是褒扬，就胜过其在世时的任何赏赐；而如果是贬斥，则会像受到凌迟一样难过（凌迟是当时最重的刑罚）。

谥法作为国家评定君主和大臣一生功过的最高礼法，其施行过程也非常严格。以唐宋为例，国家有专门的官员负责记录皇帝和百官的言行，记录文件都是对外保密的，即使是皇帝和大臣也不能轻易查看，更不能更改。大臣或皇帝死后，对其的大体评价由考功（即负责记录的官职名）将审议的言行上报，再经太常博士商定谥号，如果名不副实可以驳回重审。

明清以后，谥号的商定由礼部负责，其审核过程更加严密。

总体来讲，谥号的封赐有三重含义，分别为褒扬、贬斥和哀矜（怜悯）。比如隋文帝，"文"就是他的谥号，在我国古代，"文"代表经天纬地，"武"表示鼎定乾坤，以经天纬地为皇帝的谥号，足见其功勋；再如隋炀帝，"炀"是他的谥号，这个字解释成现代汉语就是荒淫无度、不仁不义，由此也可以看出对他的贬斥；再有就是汉哀帝，"哀"是他的谥号，意思是说，此人恭顺仁慈，但可惜英年早逝，表达了对他的怜悯之情。

谥法文化是中华传统文化的重要组成部分，我国古人非常注重自己死后的名节，谥号更是他们人生的最高追求。那么，为什么古人要创制谥法呢？如果仔细想想就不难发现，谥法虽然是对逝者的评价，实际上却是对生者的约束。在我国古代，君主的权力很难得到有效约束，也没有有效力量制约一些权倾一时的大臣，这是因为他们的权力至高无上，缺乏制衡。但无论他们的权力如何大，都不免一死，死后就无法影响人们对他们的评价了。所以他们活着做事的时候，就不得不想到死后的名声，即得到怎样的谥号。由此可见，古代社会对谥法的推行也是对君权的一种限制。

12. 端午节是怎样驱除"五毒"的？

端午节是我国传统节日之一，也是我国古老文化的延续。这一天，人们除了吃粽子、插艾草、挂菖蒲、戴荷包、系长命锁和饮雄黄酒外，还有一项重要的活动就是除五毒。五毒指的是蛇、蝎子、蜈蚣、壁虎和蟾蜍。我国古人认为，这五种毒虫是邪恶的化身，会给人类带来瘟疫等灾祸。端午节这一天，正值五毒出没之际，所以人们要在这一天消灭它们，以保障一年的健康和平安。北京大学法学系教授陈瑞华先生表示，端午节前后，天气开始变得燥热，容易发生大规模流行性疾病，而且五毒的活动也从此开始频繁起来。古人选择在这一天进行大扫除，实际上极具科学意义，而且也是一种保持卫生的活动。以下即是驱除"五毒"的具体方法。

采药、制药，古人驱除五毒的方法之一。宋人陈元靓编撰的《岁时广记》中记载："五月五日，竞采杂药，可治百病。"北魏贾思勰的《齐民要术》中，也记载了在端午节这一天捉蛤蟆制药的方法，说明端午节这一天是采药的绝佳时机。另据其他一些史料记载，古时杭州人还有直接食用蛤蟆的习惯，而一些医药家则将蛤蟆晾晒风干，磨碎后制成药锭，以备常年使用。

沐兰汤，古人驱避五毒的一种方法。沐兰汤就是将兰花放入浴水中，然后进入沐浴（古人将沸水称为汤，沐浴是用浴缸，下面有加热装置）。据考证，这种兰花并不是如今常见的兰花，而是菊花科的一类品种。药书记载，其有香气，水煎后有消毒作用。南朝梁人宗懔在其著作《荆楚岁时记》中曾记载："五月五日，谓之浴兰节。"由此可见，当时沐兰汤已经成为一种习俗。

饮酒，这里主要是指饮雄黄酒。据《荆楚岁时记》记载，以菖蒲根茎泡酒，后来又加入雄黄、朱砂，饮之可以驱邪去毒。明人冯应京所著的《月令广义》，也曾记载古人用雄黄酒涂抹身体和居室，以驱赶五毒。

采茶，这里的茶并不是指茶叶，而是一种可以配入茶叶煮水作饮的草药。这种草药可常年饮用，以避免被五毒入侵，对健康非常有利。

加桃印，就是用桃花的形状装饰物品。我国古人认为，桃树是可以驱邪避凶的。因此，古人驱邪从来都少不了桃木，而端午节这一天自然就是桃文化盛行的日子。西晋司马彪所著的《续汉书·仪礼志》中记载道："朱索、五色桃印为门户饰，以止恶气。"这说明桃文化在我国古代早已流行。

此外，人们还会用剪纸做成五毒的形状，贴在门窗等位置，表示驱赶五毒。虽然这是一种迷信活动，但也寄托了人们对幸福的祈求。再有就是对小孩子的装束也有讲究，比如戴虎头帽，穿一些奇怪的衣服等（这是为了吓唬五毒，不让它们近小孩子的身）；在小孩身上佩戴香囊，实际上这种香囊中加入了一些特殊的香料，其作用就是驱赶五毒；利用铜镜、葫芦、彩绸等物驱赶五毒，但这些多属于迷信范畴，在此不赘述。

13. 中元节为何被称为"鬼节"?

据北京大学法学院教授姜明安先生介绍，我国古代有过三元节的习俗。所谓三元节，分别是阴历正月十五、七月十五和十月十五。其中正月十五是上元节，七月十五是中元节，十月十五是下元节。

中元节之所以被称为"鬼节"，是由民俗而来的。传说阴历七月是鬼魂出没的月份，从七月一日起，阎王就会命令鬼吏打开地狱大门，让那些常年受苦受难的鬼魂到人间"放风"。人们为了免受鬼魂惊扰，就会摆一些祭物供鬼魂食用。人们除了祭拜自己家中过世的人外，还会到路口去拜祭那些无家可归的孤魂野鬼。这些鬼魂"酒足饭饱"后，就会安心回到地狱继续受刑，这样人间就能保持安宁了。所以，古人将阴历七月称为鬼月，久而久之，阴历七月十五也就被称为鬼节了。古人普遍认为阴历七月是不祥之月，一般有婚事、远行、迁居等重大家庭活动，都会避开这个月份。

按照道教的说法，玉皇大帝派出天官、地官和水官三位仙人到世间普查善恶，这三位仙人的生日分为阴历正月十五、七月十五和十月十五。所以，这三个日子也被称为三元日。其中，七月十五被称为中元节。这一天，地官仙人会根据他的考察来赦免一些罪人，因为他主持的是赦免地狱鬼魂，所以这一天道教也要举行相应的祭拜鬼魂的活动，因此这一天就被称为鬼节。

佛教也在阴历七月十五这一天举行祭拜活动。据说佛祖有一个名叫目连的弟子，他心智聪颖，一心向佛，很被佛祖看好。但不幸的是，目连有一个不信佛的母亲，而且她言行恶劣，尤其是非常仇视佛家弟子。由于种种恶行，目连的母亲死后被打入饿鬼道，受尽各种折磨。一心救母的目连经佛祖点化，准备了各种人间美味放入盂兰盆中，以供十方三世的僧佛食用。众佛家收到好处，又见目连的母亲已经悔改，于是就让她升入了神仙道，而目连也因为救母孝行而感动佛祖，被度化成佛。后来，佛祖为了表彰目连，并教导其他僧人抱持孝心，就将目连救母的这一天定为"盂兰盆节"，适时举行祭拜活动，而这一天恰好是阴历七月十五。

无论是道家的祭鬼活动、佛家的祭佛活动，还是民间的祭祖活动，都和儒家的孝文化不谋而合。所以，后来阴历七月十五也成为儒家弟子祭拜先贤的日期，并很快得到国家政府部门的响应和推行。

因此，我国阴历七月十五，既是民间俗称的"鬼节"，又是道教的"中元节"，同时还是佛教的"盂兰盆节"和儒家祭拜已逝先贤的节日。所以，普通民众、道家弟子、佛家弟子和儒家弟子在这一天的相关祭拜活动的文化，也就此流传了下来。

14. 古人为何称妻子的父亲为"泰山"？

我国古人对妻子的父母的称呼有岳父、岳母，丈人、丈母，泰山、太水等。据北京大学法学系教授肖蔚云先生介绍，我国的名山以五岳居首，其中东岳泰山为雄，西岳华山为险，南岳衡山为奇，北岳恒山为俊，中岳嵩山为秀。我国古人重视山水，之所以用"泰山"代称妻子的父亲，就是为了表现自己的敬重之情。"泰山"一词被广泛地应用于代称妻子的父亲，始于唐代。

唐朝段成式撰写的《酉阳杂俎》中记载，唐明皇李隆基要到泰山举行封禅大典，上报天功，下表地绩。宰相张说领命负责相关筹划事宜，礼法用度和参加典礼的人选全部由其负责，权力很大。封禅大典是功德无量的事，按照朝廷规定，除了职位无法再升高的"三公"之外，凡参加大典的人都可以按官制升高一级。作为主持封禅的张说来说，这无疑是一次提拔亲信和培植力量的好时机。

时人郑镒是张说的女婿，此人聪明伶俐，又一表人才，深得张说喜爱。但由于资历尚浅，郑镒的官职一直比较低，按照品级来说，只是一个普通的九品芝麻官。然而有了这次封禅大典，郑镒升官的机会来了。在张说的作用下，郑镒成为封禅大典的重要官员，并且专门负责泰山上一个支峰的祭祀活动。

　　封禅大典结束后，张说上表朝廷，赞扬郑镒在典礼中尽职尽责，功劳甚大，所以郑镒因此连升四级，成为朝廷的正五品官员。一次朝会，郑镒穿着崭新的官服招摇过市，皇帝李隆基将此看在眼里，疑惑郑镒怎么会升官这么快，就召见他来询问。郑镒一时吓得说不出缘由，对皇帝的提问也是支支吾吾。此时，旁边有想讨好张说的官员为郑镒解围道："此泰山之功也。"意思是说，郑镒的升官，是因为在封禅大典上有功。唐明皇这才想起不久前的封禅大典，于是明白过来，而且既然是张说的女婿，他也不便再说什么。

　　事实上，明眼人都知道，郑镒的升官，哪里是因为泰山的封禅大典，完全是他的丈人张说提携。从此以后，"泰山"一词就有了双重含义，除了指五岳之尊的泰山，也代指妻子的父亲，并一直沿用至今。与此同时，郑镒曾经主持封禅的那座支峰，也被后人称为"丈人峰"。

第十章

食

——饮食文化中蕴含的国学智慧

东方饮食文化源远流长，当西方社会将吃饭仅仅看作生存所需的时候，炎黄子孙就已经开始思考着如何将饮食变成美妙的享受了。相对于西式快餐，传统中餐带给人们生理、视觉方面的享受绝对是顶级的。东方的茶文化、酒文化，甚至由佳人相伴衍生出来的"秀色可餐"，都给人一种高深莫测的感觉。满汉全席的菜品规格、烹饪技术的发展演变，正规宴席中上的菜怎么吃、什么时候吃，凡此种种，细说起来七天七夜也难以穷尽。可以说，饮食文化是国学的重要组成部分。

1. 古人饮食文化中有哪八个境界？

　　我国传统文化源远流长，各行各业都有其特定的文化内涵，而饮食作为生活必需活动，也有着自己独特的魅力。饮食境界，就是我国古人对饮食文化的细分。北京大学医学系教授马文昭先生表示，我国古人将饮食分为八个境界，分别为：果腹、饕餮、聚会、宴请、养生、解馋、觅食、猎艳。

　　果腹，这是饮食文化的最低境界，同时也是最现实和最无奈的境界。我国古代社会生产力比较落后，国家经济受到自然环境的严重制约，在大旱或大涝的年份，人民常常食不果腹。再加上人世的灾祸，如战争、瘟疫、官僚腐败、阶级压榨等原因，我国历史上的很多时期，吃饱饭甚至成为人们的奢望。在这种情况下，人们就必须想办法填饱自己的肚子，比如把有限的食物分配调用、挖野菜和树根、打猎等。

　　饕餮，原本是指传说中的一种神兽，龙所生的九子之一。饕餮的最大特征就是贪吃，不管遇到什么食物，它都是大嘴一张，狼吞虎咽，不经咀嚼，也不管滋味如何。所以，人们就用"饕餮"形容一个人吃饭时胡吃海塞，不顾别人，也不顾形象和礼仪，只顾满足自己一时的食欲。

　　聚会，这一境界的吃已经上升到分享阶段，一个"聚"字，说明饮食已经掺杂了联络感情的成分，而不仅仅停留在吃的层面。

　　宴请，这明显是以社交为目的的饮食文化。实现宴请的前提，是饮食文化有了高度的发展，因为所谓宴请，规格必定会很高，对菜肴的营养价值、口味和色泽等必然有所要求。这一境界的饮食文化虽然偏离了饮食本身，但也在客观上刺激了饮食文化的发展。

　　养生，这是古人对于饮食文化的更高追求。当一个人吃遍了世间所有的美食，之后无论再吃什么都会感觉滋味不是太好。所以，品尝过的食物多，并不是一件值得庆幸的事，而对于品尝过的食物有透彻的了解（比如知道它的营养价值等），才是更重要的。到了这个境界，食客们又回归到了饮食的本真意义，即为了摄取营养以维持身体健康，这也就是"养生"这一境界的内容。

解馋，这是基于养生阶段的饮食文化，是在保障了营养和健康的前提下，追求食物的美味。这一境界的饮食文化在寺庙中体现得较为突出。众所周知，出家人是食素的，很多人都认为，出家人的食物一定很难吃。事实绝非如此，比如天下知名的少林寺，不仅用素食食材做出了各种世俗美味，而且菜名也包括很多世俗的荤菜菜名（也是用素食制作的）。同样的菜名，同样的味道，甚至同样的口感，却是不一样的食材，品尝起来自然别有一番风味。

觅食，就是亲自去寻找自己满意的食物。其中包括两个方面：一是寻找自己满意的食材。自然孕育万物，究竟有多少适宜人类食用，没人能给出具体答案。因此，探寻食材不仅是一种对美食的追求，更是一种对饮食文化的自觉推动。二是寻找自己钟情的食物。我国幅员辽阔，不同地域之间的文化存在很多差异，饮食文化自然也不例外。一个地区很普遍的食物，很可能是另一个地区的名吃，并被人们吃出不同的味道和风情。比如兰州拉面、北京烤鸭、成都小吃、天津包子、香河肉饼等，便是如此。

猎艳，原本指追求美色，包括女色和男色。在饮食文化中，这一概念是指寻找那些稀奇的食材。稀奇的食材必然有稀奇的味道和功效，因此很显然，觅食是饮食文化境界的再提升。猎艳是追寻稀奇的食材，追寻者在享用美味的同时，也面临着一定的危险，尤其是在古代，大多数人对食物的认识基本都是通过亲身试验得来的。所以，在古代饮食文化中，猎艳这一境界也可以理解为寻求吃的刺激。

2. 中国饮食有哪八大菜系？

据北京大学医学部教授谢少文先生介绍，我国菜系按照地域的不同，分为八大菜系，分别为：粤菜、川菜、鲁菜、苏菜、浙菜、闽菜、湘菜和徽菜。这八大菜系基本囊括了我国古代饮食文化的精要，可以充分代表中华民族博大精深的饮食文化。

粤菜，包括广州菜、潮州菜和东江客家菜，主要代表菜系为广州菜。在粤菜体系中，有"食在广州"的美誉。粤菜以"色美味鲜"闻名天下，食材包括鸟兽鱼虫等多种原料，刀工和烹饪技巧也是粤菜的绝活。此外，对季节的适应也是粤菜的一大亮点。简单来说，在一年四季中，粤菜菜系都有不同的应季菜肴，夏天的时候吃夏天的菜，冬天又有适宜冬天食用的菜肴。

川菜，指的是四川菜。由于四川地处盆地，气候潮湿，因此多食用辣椒祛湿气，川菜自然也以辣为主。川菜的辣，从重到轻分别为：麻辣、辣、咸辣、甜辣、酸辣、苦辣、香辣七个级别，不同的菜肴也有不同的级别搭配，总体以色、香、味、形为追求。川菜的另一个特点是博采众长，无论是北方的烹饪方法还是南方的食材，川菜都有不同程度的吸收，因此川菜也是中国各系菜肴的缩影，被誉为"食在中国，味在四川"。

鲁菜，就是山东菜。鲁菜包括济南菜、胶东菜和孔府菜。其中济南菜是鲁菜的重中之重，其菜肴风味清香、脆嫩，尤其以汤类闻名于世。胶东菜的最大亮点是利用海产品本身带有的味道调制佳肴美味。孔府菜比较注重做工，一般菜肴的成品过程都很复杂；此外，孔府菜对菜名和器具也很讲究，金器、银器、铜器、陶器和瓷器都有采用，观赏时不禁让人惊叹齐鲁文化的魅力，也为孔府菜赢得了"美食不如美器"的赞誉。

苏菜，指的是江苏菜。自古以来江苏就以富饶著称，文化经济较之其他地区也更发达，这为苏菜文化的发展奠定了基础。苏菜包括南京菜、苏州菜和扬州菜，同时，苏菜也是我国历史上产生名厨最多的菜系。苏菜的口味清鲜爽口、咸香得体，吃起来油而不腻、淡而不薄，具有鲜明的地方菜肴风格。苏菜的刀工制作和火候掌握被人们广为称颂，同时，对于不同季节的菜肴需求，苏菜也都能满足。

浙菜，就是指浙江菜。浙菜由杭州菜、宁波菜和绍兴菜组合而成，它们之间不分伯仲，这也是浙菜的独特风格。杭州菜以做工精良著称，各种烹饪技巧令人目瞪口呆；宁波菜以海鲜为主，注重海产品食材的原味利用，很少使用人工调料；绍兴的酒天下闻名，那里的菜也因为酒而闻名天下，汤汁的调弄是绍兴菜的一大特色。

闽菜，即福建菜。福建菜兼具酸、甜、咸、辣等味，而且有独特的调味品，比如调试酸味的白醋、荞头（石蒜科植物）；调试甜味的红糖、冰糖；调试咸味的虾酱、豉油；调试辣味的胡椒、芥末等。闽菜对调味汤的烹制堪称一绝，通常用动物油脂和动物骨头熬制而成，并加入少量的人工调料，是非常独特的调味品。

湘菜，指的是湖南菜。湘菜比较注重就地取材，因此食材价格比较低廉，风味也比较丰富。湘菜本身风味以辣为主，湖南人几乎到了"无辣椒不成菜"的地步。此外，湘菜也兼采南方的甜、北方的咸和西方的酸，自成一体后风味以鲜、嫩、清、脆为主，肉食类菜肴则肥而多汁、油而不腻。值得一提的是，湖南的桂皮、茴香和花椒等调味料，是对所有八个菜系及整个中国饮食文化的贡献。

徽菜，即安徽菜，因为安徽简称皖，徽菜也被称为皖菜。徽菜由皖南、沿江和沿淮三个小的菜系组成，其中皖南指的是安徽省长江以南地区；沿江指的是安徽省沿长江地区；沿淮指的是安徽省沿淮河地区。徽菜同样注重就地取材，菜肴风味以鲜为主，尤其擅长把握烹饪的火候。此外，徽菜对于菜肴的养生功效非常重视，"医食同源"是其重要理念，对于我国古代医学中的食疗和食补多有贡献。

3. 为什么人们在寒食节这一天都不生火做饭？

寒食节也称为禁烟节、冷节，因为这一天正是每年冬至日后的第一百零五天，所以也被称为"百五节"。寒食节通常在清明前的一两天，个别地区过大、小两个寒食节，即清明节的前两天为小寒食节，清明节的前一天为大寒食节。北京大学医学部教授刘剑文先生表示，寒食节是我国传统文化中唯一与饮食习俗有关的节日，同时也是我国最古老的节日。传统的寒食节活动中，除了禁火禁烟、食用冷食外，还有祭拜、出游等活动，是我国古时民间的第一大祭祀活动。

寒食节源于古代先民对火的崇拜。在原始社会中，对火的应用极大地改变了人们的生活状况，如用火烹制食物、取暖和猎杀等。但由于对自然的了解极为有限，因此先民认为火的出现是超自然现象，是神灵意志的显现，由此举行的相关祭祀活动，被称为祭火神，于是在寒食节这一天，人们要将家中的火统统熄灭，以表达对火神的崇敬。实际上，这种做法也是出于对安全的考虑，毕竟春天的耕种寄托着人们一年的丰收希望，而这个时候的天气情况又极易酿成火灾，将此时定为寒食节，也就有了警示和防止火灾的意义。

将寒食节正式定为民族节日，始于春秋时期。相传晋文公在流亡期间遇到了极为困难的情况，一日三餐不继。一次，晋文公忽然病倒，当时食物十分匮乏，眼看着晋文公的病情一天天加重，而随侍的臣子都束手无策，唯有介子推割下了自己腿上的肉给晋文公熬汤吃，并最终使晋文公身体康复。

后来，晋文公在经过了十九年的流亡生涯后，得到秦国的帮助，最终得以扳倒公子围，顺利登上晋国国君的宝座。接下来就要论功行赏，那些跟在晋文公身边的文臣武将都得到了封赏，唯独对晋文公有大恩的介子推被众人遗忘。介子推虽然很伤心，但他不争不抢，默默无语地背起老母亲，到深山中隐居起来，并为当地人开坛布讲，采药治病，造福一方百姓，过起了悬壶济世的隐士生活。

有一天晋文公正在睡觉，梦到一龙九蛇，龙飞上天，蛇盘入地。醒来之后，晋文公知道龙寓意着自己，九蛇寓意着辅佐他的文臣武将，但让晋文公惊奇的是，身边只有八个忠臣辅佐他。这时，有人提起对晋文公有救命之恩的介子推，晋文公才恍然大悟，随即去寻找隐居的介子推。但此时的介子推不愿被世俗凡务缠身，跑到山里藏了起来，不见晋文公。晋文公左等右等始终等不到他，最终决定放火烧山，逼迫介子推下山。没想到介子推心意已决，宁可和老母亲一起被烧死，也没有出来与晋文公相见。

为了纪念介子推，晋文公下令全国在这一天禁止燃火，食物只能吃准备好的，或者是生食，而这就是寒食节的由来。

4. "满汉全席"都有哪些讲究？

　　满汉全席起源于清朝，意思就是满族人和汉族人共同烹制的一桌宴席。据北京大学历史系教授李孝聪先生介绍，清军入关以前，首领们的宴席非常简单，一般就是把兽皮铺在地上，大家围坐在一起，用刀子取食煮制和烧烤好的肉类。清军入关后，统治阶级受到中原文化的影响，很快成立了负责宫廷宴席和国家活动宴席的官职（光禄寺卿），专门负责皇族和大型活动时的宴席安排。

　　到康熙年间，满清的宫廷菜肴已经成功地吸纳了江浙菜系和山东菜系的精髓，成就了荟萃天下菜肴的宫廷菜系。据《大清会典》记录，康熙将满族宴席分为六等：一等满族宴席规定每桌耗银八两，通常用于皇帝和皇后的葬礼宴席；二等耗银七两二钱三分四厘，用于皇贵妃葬礼；三等耗银五两四钱四分，用于妃嫔葬礼；四等耗银四两四钱三分，用于国家大型活动；五等耗银三两三钱三分，用于宴请藩国（臣国）使节；六等耗银二两二钱六分，用于宴请外国使臣。此外，汉族的宴席分为五等，分别为一、二、三、上席、中席，其间不同在于菜肴多少，而不是耗资多少。由此可以看出，当时的满汉用餐是分开进行的，就连乾隆当年开设的"千叟宴"，也是分为满族和汉族两部分进行。

　　需要注意的是，满汉全席虽然起源于清朝，但起源的地点却并不是清朝宫廷，而是我国传统的富庶地区江南，确切地说是江南地区的官场菜肴。据《扬州画舫录》记载，最早的满汉全席应该是扬州"大厨房"（官办负责宴席的部门），主要为到该城市巡视的官员准备的宴席，而且书中还详细记载了宴席的品类、数目、品级和份额等。后来，满汉全席被用作各种大型宴席的统称，而清朝宫廷专管宴席的部门成立后，所准备的宴席同样采用了"满汉全席"的称谓。

　　满汉全席的种类共分为六种：一是亲藩宴，用于宴请与皇族联姻的贵族（主要是蒙古贵族）；二是廷臣宴，由皇帝本人钦点大臣参加；三是万寿宴，即清廷主要皇族成员的生日宴，包括皇帝、皇后、太上皇、太后和太皇太后等；四是千叟宴，其规模在满汉全席中堪称最大，该宴起源于康熙朝，盛行于乾隆朝，最多时参加者多达三千五百余人；五是九白宴，用于宴请蒙古投降部落（当时，规定这些部落每年向清廷朝贡九白，即白骆驼一匹，白马八匹，所以称为九白宴）；六是节令宴，就是在固定的节令开设满汉全席，比如清明、端午、重阳、除夕等。

满汉全席的菜肴最少为一百零八道菜，以南北菜系各五十四道为准，其中南方菜系就是江浙菜系，即江苏菜和浙江菜；北方菜系指的是山东菜系，也就是鲁菜。至全盛时期，满汉全席的食用过程非常讲究。首先在饭前要燃香、净手，并准备好洗手盅和接物碟等餐具；然后上四干果（松子、腰果、花生、开心果）、四鲜果（葡萄、香瓜、枣柿、西瓜）和四蜜饯（青梅、橘饼、圆肉、瓜条），这些都是餐前小点，用于开胃或净口，最后按照凉菜、热菜、大菜、甜点、饮品顺序开始用餐，食材包罗各种山珍海味、奇珍异兽。全席总共有冷热菜肴一百九十六道，糕点饮品一百二十四道，分为六道程序食用，即一类食物用完后，取下再换另一类食物上桌食用。

满汉全席的餐具运用也十分华美，主要采用银器，其光辉与菜肴相互衬托，观者、食者无不感叹。此外，席间还会伴有乐手的演奏和乐师的吟诵，以求使用餐者得到最大的身心享受。

5. 茶叶有哪些种类？

老百姓的生活离不开柴米油盐酱醋茶，在我国的传统礼法中，茶占据着非常重要的地位。例如，宾客登门，我们一定会奉上一杯热茶，久而久之，就形成了独具特色的茶文化。据北京大学法学系教授姜明安先生介绍，我国古人饮茶，早已脱离了止渴的基本需求，而更注重于一个"品"字。品讲究的是一种情趣，包括对茶叶制作、泡制方式和品茶时的环境，都有要求。茶叶的制作是我国茶文化的根本，其中又包括对茶叶的种类、质量和新旧的要求。茶叶的种类大体可以分为绿茶、青茶、白茶、黑茶、红茶、黄茶和花茶。

绿茶，是不发酵茶，讲究喝当年的第一季新茶，质量主要看茶叶的形状和成色，成汤后色泽明亮，总体为绿色。绿茶是我国茶叶的代表，产量最大，技术最成熟，同时也是历史最久远的茶叶。其制作方法成熟于8世纪，开始是蒸，后来发展为炒，并一直沿用至今。代表品目为龙井，龙井同时也是我国的"国茶"。

青茶，指的是乌龙茶，是半发酵茶（乌龙是发明这种茶叶者的名字）。事实上，将茶叶发酵原本是为了方便保存，但后来人们发现茶叶经过发酵后，虽然茶多酚丧失严重，但茶的味道却增加了很多种，从而使茶汤更加香气扑鼻。代表品目为武夷岩茶，其中的大红袍被称为"茶王之王"。

白茶，是微发酵茶，因为制成后茶叶总体呈白色，所以称为白茶。白茶的制作原料都选用芽头，即刚刚滋生的茶叶。因为人们采摘的是细嫩、叶背多白绒毛的芽叶，加工时不炒不揉，晒干或用文火烘干，因此白绒毛得以完整保留，整体呈白色，看上去如银似雪。代表品目为福鼎白茶，在国内外都有很高的评价。

黑茶，这是一种全发酵茶，因成品为黑色而得名。黑茶起源于唐宋时期，地点在四川，我国的黑茶产地主要有湖南、湖北、四川和云南。代表品目是普洱茶。需要注意的是，黑茶并不是以新茶为优。因为全发酵茶可以保存较长的时间，如果环境和方法得当，甚至可以在陈放过程中不断优化，所以黑茶被称为"古董茶"。

红茶，属于全发酵茶，因为此茶茶汤呈红色而得名。最早在我国福建武夷山茶区种植，名为"正山小种"，发明者就是当地的茶农。后来红茶在我国的云南、四川、安徽以及国外的印度和斯里兰卡等地都有种植，代表品目为祁门红茶。此外，和乌龙茶一样，红茶也有分解油脂的作用。也就是说，经常饮用这种茶叶，可以帮助人们瘦身减肥。

黄茶，是不发酵茶或微发酵茶，得名也是因为此茶茶汤的颜色为黄色。需要注意的是，这种茶之所以呈黄色，是制茶过程中闷堆渥黄造成的。黄茶共有三大类，分别是黄芽茶、黄小茶和黄大茶。湖南岳阳是黄茶的发源地，代表品目为君山银针。

花茶，传统意义上的花茶并不是以花作茶，而是利用茶叶（多为青茶或红茶）本身能够吸收香味的特性，在制作过程中加入吐香鲜花，在茶叶吸收香味后再筛除鲜花。这种成品通常口味较重，因此在我国北方地区较为盛行。代表品目为茉莉花茶。

茶的泡制过程也非常讲究。首先要选好茶叶，比如春茶、夏茶还是秋茶，然后据此设置水温、时间等；其次是用具，比如绿茶适宜用玻璃器皿，青茶适宜用瓷器，红茶适宜用陶器等；最后是对泡茶用水的要求，可以用于泡茶的水有泉、溪、江、湖、井、雨、雪，而选取标准为源、活、甘、清、轻。茶圣陆羽的用水主张是"山水上，江水中，井水下"，但这只适宜古代社会，现代社会工业污染严重，因此科学的泡茶用水主张是山泉水为上，深井水为中，蒸馏水为下，自来水最次。清乾隆皇帝遍阅天下水源，最终在满足了源、活、甘、清四个条件后，测定玉泉山的水最清，即杂质最少，因此定名为"天下第一泉"，成为泡茶用水的极品。此外，古人饮茶还会配以环境，包括建筑物、园林、摆设等，要求安静、干净、舒适等。

6. 古人饮茶文化的发展历程

据北京大学法学系教授陈瑞华先生介绍，世界茶文化起源于中国，茶树的出现在我国已有数万年历史，茶叶被我国先民用作饮品也已经有四五千年历史了。值得注意的是，茶叶的产生是因为药用，一种被主流学者取信的说法是神农尝百草的时候，对茶叶性状有了了解，将之用于治疗一定的疾病。《神农本草经》中就记载："神农尝百草，日遇七十二毒，得茶而解之。"清朝的周蔼联也在他的《竺国游记》一书中写道："藩民以茶为生，缺之必病。"可见，茶叶具有一定的疗养作用。

根据《诗经》等文献记载，最初，"茶"只是泛指食之味苦的野生植物。神农之后，才发现了茶叶具有生津、清脑、消食、除湿和利尿等药用价值。此后，茶叶从药物过渡为人们的日常饮品，经过了一个漫长的过程。众所周知，我国南方多湿地，尤其是四川盆地，人们在日常生活中容易被湿毒侵害，因此有数千年的食用辣椒的习惯。茶叶文明影响到该地区后，茶叶除湿气的功效立即被人们加以利用。再经过一个漫长的历史发展过程，人们通过对茶叶特性的不断了解，终于发掘出了茶可以除湿气、增香味、助消化等功效，而副作用却很小的特点。茶叶作为人们的日常饮品之一，也就正式开始形成和推广了，而这也是我国茶文化发展史上重要的转折点。

我国关于茶的文献记载最早出现于西汉，专家推断，饮茶文化的形成应早于这个时期。从一个更高远的角度来看，我国茶文化的发展分为自然部分和人文部分。自然部分就是指种茶和制茶的文化发展；而人文部分才是我国特有茶文化的魅力所在，其中融入的中华文化可谓博大精深。以茶碗为例，分为碗盖、碗身和碗托，其来源就是天、地、人三位一体的传统哲学思想，也就是"天人合一"的道家学说。发展到后世，人文部分已经明显盖过自然部分，其中一个最明显的标志就是我们今天的制茶工艺，仍然是古代社会流传下来的，是最原始和最自然的方法。

汉末的名医华佗对茶也有论述，他在《食经》一书中有这样的记载："苦茶久食，益意思。"也就是说，饮茶有助于大脑思考。到魏晋南北朝时，茶文化已经融入饮食文化，上至帝王将相，下到黎民百姓，都将饮茶作为一种日常活动。道教和佛教对茶文化的认可，也对我国茶文化的发展起到了很大作用——道家认为饮茶可以帮助身体修炼，佛教认为饮茶可以帮助参禅时尽快入定。

780年，唐人陆羽著成《茶经》一书。《茶经》主要从自然和人文两部分入手，涵盖儒、释、道三家对饮茶文化的见解，集中探讨了饮茶艺术，并首次提出了中国茶道精神，使我国茶文化的发展达到了新的历史高度。陆羽之后，历史上又出现了一批茶书、茶诗及一系列与茶相关的文学作品，都为我国茶文化的发展做出了贡献。

宋太祖赵匡胤非常喜欢饮茶，因此在宋朝时，饮茶成为整个国家的风气。当时的茶文化被纳入国家礼制，皇帝经常赐茶给大臣或外国使节。而官员还成立了"汤社"，佛教也成立了"千人社"，这些都是茶文化兴盛的表现。蒙元对我国社会文明进程的冲击殃及到了茶文化，到明清两代茶文化才重新盛行。清代后，茶文化已经发展成产业，并且达官贵族和文人墨客大多钟情此道，使得我国茶文化再次兴盛起来。

需要注意的是，茶叶虽然有很多功效，但并非适宜所有体质的人饮用，比如神经衰弱，贫血，有肠道疾病、心脏病、泌尿系统疾病和缺钙的人，都不适宜饮茶。此外，饮茶也有很多禁忌，如不宜空腹饮茶，不宜饭后立即饮茶，不宜在发热病的时候饮茶，不宜和药物同时服用，孕妇不宜饮茶等。

7. 中国十大名茶指哪些茶？

我国古代社会的商品以丝绸、瓷器和茶业著称。无论是丝绸之路还是茶马古道，都有茶文化留下的踪迹。茶文化的魅力表现在方方面面，各地茶叶的品牌文化自然也不甘落后。据北京大学医学部教授马文昭先生介绍，我国在1959年进行了全国性的"十大名茶"评选活动，使得我国十种历史悠久的名茶受到了更多关注，也使我国茶文化更好地走向了世界。这十大名茶分别为：西湖龙井、洞庭碧螺春、信阳毛尖、君山银针、黄山毛峰、武夷岩茶、祁门红茶、都匀毛尖、安溪铁观音、六安瓜片。

西湖龙井，属于不发酵茶，是绿茶中的代表，也是我国茶文化的代表，产地在浙江省杭州市西湖周边的群山。其成汤色泽明亮、香郁、味醇、形美，堪称茶中四绝。

碧螺春，属于绿茶，产地在江苏省苏州市洞庭山。洞庭山环抱太湖，气候湿润，景色怡人，同样有出产名茶的必备条件。尤其值得一提的是，洞庭山的东山，宛如一条巨舟停入太湖，三面环水，气候条件绝佳，这里出产的碧螺春具有独特品质。

信阳毛尖，属于绿茶，不发酵茶，产于河南省信阳市浉河区的山谷中。信阳毛峰是绿茶中的佼佼者，成汤兼具色、香、味、形，自古有"淮南第一茶"的美誉。

君山银针，属于黄茶，最早种植于唐朝，产地在湖南省岳阳市洞庭湖中的岛屿。这里土壤肥润，降水丰沛，条件得天独厚，非常适宜君山银针的生长。

黄山毛峰，属于绿茶，产自我国安徽省黄山市。黄山风景区天下闻名，奇松、怪石、温泉、云海在海内外享有盛誉。黄山毛峰生长的地方就在黄山的山坞深谷中，大约在海拔一千二百米的山腰上，这里的气温和坡度非常适宜茶树生长。

武夷岩茶，属于青茶，即乌龙茶或半发酵茶，产地在我国福建省武夷山区。与其他茶种不同的是，武夷岩茶生长在岩缝中，因此无论是对种植、采撷，还是对生长环境的要求，都十分严格。当然，这也造就了武夷岩茶的非同寻常，其成品成汤兼具绿茶之香和红茶之醇，代表名品"大红袍"更是被誉为"茶王之王"。

祁门红茶，是红茶中的精品，属于全发酵。祁红的产地在我国安徽省祁门县，这里的土壤红黄参半，肥力极高，再加上光照充足，降水丰沛，使祁门红茶的成品成汤具有独特香味，被称为"祁门香"。不过，祁门县最早盛产的却是绿茶，清光绪年间，受到一个叫作余干臣的商人的影响，这里才开始种植红茶。

都匀毛尖，属于绿茶，产自我国贵州省都匀市，这一地区多山地，土壤、气温、光照、降水也都符合茶树种植条件，自古就是出产茶叶的名地。据说，"都匀毛尖"这个名字，还是毛泽东同志亲自所取，并亲笔所题。

安溪铁观音，属于青茶，产地在我国福建省安溪县。安溪县全境处于山区，气候条件非常适宜茶树种植，在清朝雍正年间，产自这里的铁观音一炮而红。据史料记载，当时的安溪县境内，茶树成片，茶农忙碌，成品行销海内外，并为铁观音赢得了"茶王"的美誉。

六安瓜片，也被称为片茶，属于绿茶。六安瓜片产自安徽省六安市，地处大别山北麓，这里群山环抱，云雾缭绕，四季如春，植被茂密，是绿茶的极佳产地。

值得一提的是，由于评选机构不同，"十大名茶"的名号虽然不变，但所指却并不一致。比如1915年的"巴拿马万国博览会"，也曾评出中国十大名茶。另外，还有一些国内的非官方组织也有自己对十大名茶的评选。比如，蒙顶甘露、涌溪火青、云南普洱、冻顶乌龙、苏州茉莉、峨眉竹叶青、太平猴魁和云南滇红等，也都是我国茶中名品。

8. 火锅在历朝历代是怎样演变的?

火锅就是锅灶同体的制食工具,通常形体比较小巧,可以放在桌上使用,而且是边加工边吃。我国典型的火锅名吃有北京的涮羊肉、重庆的麻辣火锅、杭州的三鲜火锅和广州的海鲜火锅等。据北京大学历史系教授李孝聪先生介绍,火锅使用可以追溯到陶器时代——浙江余姚出土的陶器中,就有锅灶同体的小陶灶,经考古学家鉴定,这就是我国目前发现的最早的火锅使用痕迹。

春秋战国时期,金属冶炼技术得到了空前发展,青铜器作为当时的主要金属原料,也为火锅文化提供了条件。北京延庆出土的青铜器中,就曾出现了一种明显的火锅器物,被称为"温鼎"。这种小青铜鼎由两部分组成,上面是鼎,下面是炉灶。其中,鼎相当于今天我们常见的锅体,炉灶可以填入煤炭,并且炉壁钻有通气孔。从整体器物来看,已经是一种较为成熟的制食工具了。

汉朝时,金属冶炼技术得到进一步发展,出现了以铜器为主的器皿制作,其中一种叫作"染炉",这是"温鼎"的进化产物。染炉的出现是火锅的一大进步,这种器皿整体分为三层,除了上面的锅体,中间的炉灶,下面还设置了可以收取灰烬的装置。北京大学历史系教授赵世瑜先生结合史料记载,断定这是一种供单人使用的火锅,其小巧和方便程度都已经非常完善。

唐宋时期,社会经济文化得到很大发展,火锅文化也受到了积极影响,开始大范围流行。白居易曾有"绿蚁新醅酒,红泥小火炉"的诗句,这里的小火炉就是一种陶制的火锅。当时的火炉仍然分为铜制和陶制,这是由于古人对食物的烹制要求非常高,不同的器皿烹制出的食物味道会有所不同。

清朝时,火锅文化发展到极致。由于满族本身就是游牧民族,非常喜欢肉食,火锅的轻巧和制作出的特殊风味,深深吸引了清朝统治者。尤其是到了冬天,寒冷的北京城急需一种特殊的食物为人们提供足够的热量，而火锅的热辣这一特性适应了这种需求，使得火锅文化成为全国性的风尚。嘉庆皇帝在举行登基大典时，还曾特意用火锅作宴，耗用一千六百五十只火锅，创造了我国历史上规模最大的火锅宴。

9．古人都吃哪些蔬菜？

据北京大学农学院教授郑丕尧先生介绍，蔬菜成为我国先民餐桌上的食物，最早起源于石器时代，而且当时的蔬菜和主食并没有明显的界限。

古文中"薪"和"蔬"通用，《诗经·尔雅》中就有记载，"薪者菜茹之总名"。我国古代对可食用植物统称为"疏"，汉代以后在上面加了一个草字头，用来区分野菜和人工种植的蔬菜。《诗经》对自然界中各种植物名目的记载，足足有一百三十余种，其中可以食用的有二十余种，这些可以食用的植物中，又只有韭菜、瓠（"瓠"音同"户"）子、莴笋等少数蔬菜被人工种植成活；隋唐时期可食用蔬菜发展到大约三十余种；宋朝发展到四十种左右；明清时已经达到六十种以上。其中，人工培植成功的数目也在增加，但人们对野菜的采用历史从未断绝。

我国蔬菜的品种在历史发展过程中有较大变动，其中一些甚至不幸绝迹了。以调味蔬菜为例，除了葱、姜、蒜外，我国古代还有紫苏、蓼、蘘（"蘘"音同"仍"）荷、兰香和马芹等，都已经极为少见甚至绝迹了。另外，一些植物（如决明和牛膝等）也在唐代转为药用，脱离了蔬菜的行列。与此同时，各朝代对于各种蔬菜的重视程度也导致了蔬菜的兴衰。比如葵和蔓菁，在《诗经》中已有记载，曾是魏晋南北朝时的主要种植蔬菜，但到了隋唐时期则成为蔬菜的附庸品，明清已经很少见了；又如菘（即白菜）和萝卜，出现早期并不受人重视，随着历史的发展，逐渐成为附庸产品，而到了明清两代，反而成为大面积种植的蔬菜。

此外，外来蔬菜品种对我国蔬菜体系影响也较大。比如黄瓜，是由张骞在公元前200年左右从西域引入的；丝瓜，大约在北宋时期从印度引入；西瓜原产非洲，唐末五代时期经回纥（"纥"音同"和"）传入我国；豌豆原产欧洲，汉代传入我国；蚕豆原产黑海，由阿拉伯人传入我国；西红柿原产南美，经葡萄牙于清代传入我国；茄子原产印度，经泰国传入我国；土豆原产南美，经欧洲于清代传入我国；芋头原产东印度和马来西亚，汉朝时传入我国；卷心菜，也叫洋白菜，原产地是欧洲，近代才传入我国。另外，还有生菜、南瓜、胡萝卜、葱、菜花等，也都是从国外传入我国的。

10. 我国传统的农作物有哪些？

根据《本草注》记载，我国古代的农作物大体可以分为八种，称为"八谷"，分别为：黍、稷、稻、麦、菽、麻、粱、禾。北京大学农学院教授郑丕尧先生表示，我国古代对八谷的说法不一，比如隋朝的李播认为八谷为：稻、黍、大麦、小麦、大豆、小豆、粟、麻。虽然具体内容不同，但八谷的说法却一直沿用下来，并以此为基础构建起了我国古人的农作物体系。

稻，即水稻，或者稻谷，果实就是我们常见的大米，也叫白米。稻是一年生禾本植物，分为水稻和旱稻，其中以水稻为主。稻米起源于我国，最早可以追溯到一万八千年前，种植技术逐渐成熟后，又传播到世界各地，目前全世界约有一半人在食用稻米。

黍，俗称黄米，产于我国，最早可以追溯到八千七百年前。黍果实颗粒比小米要大，分为糯质和非糯质。糯质的主要用途是酿酒，非糯质则作为主食食用。黄米属于一年生草本植物，叶子呈流线型，果实成熟后为淡黄色，煮熟后具有一定的黏性。

稷，俗称小米，古称粟，起源于我国，已有七千多年的人类栽培史，是我国古代最主要的粮食作物，可以说是它养育了古老的中华民族。因为稷是古代主要农作物，也是被历代统治者视为国家根基的作物，为了保障丰收进而保障国泰民安，人们甚至将它尊为神明。古称的"社稷"就是对神明的称呼，其中"社"是土地神，"稷"就是农业之神。

　　麦，就是小麦，一年生或两年生禾本植物，和水稻、玉米并称为世界产量最大的三大粮食作物。小麦的发源地在中东的两河流域，大约在春秋战国时期传入我国，分为春小麦和冬小麦。春小麦是春天播种，夏天收割；冬小麦是秋天播种，经历冬季后第二年春天收割。

　　菽，指大豆，也被称为黄豆，而毛豆是指未成熟时的黄豆。黄豆的种植起源于我国，早在石器时代就有人工种植的痕迹，但目前全球一半以上的黄豆产自美国。《诗经》《礼记》《吕氏春秋》和《墨子》等著作中都有关于菽的记载。大豆一名最早源于《神农书·八谷生长》。

　　麻，即芝麻，古称胡麻，在热带地区都有种植，发源地已不可考证。芝麻中含有丰富的蛋白质、脂肪、钙、磷等人体需要的营养元素，自古就是非常重要的滋养补品。其中尤以黑芝麻为上品。《本草纲目》中记载，食用黑芝麻一年可以润肤，两年可以黑发，三年可以健齿。另据魏晋时陶弘景的《名医别录》记载，有一名年过八旬的鲁氏老太，容貌和行动都如同少女一般，就是因为常年酌量食用芝麻。

　　粱，即高粱，一年生禾本植物，起源于我国，目前为世界第五大产量作物（前四种为玉米、水稻、小麦、大麦）。

　　禾，指玉米，一年生禾本植物，是目前全球总产量最高的粮食作物。玉米原产于中美洲，是印第安原住民培育的粮食作物，开始时植株较小，后来才逐渐被印第安人培育成现在的大小。明朝嘉靖年间，玉米传入我国，开始时称为玉麦或番麦，"玉米"一名来自明末徐光启的《农政全书》。

　　此外，李播提到的八谷中的大麦、小豆和粟，也是我国古代重要的粮食作物。其中，大麦属于一年生禾本科植物，是酿造啤酒的主要原料；生长在高原地区的大麦被称为青稞，青稞酒就是大麦酿造的酒，青稞面就是大麦面粉；小豆就是红豆，也被称为赤豆，在古代文学作品中常被作为相思的象征，原产于我国，近代才开始外销，是制作甜点和饮料的佳品，也有一定的药用价值；粟，俗称小米，原产于黄河流域，古代主要粮食作物。

11. 古人吃饭也奉行一日三餐原则吗？

　　一日三餐是现在很多人的饮食观念，而"早饭吃好，午饭吃饱，晚饭吃少"，也是非常科学的饮食理念。但是北京大学历史系教授李孝聪先生表示，我国先秦时期的古人却奉行一日两餐原则，这是由于当时的饮食理念不够科学，而且社会生产力的低下也导致了食物的匮乏，所以即使是一天两顿的日常供应，有时候也很难得到保证。

　　据《墨子·杂守》记载，春秋时的士兵每天只能吃两顿饭，一顿在早上九点左右，称为"朝食"；另一顿在下午三点左右，称为"飧（'飧'音同'孙'）食"。但是这种规定并不适用于所有人民，比如庄子就曾在《逍遥游》中说，"适莽苍者，三餐而返，腹犹果然"，说明当时也有人是一日三餐。此外，有时候为了犒赏有功之臣或激励士气，统治者或者领导者也可以加一顿饭。比如《史记·项羽本纪》中就有记载，当项羽得知刘邦有称王的举动后，非常愤怒，准备兴兵讨伐，就曾加餐激励士卒，以促使他们奋勇作战。

　　汉朝之后，社会经济得到长足发展，人们大多奉行一日三餐的饮食原则，有特殊活动或行动时，也会在晚上再加一餐，称为夜宵；至唐朝时，一日三餐原则得到进一步发展，据《能改斋漫录》记载，"世俗以早晨小食为点心"，也就是说这一时期的人们，已经开始在早晨食用糕点（甜点是一种高糖食物，具有较多热量，也就是人体活动所需要的能量，这说明当时的人们已经意识到早饭的重要性）；宋朝陆游在其诗中说："疾行逾百步，健饭每三餐。"意思就是三餐之后适量运动一下，有助于消食健胃，身体健康。从中可以看出，当时的人们大多是以一日三餐为饮食准则的。

　　此外，佛教弟子有"过午不食"的训诫，即每天只吃一顿早饭，过了午时就不能再吃任何东西了。宋朝诗人黄庭坚是佛教信徒，有关他的日常记录表明，此人早晨吃粥，中午吃米饭，过了午时就不再吃任何东西。

　　现代医学已经表明，一日三餐是非常科学的饮食理念。早餐主要供应上午以及白天的能量所需，一定要保证其质量，如果吃不好甚至不吃，不仅会对一天的精神造成负面影响，久而久之，还会影响到身体健康；午餐提供下午活动的能量，这段时间人们的活动量最大，身体本身的运作也处于全部激活状态，因此，不仅要保证其质量，还要做到饱食。当然，所谓饱食也要适度；晚饭提供前半夜以及整个夜晚所需的能量，这段时间，人们的活动及身体自身运作处于低潮，能量消耗也是一天中最少的，所以要少食，而且要尽量选用一些容易消化的食物，尽量避免肉食、面食等难以消化的食物。古语有训："睡觉不蒙头，晚饭少数口。"其中的道理就在于此。

12. 古人是怎样清洁口腔的？

在秦汉时期，我国人民就已经开始关注口腔卫生了。据北京大学医学部教授马文昭先生介绍，秦汉时期的口腔清洁已经开始从预防、治疗、美白和保健等多个方面入手，并建立了系统的口腔理论知识，积累了丰富的相关经验。《诗经·卫风·硕人》中形容少女的牙齿"如瓠犀"，从中可以看出，当时的人们已经开始关注牙齿的美白。尤其是上层社会的人家，用餐时都会在桌下准备一个罐子，用来接漱口水。漱口水包括盐水、茶水和酒水等，都是通过悉心调制而成的，对于清洁口腔有很大作用。

除了简单的漱口之外，古人也有使用牙签的习惯，用来剔出牙缝之间的残留物。魏晋时期的陆云就曾在写给哥哥的一封信中提到："一日行曹公器物，有剔牙签，今以一枚寄兄。"1976年，在江西南昌出土的三国时高荣墓葬品中，也见到一个龙形的金制器物，被称为"小杨枝"。经考古学家鉴定，这就是我国古人所用牙签的前身。这些都说明当时已经有了牙签，人们对于清洁口腔的认识也已经加强。

隋唐时期，人们开始用擦拭牙齿的方法清洁口腔。当时的《处台秘要》一书有载："每朝杨柳枝咬头软，点取药揩齿，香而光洁。"意思是说，将杨柳枝的一端泡在水里，早晨用牙齿咬开，露出里面的细软物，然后蘸取药物擦拭牙齿，以保持牙齿的洁净亮泽。事实上，这就是我国历史上最早的牙刷和牙膏。而且，当时的人们已经将刷牙作为一种日常行为。与此同时，也有人用手指刷牙，并蘸取盐粒或一些特制药剂，佐证是敦煌的晚唐壁画"牢度叉斗圣图"。

宋朝时也有擦拭牙齿的记录，如当时朝廷编纂的《太平圣惠方》就有记载："柳枝、槐枝、桑枝煎水熬膏，入姜汁、细辛（中药名）等，每用擦牙。"这里已经详细说明了刷牙用的药膏为姜汁和细辛。除此之外，宋朝的口腔清洁文化较之以前还有很大突破，那就是出现了世界上最早的"植毛牙刷"，就是将动物毛发植入枝条中，作为"牙刷"。比如，时人周守忠就在他的《养生类纂》一书中提到："盖刷牙子皆是马尾为之。"很明显，从理论上来讲，这种牙刷和今天我们使用的牙刷完全相同。不过可惜的是，宋朝以后，古人的刷牙工具并没有继续发展，甚至出现了不同程度的倒退。

13. 古人都用什么样的食器？

北京大学历史系教授荣新江先生表示，我国古代的食器和制器技术的发展密不可分，从历史发展阶段来看，可以分为陶制食器、青铜食器和瓷质食器三个时期。上古时期（奴隶社会之前，约为秦朝以前）主要是陶质和青铜质食器，随着古人逐渐掌握了制瓷技术，瓷质食器开始流行起来。

上古时期的主要食器包括鼎、鬲（"鬲"音同"立"）、镬（"镬"音同"或"）、甑（"甑"音同"赠"）、甗（"甗"音同"眼"）、釜、簋（"簋"音同"鬼"）、簠（"簠"音同"腐"）、盂、敦、豆、笾、箪、案、匕、俎、箸等。

鼎，是煮肉和盛肉的食器。由于缺乏合理认识，当时人们都是将牛羊简单肢解后放入鼎中煮，有的还整体都放入，所以鼎的体积一般很大。

鬲，和鼎的形状大体相似，但它是圆口，三足，内部为空，这样一来，可以加大受热面积。作用是煮粥，所以体型一般较小，或有把手和提耳。

镬，就是大锅，使用时用砖石等架起。因为受强火时鼎的足部容易损坏，所以时人煮肉通常选用镬。

甑，和镬同属一类，但有圈足，是蒸饭用的食器。通常与鬲连用，内中放入米等食物后，整个放在鬲上，然后烧烤鬲，将热传导至甑，蒸熟食物。

甗，就是把鬲和镬连成一体的蒸器。

釜，也是用来煮食物的，因为不煮肉，所以是中等体型，通常也是与鬲连用。

簋，是专门用来盛放食物的。圆口，大腹，圈足（就是在腹底筑起一个圆圈，以便摆放时稳妥，和鼎的三足摆放不同），两耳（便于拿握移动）。

簠，也是用来盛放食物的，但它是方形，而且口大腹小，整体呈正倒梯形，有四足两耳（提环），最奇特的是它的盖子，完全与其腹身相同。簠簋作为食物容器也常在祭祀活动中使用，后世常用簠簋代指祭祀，韩愈就曾在他的诗中写有"掉弃兵革，私习簠簋"。

盂，是盛放液体的食器，有三足，也有圈足，大体和鬲的形状相似。

敦，盛放五谷的食器，常在祭祀活动中使用。形状如香炉，但形体较大，没有气孔。腹身有提环，盖顶有扶手。

豆，也是盛放五谷并常用于祭祀的食器，不同于敦之处在于底足较高，大体相当于今天的高脚杯，只不过它是有盖的，而且通常做成各种动物的形状。

笾，上古时盛放果品的食器，形状似扁舟，多为竹制或苇制。

筲，也是盛放熟食的食器，圆筒状，圈足，竹制或者苇制。

案，功用相当于今天的饭桌，但古人席地而坐，所以案的器形较低，通常只有脚踝高，四足。

匕，汤勺，但勺柄通常会比较长。

俎，长方形桌面，两端垂地撑起，也有三足或四足，因为是祭祀时用于摆放祭品用的桌子，所以要比案高很多。

箸，就是筷子，通常为竹制，但也有金质、银质或者象牙质等。

此外，古人使用的饭碗和菜盘，其形体和今天的碗、盘相似，但器形较大，也很笨重。

古人使用的酒皿也是多种多样的，其中盛放酒水的器皿有尊、壶、卣、彝、罍（"罍"音同"雷"）、缶（"缶"音同"否"）等；饮酒时使用的器皿有爵、觯（"觯"音同"至"）、觚、斝（"斝"音同"甲"）、觥、觞等。

尊，饮酒用具，著名的四羊方尊，就是这类器物的代表作品。大体形状都差不多，但饮酒用的尊要小很多，而且尊口以圆形为主，腹身和底足也有的设计成方形。李白在诗中提到的"金樽"，也是这种器物。

壶，其意义和现在基本相同。只不过古代酒壶的特点通常包括长颈、大腹和圈足，但无论其形状如何改变，都离不开壶盖、壶身、壶嘴和把手四个部分。

卣，是专门用来盛酒的容器，和壶的最大区别是没有壶嘴，把手也通常被替换成提梁。

彝，这是一种分酒器，形状如搪瓷勺倒用，有把手，有底足，较为常见的是三足。

罍，盛酒器皿，通常有盖，小圆口，广肩，腹身越来越小，圈足，两耳。

缶，盛酒器皿，秦朝人喜用，基本为陶制品，形体与罍相似，偶尔可以见到一些有嘴和把手的，形状近似于壶。

下面的是饮酒时使用的器皿：

爵，制作原料以青铜为主，三足，腹身较大，有把手。开口处向两端延伸，长短不同，一圆一尖。开口上方有两个小圆柱，不长，方便拿握，是西周时期主要的饮酒器物。

觯，饮酒用具，或有盖，圆口，窄肩，大腹，圈足，青铜质居多。

觚，开口和腹身像唢呐，圆口，长颈，腹身较大，但小于开口，或圆或方，圈足。

斝，三足，大腹，中颈，圆口，有把手，开口上方也有两个小圆柱。

觥，介于饮酒器和分酒器之间的器物，通常有盖，开口处如搪瓷勺倒置使用，有把手，大腹，圈足或三足、四足都有，多做成动物形状。

觞，形状似碗，开口处有两耳水平伸出，俯观轮廓如人脸，圈足。

需要注意的是，上述食器都是统治阶级贵族的器物，食器的丰富并不代表百姓生活水平的提高和社会总体经济的繁荣。统治阶级在骄奢淫逸时，老百姓很可能正处在水深火热之中。可以说，"朱门酒肉臭，路有冻死骨"的现象在我国历史上屡见不鲜。

14. 《食经》是怎样成书的？

如果不是业内人士，可能很少有人知道中国还有一部《食经》。北京大学历史系教授荣新江先生表示，《食经》的成书存在一定的偶然因素，但它记载了我国源远流长的饮食文化，也使得饮食文化在历史上占有了一席之地。

《食经》的作者是崔浩，北魏人。崔浩生于世家，官至"三公"（司马、司徒、司空）之一的司徒，曾经帮助北魏三朝皇帝开疆辟土，功勋卓著。450年，崔浩因"国书事件"被诛杀，祸及亲朋。这里所说的"国书"即史书，是北魏统治阶级为粉饰自己而修，崔浩是主修官，他在书中毫不避讳地描写了北魏朝廷的蛮荒残暴，触怒了统治阶级，故而被杀。

据《魏书·崔浩传》记载，崔浩的母亲卢氏为家族中的尊者，时常带领其他女性共同行事，而她所做的事情，就是钻研酒水酿造和肴馔烹制。虽然崔浩家产殷实，可以雇佣下人，但其母卢氏以酿酒烹食为乐，她每天早晚侍候公婆的起居饮食，祭祖活动中也亲自下厨制作菜肴，因此做得一手好菜。卢氏晚年，烹饪技术已经登峰造极，她想到自己的传人学艺不精，担心时间长了以后她的烹饪技艺会失传，后人便无法再尝到珍馐美味，因此想要写成一本介绍饮食的著作。

卢氏虽然心智聪颖，却并未读书识字，因此只能让崔浩代为执笔，由她口述心得。也就是说，《食经》一书，虽然是崔浩所撰，但实际上是其母卢氏的著作。可惜的是，崔浩因为"国书事件"被彻底抹黑，他撰写的《食经》也被列为禁书，如今已经失传。

后世中，《齐民要术》《太平御览》《北堂书钞》和《农政杂书》等关注民生的著作中，都有涉及《食经》内容的零星记载。据专家学者分析，这些作品中的"藏梅法""作白醪（'醪'音同'劳'）酒法""作麦酱法""作芋子酸法""蒸熊法"等，都有可能源于崔浩撰写的《食经》一书。据《北史·崔浩传》记载，《食经》原为九篇，后世发展成为九卷，也有史料记载是四卷，应是九卷的重编版。